シングル女性の貧困

非正規職女性の仕事・暮らしと社会的支援

小杉礼子／鈴木晶子／野依智子
（公財）横浜市男女共同参画推進協会
編著

明石書店

序　調査を通して、見えない女性たちの問題に光をあてる

公益財団法人　横浜市男女共同参画推進協会

「非正規雇用の独身女性は〝半数が貧困状態〟　行政が見落とす、支援すべき存在[1]」
「悩み共有の場ほしい　雇止め恐れ、意見言えず[2]」
「非正規シングル女性の社会的支援へ　仕事や孤独、住まいへの不安の声[3]」

非正規で働くシングルの女性を対象として行った調査結果がやっとまとまり、これを発信し始めた2016年春、立て続けにメディアに載った記事の見出しである。多くの記者、とくに氷河期世代の記者が〝これは本当に大変な問題だ。他人事ではない〟と言っててていねいに取材し、厚みのある記事を書いてくれた。

ほかにも「非正規職シングル女性調査　社会構造に根強い問題[4]」や、「増える〝非正規シングル女性〟、約7割が年収250万円未満[5]」といった記事が掲載され、大きな反響をよんだ。ウェブメディアはもちろんのこと、新聞記事もSNS等を通じて多方面に拡散されていった。

「年収２５０万円未満」と聞けば、まあまあではと思われるのかもしれない。しかし、調査結果をつぶさに見ていくと、年代が上がるほど女性たちの年収は下がり、「45〜54歳」では３人に１人が年収「１５０万円未満」であった。さらに、パート・アルバイトの形態で働く女性では年代によらず、３人に２人が「１５０万円未満」であった。これは主婦パートの話ではない。シングルで、コツコツ働いている、女性の現状なのである。

本書が刊行されるきっかけとなった「非正規職シングル女性の社会的支援に向けたニーズ調査」[6]は、２０１５年に公益財団法人横浜市男女共同参画推進協会が企画し、実施した（詳細は第4部を参照）。調査名に「非正規職シングル女性」と「職」を付けたのは、「非正規シングル女性」とすると女性本人を形容する語として「非正規」が付いてしまい、人間への否定的なニュアンスをもたれるのではないかと危惧したためであった。「非正規職」という職名は一般的ではないが、総称として表現することで、社会の問題であることを表そうとした。

当協会では１９８０年代から、横浜市で女性の就業支援に取り組んでいる。この間社会経済状況が激変していく中で、社会的経済的に困難な状況にある女性たちに役立つ支援をと考え、対象層を広げてきた。シングルマザーや、近年では若年無業女性への就業等支援事業も行っている。

しかし、２０００年代に入って、働く女性の過半数は非正規雇用となり、２０１６年の労働力調査では55・9％である。シングルで働き続ける女性も増えた。彼女たちには支援が届いていないばかりか見えない存在となり、貧困に陥りやすい層となっているのではないか。とりわけ１９９３年以降の就職氷河期に就職活動をした女性たちは初職から不安定な状況に置かれてきたのではないか。これらは個人の問題ではなく、社会的な問題として支援策が検討されるべきではないのか。そのような問題意識をもって、「非正規雇用で働くシングルの（子のいない）35歳から54歳の女性」を対象として、しごとと暮らしの状況、悩みや不安、望むサポートについて詳細に聞いたのが本調査である。

本調査の前に、２０１４年度にはプレ調査（個別ヒアリング調査）を行っている。プレ調査では対象層を35歳から44歳の女性と設定し、７人の話を聴くことができた。この結果、非正規職で働くシングルの女性たちはどんな困難を抱えているのか、彼女たちの生活状況や悩みが具体的に浮かび上がってきた。それは端的に言って、次のようなことであった。

・独立した生計が立てられるほどの収入が得られない
・不本意な選択として非正規で働いている
・非正規といっても雇用形態や実態はじつにさまざまである
・正規雇用＝解決ではない（体調を崩し休職・退職に追いやられる経験等）
・メンタルヘルスの課題を抱えている
・親の介護と仕事の両立が心配である
・所属のなさと孤立に悩んでいる
・同じような状況の人と出会える場がほしいと思っている、など。

プレ調査でわかったことが、この対象層の多くの女性の状況と符合するのかどうか。これを検証するため、次に本調査に取り組んだ。本調査には大阪市と福岡市での調査協力主体（（一財）大阪市男女共同参画のまち創生協会、福岡女子大学野依智子教授）が加わり、横浜市男女共同参画推進協会が事務局を担い、三者で実施した。苦心の末261件の有効回答を得たウェブアンケート調査[6]につづき、アンケート回答者のうちの22人に協力を得たグループインタビューを3都市で計5回行った。

その結果は、プレ調査で浮かび上がった生活状況とまさに符合するものであった。そのうえで、雇用不安や低収入、住まいの状況、初職の世代間格差など、さらに多くの事実と、当事者の望むことが明らかになったのである。

「非正規職シングル女性の社会的支援に向けたニーズ調査」からわかった特徴的な5点を以下に要約する。

1　6割が〝不本意非正規〟

非正規職についている理由は「正社員として働ける会社がなかったから」が61・7％にのぼった。とくに世代と初職の雇用形態とをクロス集計した時に、〝初職から非正規〟であった人の割合は、「35～39歳」で7割にのぼったのに対し、「45～54歳」では3割であった。このように、世代による差が顕著にみられた。

2　7割が年収250万円未満

7割が年収250万円未満（回答者の7割強は週30時間以上働いていた）。さらに年代が上がるほど年収は下がり、「45～54歳」では3人に1人が年収「150万円未満」であった。「収入を増やしたい」

と7割の人が回答した。

3　二大困難は〝低収入〟と〝雇用継続〟

しごとについての悩みや不安では「収入が少ない」が8割、「雇用継続（解雇・雇止め）の不安」が6割であった。

4　ジェンダー規範による差別

経済的困難だけでなく、女性でシングルであることによる心理的な圧迫を受け、傷ついていることが多くの女性から語られた。また、娘であるがゆえに親の介護を期待され、そのために職を失いがちな状況もみられた。

5　当事者である女性たちの望むことは「社会の風潮や制度の改革」「具体的なサポートプログラム」「同じ立場の人のつながり」[7]の3つ

根本的には制度の改革が不可欠であり、その上で一人ひとりの生活時間、体調、多様なニーズに寄り添う、きめ細かなサポートが求められていることがわかった。そしてそれらのサービスは当事者の力を活かすかたちで作ることが望まれていた。

具体的な声から一例を挙げれば、税金や社会保険料の主婦との格差をなくす、女性への家事・介護負担の偏りをなくす、求人の年齢差別をなくす、最低賃金を上げる、職業訓練や企業とのマッチングの場、心身のリフレッシュの場、住まいの支援、親の介護と仕事の相談、シングル女性のためのハローワーク、健康相談、交流サイト、おしゃべり会、自分たちがそれらを主体となって行えること、など。

アンケートやグループインタビューでは生身の女性たちの悩みや不安が切々と語られた。

契約・嘱託社員として働く女性たちは、対価に比して重い責任への負担感と雇用継続の不安をもっていた。「契約更新されるかいつも不安。退職金もなく契約を切られて放り出されると、生活できなくなる」「正規雇用と変わらず責任の重い業務を担当しているのに、低賃金で期限付き。高い社会保険料や税金を払っているのに、何の支援も、評価もない」など。

派遣社員として働く女性たちは、雇用継続への強い不安をほとんどの人がもっていた。ほかには「社員と同じしごとをしているのに交通費もボーナスもない。休みも年休しかない」「研修機会もない」「派遣法改正で3年後、どうなるか不安」など。

パート・アルバイトで働く女性たちは、就労形態別でみると最も低収入であり、6割強が年収150万円未満となっていた。そのことを訴える声が多かった。「月に22日出勤しても手取り10万程度。時給がとにかく低すぎる」「他のバイトとかけもちでなんとかやっている」など。

住まい・健康・老後の不安、家族の介護としごととの悩みなども大勢の人が吐露した。「親と住んでいるが独立したい。賃貸だと保証人や収入審査がきびしい。空家や団地などを安く提供してくれないだろうか」

「摂食障害をかかえながら働いており、いつまでもつか」「健康診断も費用を比較して受ける範囲を限定せざるを得ない」「病気になっても休職できない」

「老後、年金だけでは施設に入ることも不可能。孤独死するかもしれない」「母なきあとは母の年金収入が途絶えるので、生活が不安」

「非正規職の自分がきょうだいより先に仕事をやめて親の介護をすることを期待される。介護休暇もない。自由がない」

等々。

また、独身女性であるがゆえにふりかかる見えないプレッシャーも、少なくない女性たちが感じていた。「国は、産まないのが問題だという」「救急搬送された際、付き添いがないことを理由に受け入れを断る病院が多かった」など。

このように、女性たちはしごとも住まいも健康も介護も先が見えない、深刻な現実の渦中にいた。共同調査者の野依智子氏が第2部2で述べるように、「〝男性稼ぎ主〟を持たない非正規シングル女性は（中略）貧困と孤立と隣り合わせの働きづらさ・生きづらさを抱えている」のである。本調査と結果の詳細は第4部をお読みいただきたい。

第1部では、一人ひとりの生活や人生を少しでも知って伝えることができたらと、5人の女性のライフヒストリーを聞き取り、まとめた。5人へのインタビューはすべて2016年夏に行い、その時点での年齢を記載している。5人のうち3人は本調査のグループインタビューに協力してくれた方である。あとの2人は、私たちの現場である男女共同参画センターの活動の中で出会い、聞き取ったものである。第2部では、シングルの女性が生きることを困難にしている社会構造と女性たちの状況について、さまざまな専門領域から分析が行われた。第3部は、社会的支援に長く携わっている方の対談である。支援の対象としてなかなか浮かび上がってこない女性たちの現実が再認識され、非正規職シングル女性にどのような支援ができるかが検討された。
たくさんの方々のご協力があって刊行される運びとなった本書が広く読まれ、「社会的支援」が編み出されるきっかけとなることを願っている。

【注】

1 「ウートピ」(ウェブ) ２０１５年12月３日
2 「朝日新聞」２０１６年２月25日
3 「社会新報」２０１６年３月16日
4 「神奈川新聞」２０１６年２月28日
5 「日経ウーマン オンライン」(ウェブ) ２０１６年２月26日
6 本調査ではあらかじめ対象者を層別に抽出して協力を依頼するのではなく、告知によって調査を知った人に自発的な回答を期待するものであった。そのため回答者はインターネット利用者、告知媒体のアプローチが及ぶ人に限られている。
7 横浜市男女共同参画センターではこのような声を受け、２０１６年よりサポートプログラムを立ち上げている。交流会つきの講座「仕事とくらしのセーフティ講座～パート・派遣・契約で働くシングルのあなたに」を継続的に開催。また、公式サイト「非正規職シングル女子のしごとと暮らし」、公式ツイッター、公式フェイスブック等も開設、運営している。

シングル女性の貧困

——非正規職女性の仕事・暮らしと社会的支援

◇

目次

第3部　支援の現場から

第4部　調査の概要と結果について……187

第1部

非正規職シングル女性のライフヒストリー

①一般職社員から派遣に。コツコツと25年働いてきた
千羽瑠さん
「〝あゝ野麦峠〟の日々だったが、正社員が幸せとも思えない」

45歳。東京生れ、神奈川育ち。短大卒業。１９９１年、有名企業の子会社に一般職社員として就職。２０００年、転職して派遣社員に。２００６年に派遣された生命保険会社で２００９年、契約社員となる。一心に働いたが、体調不良となるも通院の休暇がとれず、２０１５年に退職。首都圏の郊外に建つ分譲の公団３ＬＤＫに、70歳の母と住む。働き続けた母の年金と、自分の勤労収入で暮らす。今後あと20年は健康で穏やかに働きたいと願う。

働く母に代わって子ども時代から家事をしていた

小学校高学年の頃から高校の頃までずっと、家の中は嵐だった。両親は大卒で、学生運動で知り合ったというが、父は家に帰ったり帰らなかったり。アルコールに溺れて、母を殴った。千羽瑠さんは学校でときどきおなかが痛くなり、脂汗と吐き気に襲われ、友だちに両肩を担がれて帰宅した。胃の検査をすると、どこも悪くないと言われる。「ストレスで自家中毒を起こしていたんだと思います」。気丈な母は生活のため地元中小企業に正社員で就職し、朝早くから夜遅くまで働いていたので、学校

から帰るとだれもいない。部屋に閉じこもりがちな兄にも頼れず、千羽瑠さんは中学の頃から家事をしていた。「ありあわせの材料でカレーを作ったり。何もないときもあったけど」と苦笑する。料理はいまも好きである。

高校受験にひびくテストの前日も、別居していた父が帰って来て騒ぐので眠れなかった。経済的にきびしくて塾にもかよえず、「中ぐらいの」県立高校に入学。春休みや夏休みには母の勤める会社でアルバイトをしていた。その後は月４万円の奨学金を得て、家から通える短大家政科に進学。栄養士の資格をとった。

そのころ、やっと両親の離婚が成立。購入して住んでいた団地の住居は残された。「父の生活も落ち着いたのか、つきまとわれなくなってほっとしましたね。そんな中でも人並みの暮らしをめざして、母も私もよくがんばってきたなあと思います」。

一般職社員として10年働くがリストラに

１９９１年、短大を出て、当時よくあったように親戚のおじさんの口利きもあり、有名企業の子会社に就職した。勤務地は都内。手取りは13万円で、ボーナスが30万円余り。世の中はバブルの終わりだった。海外旅行に行く同僚を横目に、年末になると借りた奨学金を15万円ずつ毎年返済した。母は、家庭をもった兄へはひそかに援助していたが、娘の千羽瑠さんには「自分でやりくりするのが当然」ときびしかった。

販売促進部で会議資料の準備をして営業実績の数字を見ていると、だんだん業績が悪化していくのがわかった。「むだをなくせ」と残業規制もきびしくなり、サービス残業はあたりまえだった。気がついたら、聞いたこともなかった「リストラ」という言葉をよく聞くようになっていた。「企業の〝再構築〟だよ」と説明され、一般職女子社員は「自然減」と言われた。営業所の数が減っていき、千羽瑠さんも異動。営業アシスタントとして懸命に働き、目をかけてくれた上司もいた。が、売り上げが落ちると事務仕事も減っていく。

営業所内で女子社員二人だったのが一人にされたとき。10人の男女があちこちから集められた新規のチームに入れられてしまった。販売していたＯＡ機器が普及する頃で、営業フォローと称して出張も多かった。早朝から九州に飛んで行かされるなど不規則ないっぽう、朝礼で「今日は××をします」と毎日言わされる。居場所もない。「明日はしごとがあるのかな？」と思う日々に疲れ果てて、退職した。

〝派遣〟は「しごとができる人」の働き方だった

２０００年の退職後は失業保険をもらいながら簿記を勉強し、パソコンスキルをみがいてＭＯＵＳ検定にも合格した。大手の派遣会社一社のみに登録。「当時、〝派遣〟はしごとができる人の働き方というイメージだった」という。時給は１４５０円で、悪くはなかった。いくつかの派遣先で、データ入力や経理事務などをこなしながら、簿記２級の資格も取得した。職場で派遣社員はひとからげに〝テ○プちゃん〟と会社名で呼ばれた。名前も呼ばれないんだな、と思ったのをおぼえている。

派遣という働き方が「おかしくなってきた」と感じたのは２００４年ごろ。[1]「どなたでもできます。

派遣登録してください」と派遣会社が言い始めた。時給も下がっていた。地元から都内まで通うのにバスと電車を乗り継ぐのに、交通費の出ない派遣で時給も安くては、やっていけない。

２００６年、大手保険会社の系列派遣会社に登録して働きはじめた。時給は１５００円で、半年ごとに30円上がる。顧客の個人情報を記録する、ミスの許されない業務だが、正社員は中途入社の新人ばかりで教えてくれる人がいなかった。派遣社員に指揮命令するのは女性の契約社員だった。マネジメントのない職場で、デスクには毎日膨大な量の書類が積み上がる。さらに、顧客のためのフリーダイヤルサービスも始まり、対応の難しい電話業務も加わった。

派遣から契約社員になって主力で働くが

２００９年、その会社で派遣から1年更新の契約社員になった。リーマンショック後の保険業界の動きだったと思う。よかったのは交通費が支給されるようになったことだけ。部署は女性ばかりでリーダー以下、正社員が数人、契約社員が５人、パートスタッフがフルタイムから短時間まで５人。正社員は業務時間内で資格取得を奨励されている上、育児で時短勤務中や病気休職中の社員もいた。資格もスキルもある契約社員が新人にしごとを教え、日々の業務をまわしていた。さらに正社員がうつになったり、いじめられた契約社員がやめたりするので、人数は減るいっぽう。千羽瑠さんは毎日顧客からの1件1件こみいった電話対応を30件、書類作成を２５０枚ほど行っていた。東日本大震災後、いつだれであってもできるようにと業務は「マルチスキル化」が進み、営業のような電話までさせられていた。

朝礼でよく「たいへんなときこそ〝みんなで〟がんばろう」と訓示があったが、〝みんな〟ってだれのことよ、と思った。ちょっと成果が上がって正社員に「ボーナス1万円アップ」があったときも、契約社員にはなかった。給与は年収を13ヶ月で割って、１ヶ月分が賞与になっているのだ。何年いても、目標もリターンもねぎらいも何もない。分刻みで機械の一部のように働きづめの契約社員同士「あゝ野麦峠」といって自分たちを明治の女工にたとえては、ため息をついていた。

病気になっても休めずに退職

毎日残った書類が積み上がっていくが、残業は18時半までと規制されていた。忙しくてトイレにも立てず、膀胱炎になったことがある。また別の時、お腹が痛むので医者に行くと、「どこも悪くないですよ。ストレスが身体に出ているのでは？」と言われた。年休は２ヶ月に一度は消化するようにと言われていたが、それ以外は休暇願いを出すとリーダーに嫌みを言われ、あきらめたこともあった。子どもの病気などでの休暇は認められていたが、休む人のカバーをして一心に働いている独身者は「ひまでしょう」と冷たい目で見られていたと思う。

２０１５年春。しごと中にめまいがして、電話の向こうの声が遠くなった。顔も腫れて、痛いので医者に行かなければと思ったが、繁忙期で休みを許可してもらえない。痛みはどんどんひどくなり、働きながらでは治せないと思いつめて、退職することにした。病気は副鼻腔炎で、顔の皮膚の下に膿がたまっていたことがわかった。このとき、25年間働いてきて初めて、「有給休暇を消化します」と言った。夏のさなか、職場を後にした。会社は事務的な対応だった。同僚は「本当にやめちゃうの?」と言った。その後も付き合っている元同僚の友人がいる。

人格さえ否定される。でも正社員も決して幸せじゃないと思った

千羽瑠さんはこの10年間をふりかえる。

「不況になると、管理職はコスト削減のため、備品と同じ扱いのスタッフ（契約）社員を攻撃しました。パワハラ、セクハラ、いじめ、なんでもありです。職を失いたくないスタッフ社員は、力のある正社員に取り入ったり、些細なミスを告げ口したり。だれかが〝辞める〟と言うと、管理職は手柄のように笑いを浮かべる。追い込まれ、辞めていく仲間を見て、明日は我が身とだれもが思いました。毎日自分を奮い立たせ、上にも、パート社員にも気をつかっていました。

あるとき、新人の正社員が困っていたので声をかけて、仕事を教えていると、〝何を得意げに話してるんだ。自意識過剰な奴!〟とほかの社員に言われました。もう善悪の物差しがわからない。でも私は相談する相手もなく、転職などもできませんでした。最初はおかしいと思っても、だんだん無感覚・無関心になっていき、〝どうせ、私なんて。としだし、辞めたら就職先もない〟と自分を卑下していました。シングルだということで心ない中傷の言葉を浴びせられ、傷ついても顔色ひとつ変えず、コツコツと働いてきたんです。蔑まれ、使い捨てにされ、人格さえ否定されるのは非正規雇用だからなんでしょうか?」

いっぽうでこうも思う。「うつなどで休職してやめていく正社員もみてきて、正社員が得だとも思わないし、あこがれもないです。でも、マネジメントのできない社員を管理職にしないでほしい。それが女性の活用ではないでしょう」と。

制度を個人単位に。そして健康で、穏やかに働きたい

千羽瑠さんはいま失業保険を受給しつつ、少しの休息をしている。「今までの職場で心身に受けたダメージがボディブローのようにじわじわと痛み、修復するのに時間がかかりそうなんです」という。

家事をしていた子どものころから、孤独だった。職場では我慢することが多かったけれど、味方になってくれる人もいた。このたび、調査やこうしたインタビューに協力する中で、地元の友人以外に、同じ立場の友人も増えた。しごとだけでなく、なにか社会や人の役に立つ活動もしたいと思う。そのためには1日6時間ぐらいで、少しゆっくりペースで働けないだろうか。しかし、年金を受け取る年齢まであと20年。やはりフルで稼がなければ、とも思う。

願っているのは三つ。一つは「社会保険の制度を、妻優遇ではなく、個人単位にしてほしい」。二つ目は「労働者として正当に、明確な物差しで評価してほしい」。そして、三つ目は「健康で、自分の身の丈に合った、おだやかな働き方がしたい」。切なる願いだ。

（インタビュー・文　小園弥生）

【注】

1　2003年の派遣法改正によって、2004年から製造業等にも派遣労働が解禁された時期と符合する。

②図書館司書として四つの図書館で働いてきた
ゆかりさん
「私たちのような非正規シングルに対応した税制・保障制度を作ってほしい」

46歳。熊本出身。高校卒業後、経済的理由で大学進学を断念。大学校[1]にて保育士の資格を取得。東京23区の区立保育園の保育士となる。しかし、3年で辞職し熊本に帰る。大学図書館でアルバイトをしながら、通信教育で大卒と図書館司書の資格を取得。以来15年間、一人暮らしをしながら図書館司書として嘱託・契約・臨時職員として働く。

専門職として働きたいと思い、図書館司書として職場を転々としてきたが、自分にはマネジメントの経験を積む機会もないことに気がついた。

初職は保育士として

中学校3年の6月、父が仕事を辞めた。その時、妹も二人いるし、大学進学は無理だなと思い断念した。高校は公立の進学校に行き、大学進学の代わりに、年間3万6千円の授業料で保育士資格もとれる大学校に行くことにした。大学校卒業後は、早く家から出て自立したいと思い、1990年に東京23区の区立保育園の保育士になる。3年間保育士として1歳児・0歳児を担当するが、朝、バタバタと子どもを連れて登園し、閉園間際に慌てて子どもを迎えにくる母親を見て、もっとゆったりと仕事も子育てもできる社会にならなければと思った。職場環境もよく、相談できる人間関係もあったが、もともと保育士になりたいと強く思っていたわけではなく、辞職を決意する。辞職の理由をうまく説明できないでいたときに、園長から「ゆかりさんは熊本に帰りたいんじゃない？」と言われ、そのことばに乗じた形で退職した。

通信教育で大卒と図書館司書の資格を取得

熊本に帰り、３年間レストランのアルバイトをするが、大学に行きたかったという思いと司書になりたいという思いが強くなり、大学図書館でアルバイトをしながら通信教育で大卒と図書館司書の資格を取得する。当時、図書館司書は採用枠が少なく、就職するには大変だろうとは思っていたが、まだ、正規の図書館司書も存在しており、現在のように司書の非正規化が進むとは思っていなかった。

２年間アルバイトとして大学図書館で働き、１９９８年４月から臨時職員となるが、２００１年３月、継続雇用にならないように１ヶ月休んでほしいといわれ、これまであまりの低賃金（額面11万円ほど）だったので辞職した。

２００１年４月から公立図書館の病休代替臨時職員、その後、他施設のライブラリー開設準備員などを経て、２００２年４月にライブラリー嘱託員となる。時給は１０００円弱だったが１日６時間までの勤務だったので、あまり収入にはならなかったが社会保険には加入していた。ライブラリー嘱託員になる直前まで、嘱託員に採用されるかどうかもあいまいだったので、他県の公立図書館の採用試験に応募していた。他県の図書館の方が給料は高かった（額面14万円ほどでボーナスもあった）。

こうして2002年7月から、他県の公立図書館の嘱託となる。この図書館では、2007年に指定管理者制度を導入したのだが、その結果、職場では自治体職員（正規・嘱託）、受託業者職員、さらに派遣社員など重層的な雇用形態が存在することになった。また、制度導入にあわせてボーナスは半額という人件費削減も提案され、収入減少では働き続けられないと思い、ずいぶん慰留もされたが、ゆかりさんは1年の契約期間を残して2006年3月に辞職した。

正規で働いた病院事務

図書館を辞めた後、半年間就職活動をするが実らず、司書を諦めて2006年9月から病院事務の正職員として採用される。年齢的に正職員採用の最後の機会だったし、この仕事を全うしようと思ったが、連日21時過ぎまで（開始時間は7時30分）という勤務時間の長さと患者からのクレーム（受付業務だったので、待ち時間の長さのクレームが多かった）対応に疲れて、2011年6月に辞職。病院という組織では、医師・看護師、そして患者からの不満・要望の矛盾が事務職員に集中すると感じた。離職者が多く、なかなか辞められないこともあるが、7歳年下の主任に相談し、スムーズに辞職できた。

契約期間中もずっと〝就活〟

２０１１年7月から２０１２年3月まで、大学図書館のデータ整理に派遣社員として勤務。4月から同大学図書館の契約職員として現在に至っている。今年度いっぱいで契約期間が満了になるので、また就職活動をしなければならない。

先が見えないことが一番不安。契約期限が切れるころになると次の就職活動をしなければならない。実際は、新たな職場に就くと同時に次なる就職のアンテナは張りっぱなしで、非正規の悲哀を感じる。以前は、応募したところを書き留めていたが、現在はやめている。数え切れないくらい願書を出しているため。

全国で図書館司書の募集があるところを検索しているが、あまり寒いところは暮らせないし、いろいろ条件を考慮するとだいたい東京以西、西日本が中心になる。

同じ図書館で再契約も可能なところもあるが、その場合は、公募の人たちと同じように試験を受けなければならない。継続のために試験を受けなければならないというのが負担。また、継続の場合でも、それまでの仕事ぶりが全く考慮・評価されずに新人と同報酬というのは、実際には減給ではないか。

専門職としての図書館司書

現在、正規の図書館司書の先輩たちも最後の世代。先輩たちが退職すると、もう自分たちのような嘱託、契約の非正規司書だけになるのではないか。図書館司書の資格は、簡単に取得できるが、持っているだけでは専門性があるとはいえない。また、司書とひとくちに言っても、地域の図書館と大学図書館では、求められる専門性が違う。地域の図書館には地域の図書館司書として長期に働いて、積み上げげる専門性がある。大学の図書館も同じだ。その辺りを全く無視した非正規化は、同じ職務を給与の低い身分にスライドし、専門性を育てることなく使い捨てにしているだけではないか。働く私たちだけでなく、サービスの受け手である学生や研究者、市民にとっての損失ではないかと思う。

今後、図書館司書という仕事自体どうなるのか不安。大学、地域図書館それなりのやり方があるから、先細りするのではないかと心配である。それでも、この仕事に意義を感じている司書が、全国で苦しみながらもがんばっている。私もこれからもがんばってしまうのだろう、失職するまでは。

一人で生きることができる社会保障を

保育士を辞めて熊本に帰ったときは、家族と暮らしていたが、ふっと「一人の部屋がほしい」と漏らしたのを聞いた父が、知人を通して家賃のいらない物件を探してきてくれた。大学図書館のアルバイトをしていた時で、それ以来、ずっと一人暮らしをしている。

もともと倹約家なので、やりくりしながら暮らすことは苦にならないが、冠婚葬祭の時が一番つらい。もっとお祝いしてあげたいのにできない……。現在、元気なので健診には行っていない。なまじ健診に行って、中途半端に病気が見つかるのが一番大変だと思っている。治療費はかかるし、非正規だから病休なんてないし、仕事は辞めなければならなくなる。どうせ病気が見つかるなら、末期でみつかった方がいいと思っている。

今回、非正規職シングル女性の調査をしてもらって感謝している。私たちのような働き方をしている人がいることを知ってもらえただけでも意味があると思っている。職場でも、公務員の人に、自分たちの待遇や労働条件を話すとびっくりされる。公務員で採用された先輩たちの時代には、思いもしないような労働条件、労働環境になっているんだと思う。

私たちのような非正規シングルに対応した税制を作ってほしい。住居費も支援してほしい。家族単位の社会保障ではなく、個人対応の社会保障を。この調査のグループインタビューに参加しただけでも、みんな状況はさまざまだと思った。介護の問題を抱えた人、病気を持っている人……。いろんな状況があることを踏まえて、一人で生きることができる保障制度にしてほしい。個人として私たちを認めてほしい。

（インタビュー・文　野依智子）

【注】

1　学校教育法には規定されていないが、国・都道府県・独立行政法人等によって設置されている教育訓練施設。

③請負で働きつつ「小さなサロンを持つのが夢」と話すあいこさん

派遣と歩合制がほとんどの業界。原家族との苦闘の末、故郷で一人暮らしをスタート。

41歳。長野県の小さな町で育つ。自営業の両親と弟。静岡の短大を出て、東京で美容師の資格を取る。このころ、食べ吐きをおぼえる。長野で美容師として働き始めた。26歳のとき、摂食障害の自助グループを頼りに、東京へ。グループの事務所運営スタッフを務めた後、女性専用整体サロンに入職し、系列店の店長代行となる。派遣の美容師等を経て帰郷し、マッサージ店で働く。

実家近くのアパートに一人で住んで働く

「今のお店はストレスが少ないし、東京より働きやすい」と話すあいこさんは、長野県S市でマッサージ店に勤める。地元の求人紙で見つけた店の勤務は9時半から19時過ぎまで。シフト制で休日は月に7日。連休は年末年始のみ。歩合制でお客さんの支払いの50パーセントが取り分だが、この業界ではこのような形態がふつうである。店長以外は全員女性で、同僚は20代から70歳まで。「70までやれるのかって希望が持てました」という。

標高800メートルの高さにある実家に最近まで身を寄せていたが「冬は運転がこわいし、田舎では未婚だと〝なんで?〟と言われるので部屋を借りました。アパートというものが少ないんですけどね」。家賃は3万6千円。冬場は客足が減るが、それでも20万から上を稼ぎ出す。しかし、そこから健康保険や税、通勤に欠かせない車の維持費・ガソリン代など払うといくらも残らない。それでも、遅刻なしで土日も皆勤だと最低18万円の保障給[1]があるのは安心材料だ。3年前に働いていた観光地の温泉旅館は気に入っていたのだが、途中から保障給がなくなって完全歩合になり、それでは不安定すぎて続かなかった。

20歳から食べ吐きの症状が始まる

マッサージは10年前に通信教育で勉強し、あとは現場で働きながらおぼえた。元は美容師だったが、不調でハサミがもてずに復職できないなと思ったとき、銀座の女性専用整体サロンの募集を目にして、自分にもできるかなと、32歳でこの業界に入った。シフトは自由で、時給千円だった。チェーン店を回って3年働き、店長代行になったときは日給1万円に。独立するという店の先輩について転職し、オイルマッサージなどもできるようになった。プライベートではお酒が好きで、ブラックアウトするまで飲んでしまうことがときどきあった。食べ吐きもしながら、われながらしごとはがんばっていたなと思う。

食べ吐きの症状は20歳で東京の美容学校に通っていた頃から。地元に帰って美容師として働き始めたときだけが人生で「社員」だったが、手取り8万円という安さで、長時間労働は美容業界ではあたりまえ。カフェインの錠剤をのみながら、なんとか3年間働いた。

摂食障害自助グループのスタッフとなる

小さな頃から、家の中で父が母に対してボコボコになるまで暴力をふるうのを目の当たりにしてきた。家庭内ではいつもあいこさんが「お姉さん」として父、母それぞれのご機嫌をとり、調整役を引き受けてきて、自分の感情がわからなくなっていた。10代の頃からお酒を飲むのが救いで、親のことは「かわいそうな人たち」と思っていた。食べ吐きがひどくなって摂食障害当事者の自助・ピアサポートグループ[2]を知り、会報を購読するようになったのが24歳の時。絶不調で美容師のしごとも続かなくなり、ひきこもったのち、26歳で親から離れるために上京。生活費の不足分は親に仕送ってもらった。2年後に活動が広がっていたグループの事務所運営スタッフになった。助成金をやりくりし、イベントやワークショップの企画をして全国を行脚したり、会報を作ったり送ったり、みんなで映像を作ったりしていた。並みの会社より忙しくて、徹夜することもあった。「あの頃のことを思ったら、どんなことだってできるんじゃないかな」と笑う。利益目的ではなくて、自分やなかまの回復、精神保健の向上のため、生きのびるための活動であり、しごとだった。「親にたいして、怒ったり泣いたりできた10年だった。その時期も抜けられたのかなと最近思う」。

グループで知った信頼できる医師のところにも通い、だんだん薬も減らせるようになった。カウンセリングに数年通ったことも大きかった。「自分はどうなりたいのか、それにはどうしたいのか、問題はなんだ、自分のきもちは、と焦点を合わせていく癖がいまもずっとついていて」という。

カット専門店では「一人切って５００円」

話が戻るが、マッサージのしごとに入ったのは、グループの助成金が減って事務所の人件費が出なくなった頃だ。自分のこころの健康のためにも、スタッフをやめても自助グループの会員は続けて、いまもたまにイベントなどの手伝いに行ったりしている。

30代後半は美容師に復帰した。派遣で下働きの「アシスタント」美容師は時給１２００円だった（髪型を仕上げる「スタイリスト」でも１５００円）。カット専門店でも修行を積んだ。「一人切ると５００円入るんです。20人切ってやっと1万円。だから手が遅いと話にならない。とにかく練習して15分で一人切れるようになりました。けどトイレに行くひまがなかった。歩合になったのは、美容組合がだんだん弱くなったのと関係あるのかな。〝けがと病気は自分持ち〟とも言われて。病気になったらほんとにたいへんです」。

クーラーが身体に合わず、東京の夏の蒸し暑さに耐えられなくなってきた。郷里でしごとを見つけたので、39歳で帰ってきた。ともに長野県出身で団塊世代の両親はなんとか関係を修復しつつ、老後に向かっている。父の自営業を弟が継ぐ予定もあり、同居しているとお互いストレスも高じてきたので、しごとがあって自活できたのはなによりと思う。

夢は自分のマッサージサロンを持つこと

結婚しようと思ったことは、一度ならずあった。「だめ男《お》ばかり、つかんじゃうんです。決断してくれなかったり、お母さんとピッタリくっついていたり。これから結婚するなら、ちゃんと年金をもらえる人で、子どもなしでいい、しごとずっとしてていいよ、と言ってくれる人ですかね。開業資金をポンと出してくれるとかねえ、ないですよね」と笑う。30代半ばで子宮内膜症になったので、出産はできないと思う。

からだを動かして働くのは好きだ。でも美容師だとどうしてもテンションを上げなければならないし、客とのやり取りに気をつかって疲れるが、マッサージは暗い部屋の仕事で話さなくてもよく、ひきこもりタイプの自分には合っていると感じる。夢は自分のサロンを持つことだ。いっぽうで、病院や施設に出張カットやマッサージに行くのもいいかな、と思っている。年金も払えていないし、将来の不安はあるけれど、しばらくはここでやっていくつもりだ。

（インタビュー・文　小園弥生）

【注】

1 歩合で保障給に満たない分を補填してくれるしくみ。

2 同じ悩みを抱える人々との出会い・分かち合いなどを通じて、相互に援助し合い回復・成長していくことを目的としたグループ。障害や依存症、難病の患者会、社会的マイノリティ、家族の会など、さまざまなテーマ・活動形態がある。「ピアサポート」は、同じような立場の人同士のサポートという意味。

④17歳のときからずっと働いてきて「納税オンリー」という直子さん

「育った家庭や学歴による格差は埋められない。女は結婚して生むことを強要される日本は狭いなあ」

43歳。東京の下町生れ。都立商業高校中退後、アルバイトをしながら音楽制作の学校で2年間学ぶ。その後小劇場で働きつつ、通信制高校を卒業。お金をためて1年間ワーキングホリデーで海外へ。帰国後、2000年に派遣登録。外資系の会社に金融事務職で派遣されたのを皮切りに、有名銀行や証券会社の派遣先は10社以上に。神奈川県で一人暮らし。「貯金できないので、老後が不安。シングルにも家賃補助の制度を」と話す。

学校時代――ぜん息をのりこえて、演劇部で活躍

「親の考えと学歴は、あとあとまでついてまわる」と話す直子さんは、工場地帯にある2DKの都営団地で育った。両親と兄・姉との5人家族。両親は中卒で、父は鉄鋼工場に勤務。母もずっと働いていた。親は「子どもはできるだけ早く働いた方がいい」という方針だった。

ぜん息で公害手帳を持っていた。夜中に発作が起き、二つ上の姉と二人だけでタクシーに乗り、病院で点滴を受けたのを覚えている。病院は生活の一部だった。よくならないので、小学5年生から6年生にかけて1年間、千葉県の施設兼病院に転地療養する。病室では本をよく読んでいた。病室では大人や異年齢の子にいつも囲まれており、大人を観察したり、ギャグ本をお年寄りに読んであげたりもしていた。

小学校の学芸会で〝ハーメルンの笛吹き男〟を演じたとき、町長役に扮した。そのことからあだ名が「町長さん」となる。「ヤンキーの多い」地元の中学では演劇部部長になり、好んで不条理劇を演じていた。高校は、姉が私立に行ったので親に負担をかけまいと、都立商業高校に進む。仲良しの子とバンドを組んだことから、音楽プロデュースに関心をもつようになった。

17歳で働き始め、自力で音楽制作学校やワーホリへ

「やりたいことがある人は学校に来なくたっていい」と言う教師のことばに「そうだ！と思って」、高2で中退。その後お年玉を貯めた30万円を手に、音楽制作の学校に入学。2年間の学費は200万円で、不足分はローンを組んだが、喫茶店で働いて在学中に返済した。

都内で人気の小劇場に正社員で就職したのは、21歳のとき。300人の応募があり、採用は3人だった。イベント企画制作のしごとは楽しかったが、1990年代半ばのバブル崩壊後で閉鎖が決まり、2年ほどで退職。音楽の学校は専門学校ではなかったため、半年後には通信制高校も卒業し、高卒資格を取る。その後、屋形船の飲食等雑務と広告代理店データ入力とのダブルワーク、六本木のクラブ勤務などでお金をためた。それを元手に、1年間のワーキングホリデーでニュージーランドへ渡る。

その経験から、「日本の良し悪しが見えるようになった。日本は生きづらく、日本人は洗脳されやすい」と感じている。親が未婚でいることにうるさいので、期待に応えて結婚しようとしたこともあったが、いざとなると相手をみて反対したという。

金融事務職の派遣社員としてしごとをつなぐ

帰国後の2000年、音楽や舞台制作にも未練があったが、数年たつうちに業界はIT化が進んでいた。食べていくため、派遣会社数社に事務職で登録。ここから、金融系の銀行や証券会社ばかり10社を超える会社に派遣され、しごとをつないでいく生活が始まる。英語ができるならばと次々、外資の会社に派遣された。職務内容は、「日本株の非居住者決済」とそれにかかわる事務作業で、具体的には取引レポートや会計データの作成、ファンドの設定・解約、証券・株券の照合と受け渡し、顧客とのメールや電話対応など。

契約社員として銀行に勤めた5年間以外は、6ヶ月程度の派遣先が多かった。2008年のリーマンショック以降はいつでも切れるように契約期間が短縮された。さらに外資は契約期間が短く、「次は長期で、と言われたら2ヶ月だったこともあった」。契約が切れるたび、「しごとありませんか？」と聞き続け、次につないできた。

金融事務職の時給は1700円から2000円程度と、派遣では悪くないほうだ。でも、交通費は出ないし、一日8時間プラス少しの残業で手取り20万円ほど。派遣で働き始めてからは一人暮らしをしてきた。生活できなくはないが、ボーナスも退職金もないので貯金ができない。

有給休暇は極力消化するようにしていた。半年以上で契約終了し、失業手当を受給したのは3回程度だ。失業時には、業界で必須とされる「証券外務員」やFPの資格を取得した。2016年現在は、産休社員の代替で正社員と同じ業務を行いつつ、通信制の大学に通って経営学を履修中だ。

「10年後は今とは逆に、インドや中国の企業からのアウトソーシングとして、東京で使われているかもしれない。日本人が低賃金になっていたりしてね」と話してくれた。

「派遣」の不条理

一時、母の介護のために実家に戻ったことがあった。親の通院付き添いのため、繁忙期にひと月に5日ほど休まざるをえなくなり、容赦なく契約を切られた。どこの職場も休暇は〝子持ち優先〟で、介護をかかえる人への理解はなかった。夜中も起こされるので眠れず、うつになり、ストレスで10キロ太ってしまった。同居の兄は運送業で長時間労働のため介護ができない。「介護休暇もない派遣のわたしがなんで？　仕事と介護の両方をするのはむり」と思い、このときばかりは親から生活費を受け取った。

外資の職場は完全成果主義で、性別や人種による差別はあまりない。が、書類の箱詰めなどの雑務を末端の派遣社員にさせることが多く、残業管理が厳しいので、昼休みを削って行うことになる。かつてと比べても、お茶飲みや、歯磨きをしている時間がなくなったと思う。いまはどこに行っても常に最低人員で労働過密だ。それでも時給は上がっていない。派遣社員は電車が遅れても減給されるので、朝も早めに家を出ている。早く着いて、毎日30分は無給で働いている。いっぽう、同じ仕事をしていても正社員は年俸制。海外の有名大学を出て、瀟洒な邸宅が立ち並ぶ地域に住んでいる。「親の収入も高いのだろうし、ハナから学歴や家柄が違う」と苦笑する。

一度、不動産会社の正社員に採用された。が、「社長室をノックしないで入った」と事実誤認をされ、1ヶ月たたずに解雇された。あまりの理不尽さに、自分で調べて労基署や法テラスに行き、法で保障された1ヶ月分の手当をかちとったことがある。それも、社員だから闘えた。派遣ではむりだと思う。

「働くことはたいへんだと思ったことがなかった。いつもたいへんだったのかもしれない」

「常に真実を知りたい性格」という直子さんは、自分の苗字のルーツを調べていたときに、縁あってキリスト教の勉強を始めた。また、契約で年俸制だった期間に、エチオピアの子の「チャイルドスポンサー」になったことからエチオピアの歴史や宗教を学びはじめ、やはり聖書にいきついた。そんなことが重なり、6年前に洗礼を受けた。

直子さんにとって働くことはどんなことか、と聞いた。

「働くのは生活のためにあたりまえだった。ダブルワークも私にはふつう。たいへんだと思ったことがなかった」と即答した後で付け加えた。「いつもたいへんだったのかもしれないけどね」。

「17歳から働き続けてきて、納税するばかり。恩恵はまったく。退職金が出る仕事に自分が就くことはもうないと思う。やはり老後は不安ですね。悪条件満載の私たち世代で、さらにシングルの女は社会に見放されています。まるでこの世にいないかのようにね。雇用機会均等といっているのに、女性は正社員になりづらく、自立できない制度になっているでしょ。日本社会は単身者にきびしく、住みづらい。単身者にも、せめて家賃補助を！　と声を大にして言いたいです」

暮らしに少しの余裕ができたら、畑を借りたい。弱者支援にもかかわりたいと思っている。それがまわっていくしくみを考えたい。しくみやプロデュースにいつも関心がある。

（インタビュー・文　小園弥生）

⑤派遣という働き方を選び「プロ意識」を持ち働いてきた敬子さん

「いろんな会社やいろんな場を経験し、人との出会いで人生が変わることを実感。派遣でのキャリアも評価の対象になったらいいのに……」

43歳。大阪にて3人兄弟の末っ子として生まれる。中学受験で難関校に進学。大学卒業後は、地元の住宅会社に総合職として就職するも退職。その後、様々な企業で経験を積むことができる派遣という働き方を選ぶ。短期派遣で経験を積んだのち、正社員として上場企業に就職。キャリアパスが見えず、退職後、再度派遣登録。複数の派遣会社に登録し、資格をとりながら、なるべくブランクができないよう仕事をつないでいる。大阪府で一人暮らし。「なぜ、派遣という雇用形態だと、どれだけ優秀といわれても評価されないのだろう」と話す。

中学受験――子どもながらに「井の中の蛙」を感じる

「当時は家族仲も悪く、ケンカが絶えない家族だった」と話す敬子さんは、自営業を営む家庭で育った。両親と兄・姉、母方祖母との6人家族。両親は家業で忙しく、祖母が家事と育児を担っていた。

小学校時代、成績は常に1番と優秀で、進学塾に通い、中学受験で競争率13倍の難関校に進学する。

塾や中学受験を通して、自分よりも優秀な子はたくさんいることを体感し、自分が知っている世界がすべてではないことを知り、子どもながらに「井の中の蛙」の感覚を実感した。

　難関校に進学したことで、両親は喜ぶが、「偏差値の高い学校へ進学し、いい会社にいくことが幸せだ」という親の価値観は自分の幸せにはつながらないと思い、自分にとっての幸せは何かと考えるようになる。高校時代は理系科目が得意だったが、理系でめざしたい将来が描けず、就職を考えて私立大学の経済学部に進学した。2回生のときにバブルが崩壊し、就職氷河期に突入。就職活動をする同級生を横目に、「なんのために就職するんやろう?」と思いながらも、合同説明会に誘われて参加し、地元の住宅会社から内定を得て、就活を終える。

24歳で、正社員から派遣社員へのキャリアチェンジ――プロ意識のある派遣社員

　住まいに関わることに興味があり、22歳で住宅会社に総合職として就職し、営業事務として、住宅展示場兼事務所に配属される。男性社員は宅建を目指すが、女性社員は補助業務ばかりで、業務も暇なこともあり、「時間がもったいない」と感じ、24歳のときに退職。その後、派遣という働き方を選択していた学生時代の友人から、派遣だと様々な企業で経験を積むことができるという話をきき、派遣会社に登録する。

　親は、派遣で働くことに対して不安定で日雇いのイメージが強く、組織から逃げているだけと怒られた。が、当時の派遣社員は、ボーナスがなくても正社員と変わらない年収が稼げるような時給相場だったこともあり、短期派遣で大手企業4社に派遣社員として就業する。派遣社員として働くことは、

派遣先から求められている仕事ができることが前提と思っていたので、独学でパソコンのスキルをみがく。派遣という働き方は、スキルと時間でお金をもらっているという意識が高く、正社員よりもプロ意識があり、派遣先が変わるごとにステップアップする感覚があった。当時、時給は１６００円。正社員よりも高い月収を得ており、20代では将来の不安まで考えることはなかった。次々と新しいスキルが学べ、人間関係が変わるごとにコミュニケーション力も磨かれ、派遣先の高い評価が次の仕事につながる。そんな生活が続くと思い、実家を出て、友人とのシェアハウス住まいや一人暮らしをするが、年齢が上がるにつれて派遣に切れ目ができ、生活の不安から実家に戻る。

派遣会社の人材紹介部門から、秘書業務で正社員へ

27歳のとき、大手派遣会社にはすべて登録し、仕事内容で応募していたところ、人材紹介部門から役員の秘書業務で正社員の話が来た。初年度の年収は３００〜３５０万円、秘書経験は問わず、パソコンスキルがあればよいという条件だった。秘書業務は考えたことがなかったが、受けてみたら採用。上司にも恵まれ、秘書業務にとどまらず、営業本部の管理業務や経営戦略資料の作成など、幅広い業務を経験し、一般職から総合職へ転換。給料は上がったが、同じ仕事をしていても職種で給料に差をつけられていたことにショックをうける。それでも、細やかな仕事を心がけ、積極的に制度改善提案などに取り組んだ。

優秀な女性社員は総合職に転換したが、みんな辞めてしまった。男性と同じように頑張らないと認められない。女性にだけガラスの天井があるというような会社の中の不条理を感じ、社内での自分の今後のキャリアが見えなくなる。秘書としてついていた役員の転勤をきっかけに、33歳で退職を選んだ。

「経済的には続けた方がよいことはわかっていたが、人生や心の豊かさの観点からは、このとき辞めたことで得られたこと、気づいたことは多かった。しかし、この退職が非正規職ループに入るきっかけとなった」と話してくれた。

変わっていく派遣社員をとりまく状況

33歳、独身。次の仕事を探すため転職エージェントを利用するも、「この経歴ではあなたに紹介できる企業はない」と言われる。今までの派遣社員として身につけてきたスキルや前職での秘書業務など、高い評価を受けてきた「いかにまわりの人に気持ちよく仕事をしてもらうか」という段取りや心遣いは、能力ではあるけれど実績ではないことにショックを受ける。専門職でもマネジメント業務でもない仕事は、ただの事務としてしか認めてもらえないことを知る。改めて、世間は決まったモノサシでしか評価してくれないと感じた。

経験するために生きているという思いから、選択肢があれば、どちらが経験したいことか、やりがいを感じられるかで選んできた。でも、世間のモノサシで計れるスキルやキャリアを持っていないと、評価の対象とならず、時給単価の低い仕事につかざるを得ないことを実感した。

再び派遣社員に戻るが、時代は変わり、時給は下がって仕事がない。かつては、顔合わせで決まっていた仕事が、紹介前の派遣会社での社内選考にはじまり、紹介後には他社競合がある。派遣社員に求められているもの、派遣社員として働くことの意味が変わったと感じた。

それでも、短期の仕事を含めて、今までの経験が活かせる仕事を選びながら仕事をつないでいったが、数ヶ月のブランクができる時期もあり、貯金を食いつぶしながらしのいだ。４社、派遣就業した後、かつての同僚から共同起業の誘いを受け、36歳で岡山に転居。営業支援を行うコンサル会社を立ち上げるが、１年半後に方向性の違いで事業分離。このとき、38歳。大阪に戻っても、再就職は厳しい年齢だと思い、岡山に残り、講師・カウンセラー業で独立を考える。岡山の派遣会社に登録し、短期派遣で就業しながら、産業カウンセラーの資格を取得。相談員や講師の仕事に10社以上応募するが決まらず、県の外郭団体が募集していた1年間の期間限定で「女性起業家支援コーディネーター」への就業が決定する。交流会や研修の企画・運営・予算管理など、すべてを一人で担当する仕事で、人の縁を繋ぐことで、その人の人生が変わっていくというきっかけを提供することが誇りと思える仕事だった。

岡山での経験は、非正規就業を続けていた自分にとって、「自分の人生すべてが今につながっている」「人生の中で無駄なことは何もない」と思える貴重な経験だったと話す。

派遣の矛盾と不条理

40歳で大阪に戻り、派遣や契約社員として働く。世間は人を肩書や所属でみる。「何をしている人？」という質問がいつも辛かった。自分は何者か、何をしたいのか……。今でもよくわからないが、自分が喜ぶ生き方を選びたい。自分の能力を社会のためにどう生かすことができるか考えよう。そう思うようになったと、敬子さんは話す。

敬子さんにとって派遣社員として働くことはどんなことか、と聞いた。「仕事に対する責任感と、時間で労働力を提供している覚悟感をもち、自分は派遣先の会社にとってのコストであると自覚し生産性を考えて働くのが派遣社員の働き方」と答えた。「でも、作業内容や責任の重さは同じ仕事なのに、雇用形態が違うことだけで給与や待遇に違いがあることの不条理がある」と続ける。そこに「派遣」の矛盾や不条理がある。同一価値労働同一賃金を切に願う。

「仕事をとりまく環境・状況は変化していき、時給単価が低い派遣の仕事はなくなっていくのではないかと思う。団塊ジュニア世代として生き、時代の渦に翻弄されて非正規職として約10年働いてきたことは、個人的には良い経験をさせてもらったと思う。1社で長く勤めるよりも、10社を超える会社で働いたことで多様性への理解が深まり、人生の豊かさにつながっている」

「かつてはキャリアを積んでいける働き方であったはずの派遣社員が、便利使いとなっている現状で、今の生活は決して楽ではないが、非正規職として働く人たちの支援をしていきたい!」と敬子さんは力強く話す。雇用形態や企業に所属する期間を問わず、自分が社会に貢献している実感が得られる働き方を選択でき、心から幸せを感じられるキャリアをみんなが生きられる社会になることを願っている。

（インタビュー・文　一般財団法人大阪市男女共同参画のまち創生協会　邊見倫子）

第2部

非正規職シングル女性問題にかんする論考

1　統計からみた35～44歳の非正規雇用に就くシングル女性

小杉　礼子

はじめに

この章では、本書の中心テーマである35～44歳の非正規雇用（＝正社員以外の雇用労働）に就くシングル女性の働き方について、政府統計からその全体的な状況を明らかにする。このことを通じて、わが国全体の非正規雇用で働く壮年期のシングル女性のなかで、今回の「非正規職シングル女性の社会的支援に向けたニーズ調査・WEB調査」（以下、WEB調査と呼ぶ）の対象者がどのような特徴を持つ人なのかを明らかにできるだろう。[1]

35～44歳の女性といえば、結婚して母になっている人が少なくないだろうし、また、近年は正社員として働き続けている人も増えてきてはいるのではないか。そこで、最初にこの年齢層の女性の婚姻状況と就業形態を把握し、本書の対象となる〈35～44歳の非正規雇用に就くシングル女性〉が全国にどれだけいるのかを確認する。また、その経年的変化もデータのある限りで確認しておく。

次に、非正規雇用で働くこの年齢層のシングル女性の働き方として、雇用形態や労働条件、非正規の働き方の課題として指摘されている職業能力開発の機会などについても全国的な傾向を整理する。また、本人の基本属性として学歴や居住地域による特徴を検討し、非正規雇用を選択した理由についてもデータが得られるのでこれを確認する。

ただし、35～44歳のシングル女性であって非正規雇用で働く人という条件すべてを満たす形でとれるデータは多くない。さらにそのいくつかの条件を満たさないデータから推測せざるを得ない場合もあることを予めご了解いただきたい。

1　婚姻と就業の現状

「労働力調査」（総務省統計局）は、毎月発表される失業率などの計算に用いられる基本的な国の統計である。世帯を単位に抽出する調査であり、個人の働き方と婚姻状況の両方がわかる。その2015年平均の数字を見ると、35～44歳の女性は全国で899万人[2]に上るが、そのうち配偶者のいる人は647万人、シングル女性は246万人（うち未婚177万人、離死別69万人）となっている（図1）。

そのうち就業している人の割合は、有配偶女性の場合は66・3％だが、シングル女性の場合は83・7％で、配偶者のいる人よりも就業している割合はかなり高い。さらに非正規雇用で就業している人に限ると、シングル女性人口の32・1％、人数にして79万人であった。これが本書の分析対象である

図1　35～44歳女性の婚姻状況別にみた人口、就業者数、非正規雇用者数

	人口（万人）	就業者		非正規雇用者	
		（万人）	人口比（%）	（万人）	人口比（%）
計	899	640	71.2	320	35.6
有配偶	647	429	66.3	239	36.9
シングル計	246	206	83.7	79	32.1
（うち）未婚	177	146	82.5	50	28.2
（うち）離死別	69	60	87.0	29	42.0

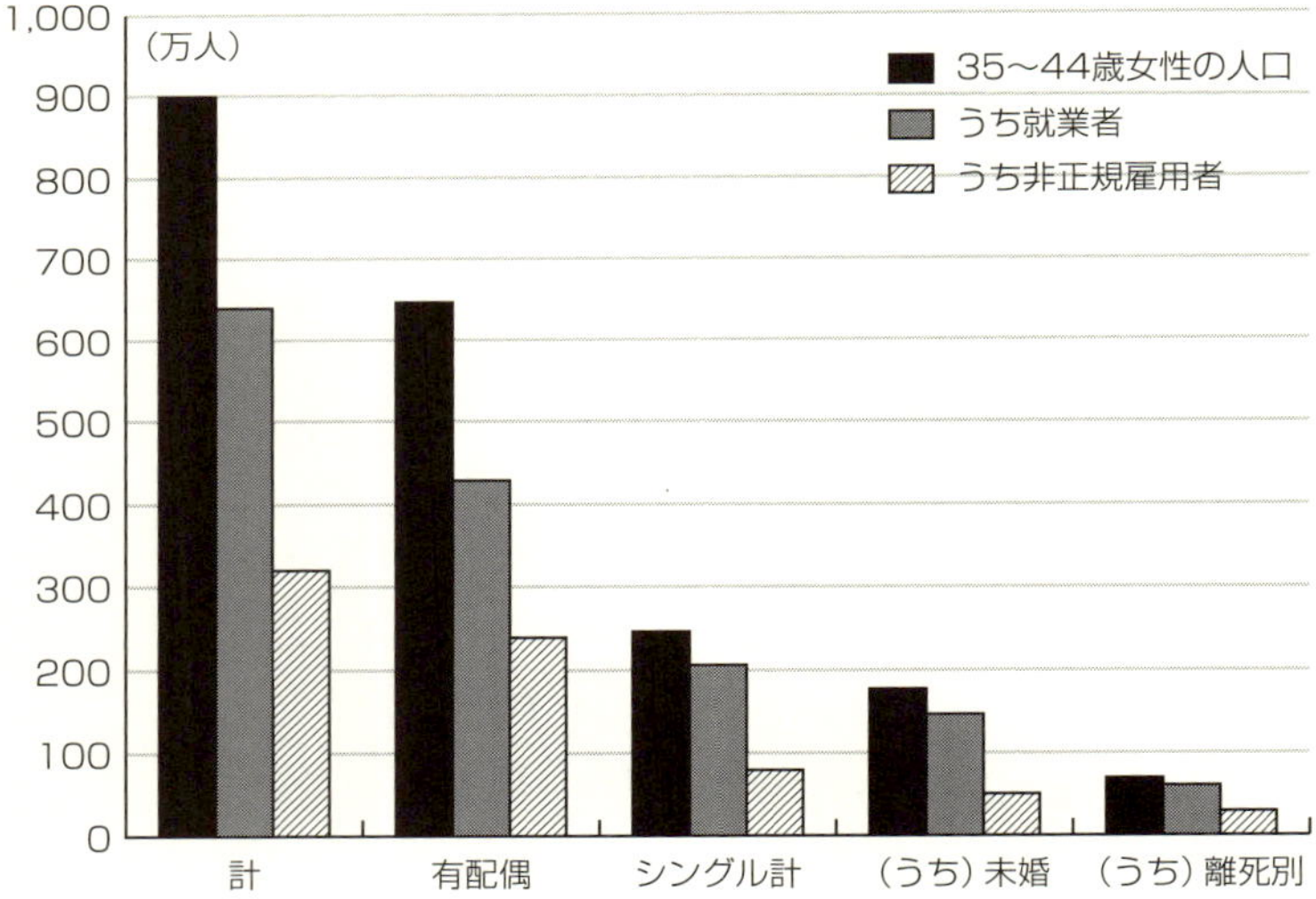

出所：総務省統計局（2015）「労働力調査・基本集計（年平均）」

非正規雇用に就く35～44歳のシングル女性の国全体での数である。

さて、WEB調査の回答者は婚姻歴のない人が83％であったが、ここに示した「労働力調査」ではその割合は63％となっている。WEB調査回答者は未婚の人に少し偏っていると思われるが、シングルマザーを除くという設定による違いではないか

図2　就業状況別にみた35～44歳の未婚女性数の推移

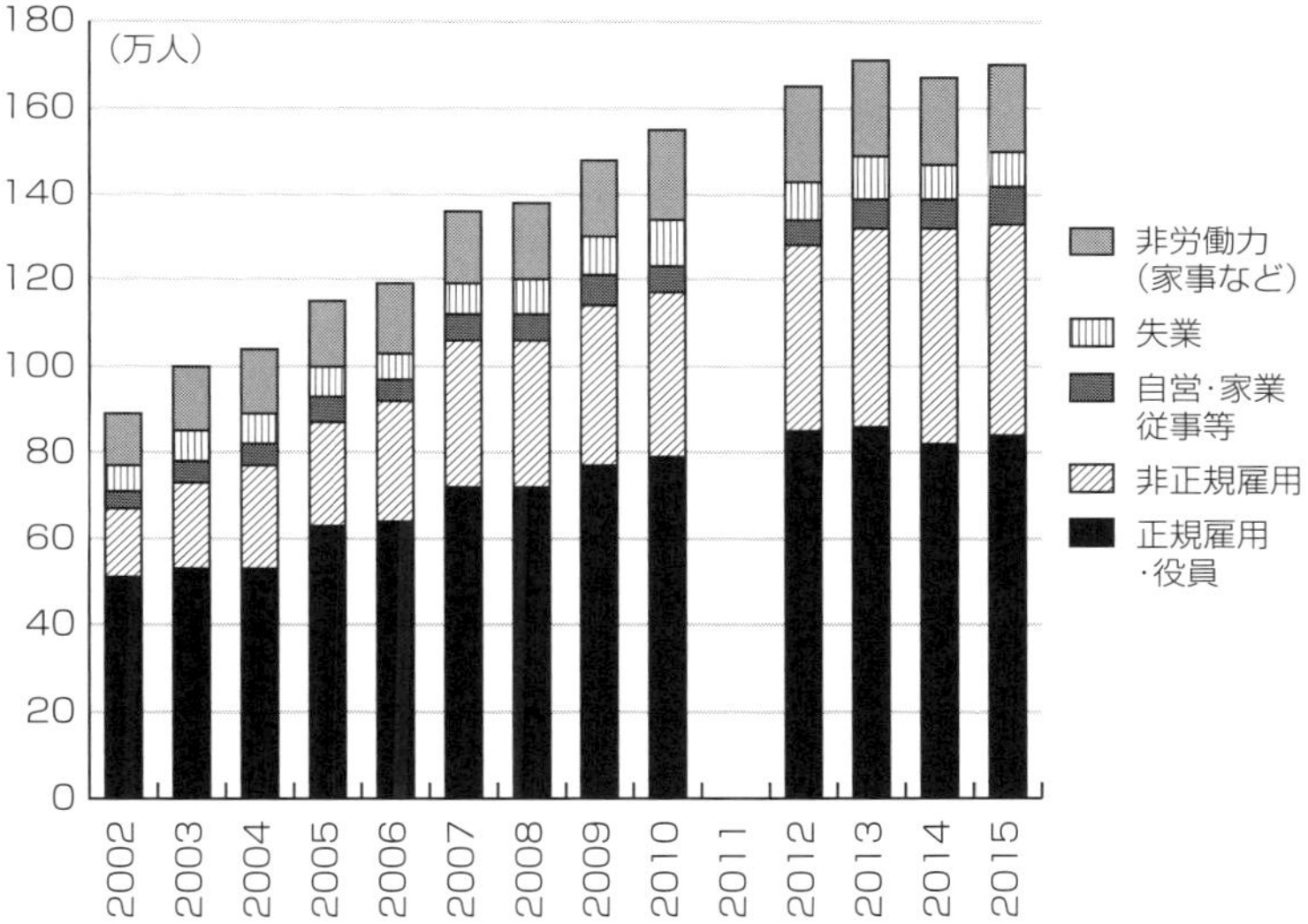

注:2011年は東日本大震災のためデータがない。
出所：総務省統計局（各年）「労働力調査・詳細集計（年平均）」

と推測される。

次に、こうした非正規雇用に就くシングル女性は増えているのかを検討する。図1と同じ形でのデータは２０１３年から取れるのだが、非正規で働く35～44歳のシングル女性は、２０１３年、２０１４年とも約80万人で、その数はこの３年間ほぼ変わっていない。

より長期的な変動については、未婚の人に限れば、統計上で見ることができる。図２は35～44歳の未婚女性数の増減と、その就業状況別の内訳をみたものである。ここからわかるのは、まず、同年齢層の未婚女性が大幅に増加しており、２０１２年には10年前の１・８倍にもなっていることである。背景にあるのは、第一には晩婚化、非婚化がすすんだことであり、第二には団塊ジュニア世代がこの年齢層にさしかかった時期であるので、２０１２年までは同年齢人口そのものが増加してきたことである。

さらに、その就業状況の内訳を見ると、非正規雇用者は、実数もまたその割合も高まっていることがわかる。同年齢の未婚女性に占める非正規雇用者の割合は、２００２年当時の約１・６倍まで増えている。非正規雇用者の増加は幅広い年代で起こっており、全体的な雇用の非正規化が、この年齢の未婚女性の働き方にも影響しているということだろう。

晩婚化・非婚化、団塊ジュニア世代、雇用の非正規化という要因が重なり、35〜44歳の非正規で働く未婚女性の数は、２０００年代初めに比べて約３倍と、大幅に増加したのである。

なお、この統計では離死別でシングルになった女性非正規雇用者の増減についてはわからないのだが、この世代全体の人口増や非正規雇用が全般に増加していることを考えれば、こうした人たちも増加していることは十分推測できる。

非正規で働く35〜44歳のシングル女性、すなわち本書が取り上げる対象者層は、近年、大幅に増加していることは間違いないところである。

2　35〜44歳シングル女性の非正規雇用での働き方

(1)　非正規雇用の種類

35〜44歳の非正規雇用に就く女性に占めるシングルの人の割合を求めると24・7％で、４人にひとりに当たる。非正規雇用をパートや派遣社員など、雇用の形態で分けてみると（「労働力調査」では、

図3　35～44歳の女性非正規雇用者の雇用形態別にみた配偶関係

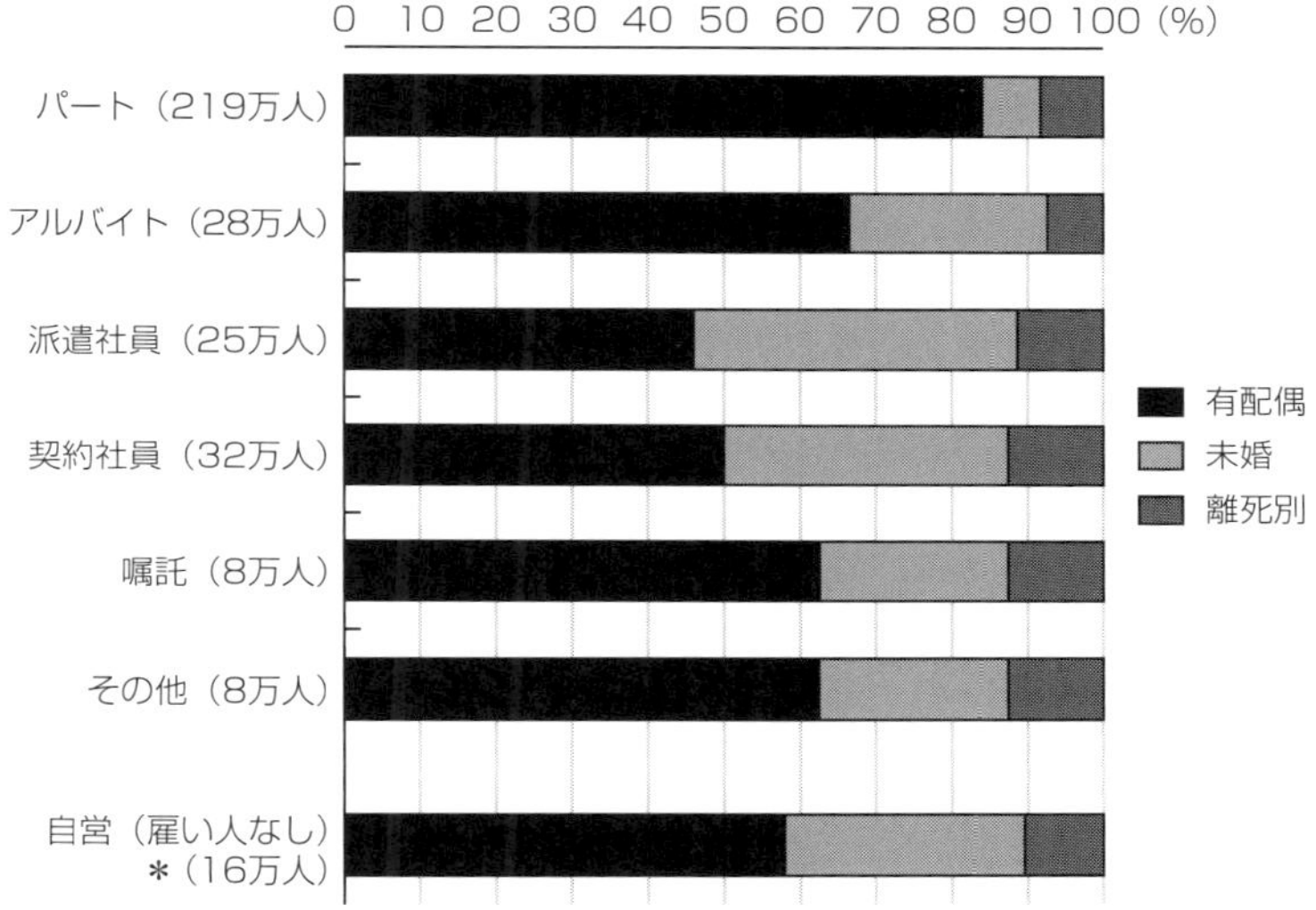

注：＊「自営（雇い人なし）」は、非正規雇用者ではないが、近年、業務委託契約による働き方やクラウドワークの拡大が伝えられているため、正規雇用以外の働き方として、併せて記載した。
出所：総務省統計局（2015）「労働力調査・基本集計（年平均）」

職場での呼称によって分類している）、シングルの人が多い雇用形態と少ない雇用形態がある。

図３がそれだが、非正規雇用者の７割を占めるパート社員の場合、圧倒的に有配偶の人が多くシングルの人は２割に満たない。これに対して、派遣社員[3]や契約社員では半数前後がシングルである。この呼称の違いは、職場の違いでもある。働くシングル女性は増えているものの、職場によってはシングルの人がごく少数である場合もあり、そうした職場では、配偶者のいる人たちと共通の話題が見つけにくかったりして、孤立することもあるかもしれない。

また、図の最下段には、「自営（雇い人なし）」のケースも掲載した。近

図4　35～44歳の女性非正規雇用者の配偶関係別にみた雇用形態

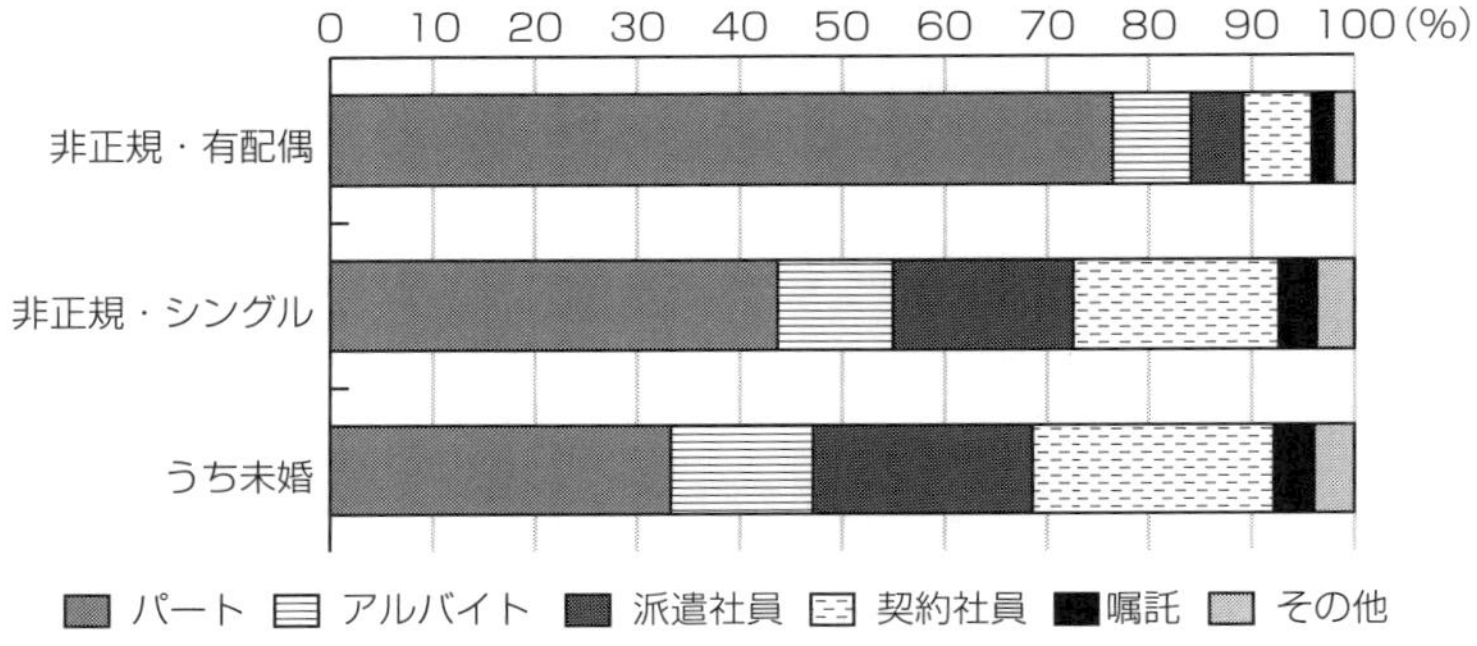

出所：総務省統計局（2015）「労働力調査・基本集計（年平均）

年、雇用という形ではなく、業務委託契約による個人的な仕事の受注やクラウドワークという形が拡大しているといわれている。こうした働き方も正社員以外の働き方のひとつであり、低収入など非正規雇用と同様の問題も指摘されている。統計上では、「自営（雇い人なし）」の分類項目がこれに最も近いだろう。この場合の同年齢層の女性の配偶関係を図には示した。該当する人はおよそ16万人で、このうちシングルの人は半数弱となっている。非正規雇用の定義からは外れるものの、不安定と低収入にさらされる場合が多い働き方だと考えられ、シングル女性がそれに就くことに伴う問題は、非正規雇用の場合と共通するであろう。

次に、雇用形態別の構成比をみる。図4に示すとおり、「労働力調査」ではパート社員が多くアルバイトを加えると、35~44歳の非正規シングル女性の半数を超えている。ＷＥＢ調査の回答者では、「パート・アルバイト」は20％で、「契約・嘱託」（29％）や「派遣社員」（23％）のほうが多い。さらにＷＥＢ調査の回答者は未婚者が多い傾向があったので、「労働力調査」でも未婚者のみの場合をみた。図4の下段が

図5　35～44歳女性の雇用形態、配偶関係別勤務先の産業別構成比

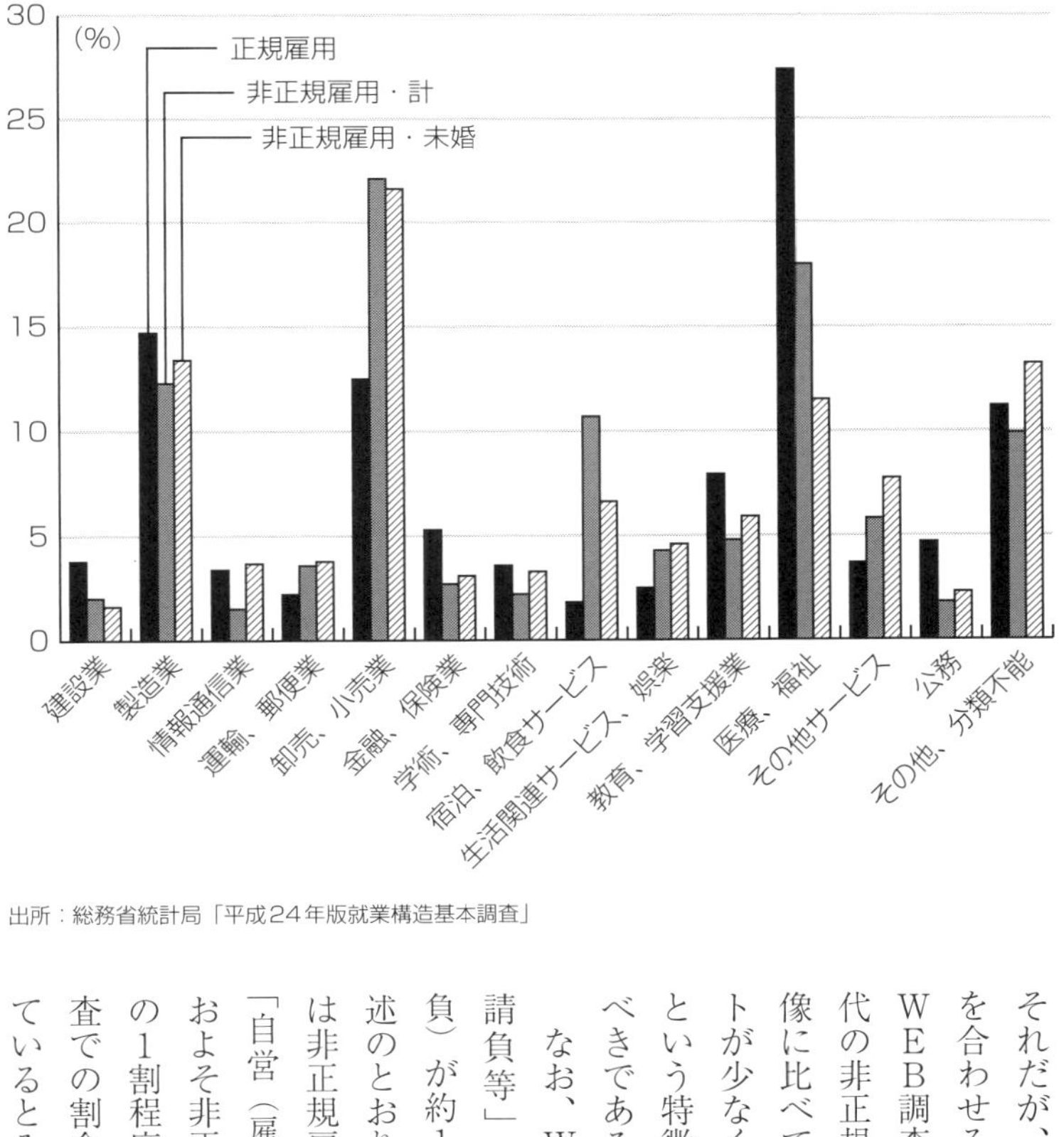

出所：総務省統計局「平成24年版就業構造基本調査」

それだが、パートとアルバイトを合わせるとやはり半数近い。WEB調査の回答者には、同世代の非正規シングル女性の全体像に比べて、パート・アルバイトが少なく契約社員などが多いという特徴があることは留意すべきであろう[4]。

なお、WEB調査では「業務請負等」（個人事業主・業務請負）が約1割となっている。前述のとおりこの区分は統計上では非正規雇用には含まれないが、「自営（雇い人なし）」の数は、およそ非正規職シングル女性数の1割程度にあたり、WEB調査での割合はほぼこれに対応しているとみることができる。

図６　35～44歳女性の雇用形態、配偶関係別就業職種の構成比

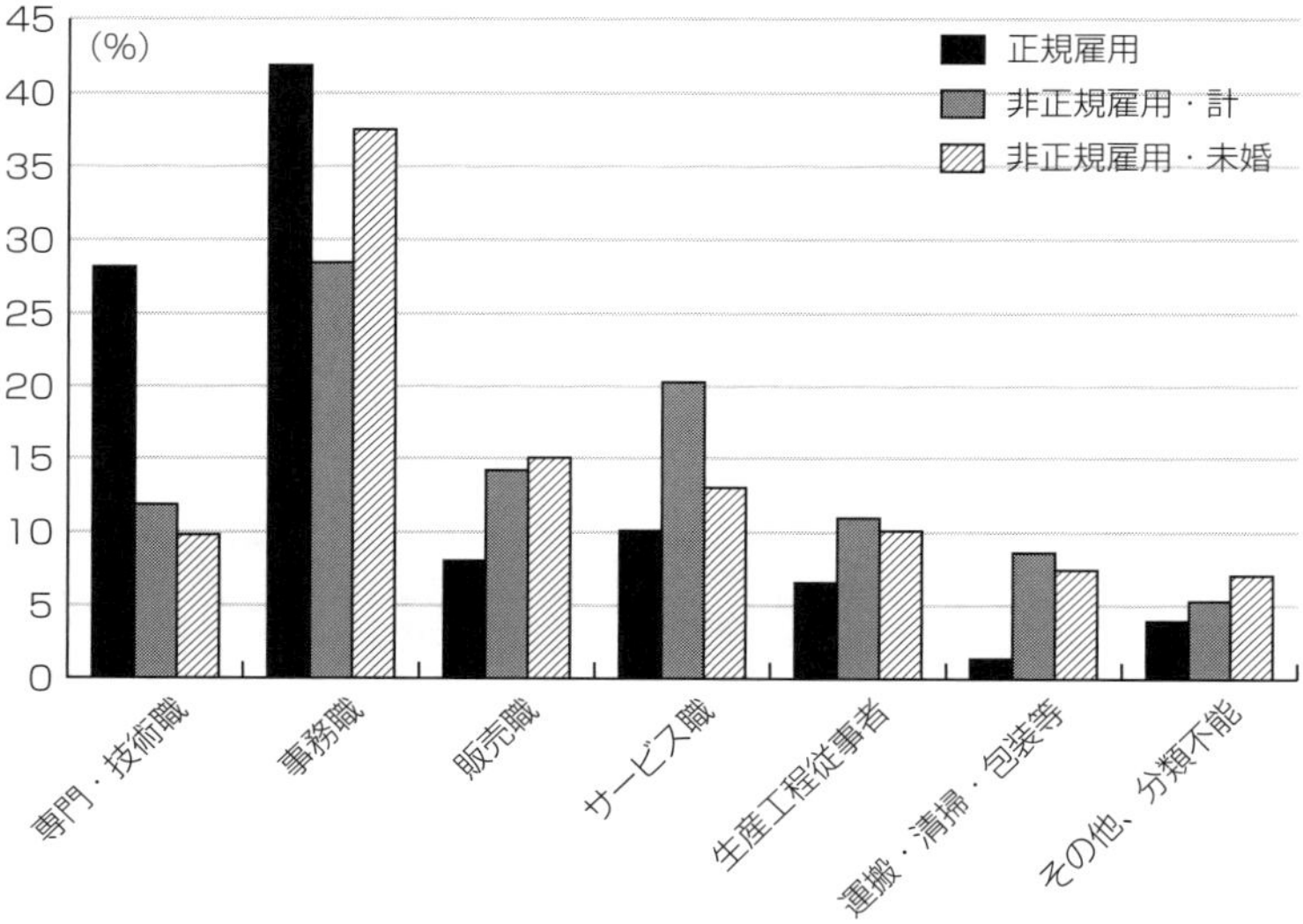

出所：総務省統計局「平成24年版就業構造基本調査」

（2）勤務先の産業、就業職種

次に、35～44歳シングル女性が非正規雇用で働く職場、仕事の特徴を統計でわかる範囲でみてみよう。直近の「労働力調査」では、配偶関係まで含めては、35～44歳の女性非正規雇用者の産業や職業のデータが得られなかったので、少し古くなるが調査対象数が多くより詳細なデータが提供されている２０１２年実施の「就業構造基本調査」（総務省統計局）を利用する。ただし、これでもわかるのは、未婚か否かという情報であり、離死別によるシングルの場合は除かれた数字である。

まず勤務先の産業をみたのが図５である。同年齢層の女性を正規雇用と非正規雇用に分け、さらに、非正規雇用のうち未婚者のみを別に取り出し、それぞれについて就業先産業の構成比を示した。未婚の非正規雇用者は、卸売・小売業や製造業に比較的多く、有配偶の人を含む非正規雇用計とくらべれば、医療・福祉や宿泊・飲食サービス業が少ない。その少ない分、その他サービス業や情報通信業、学術・専門技術サービス業などの多様な産業で就業している。未婚の場合のほうが幅広い業種で就業しているといえる。

図6は就業職種についてである。図5と同様に正規雇用、非正規雇用に分け、さらにうち未婚者のみを取り出して、それぞれの構成比を比較したものである。未婚の非正規雇用者は、事務職が4割近くを占め、販売職、サービス職が15％程度ずつとなっている。既婚者を含む非正規雇用計と比較すると、事務職比率が高い。

WEB調査では、事務職が44％、専門・技術職が24％とこの2つの職種の人が多かった。さらに、WEB調査では「医療・福祉職」「教育職」を専門・技術職とは別に区分しているが、一般の統計ではこれは専門・技術職の一部に位置づけられよう。これを加えるなら専門・技術職の割合は4割に達する。図6と比べると、事務職の割合はあまり変わらないが、専門・技術職は明らかに多い。その分、販売やサービス、生産工程の仕事は少ない。WEB調査結果には専門・技術職の問題が色濃く出ている可能性があり、また、販売やサービスなどの仕事に就く人たちの問題は十分に捉えられないことも考えられる。調査結果からのインプリケーションを議論する際には、留意すべき点である。

（3）労働条件：労働時間、収入、能力開発

次に、労働条件について検討する。「就業構造基本調査」では、労働時間については、1年間の就

図７　35～44歳女性の雇用形態別　年間就業日数・週間就業時間別就業者数

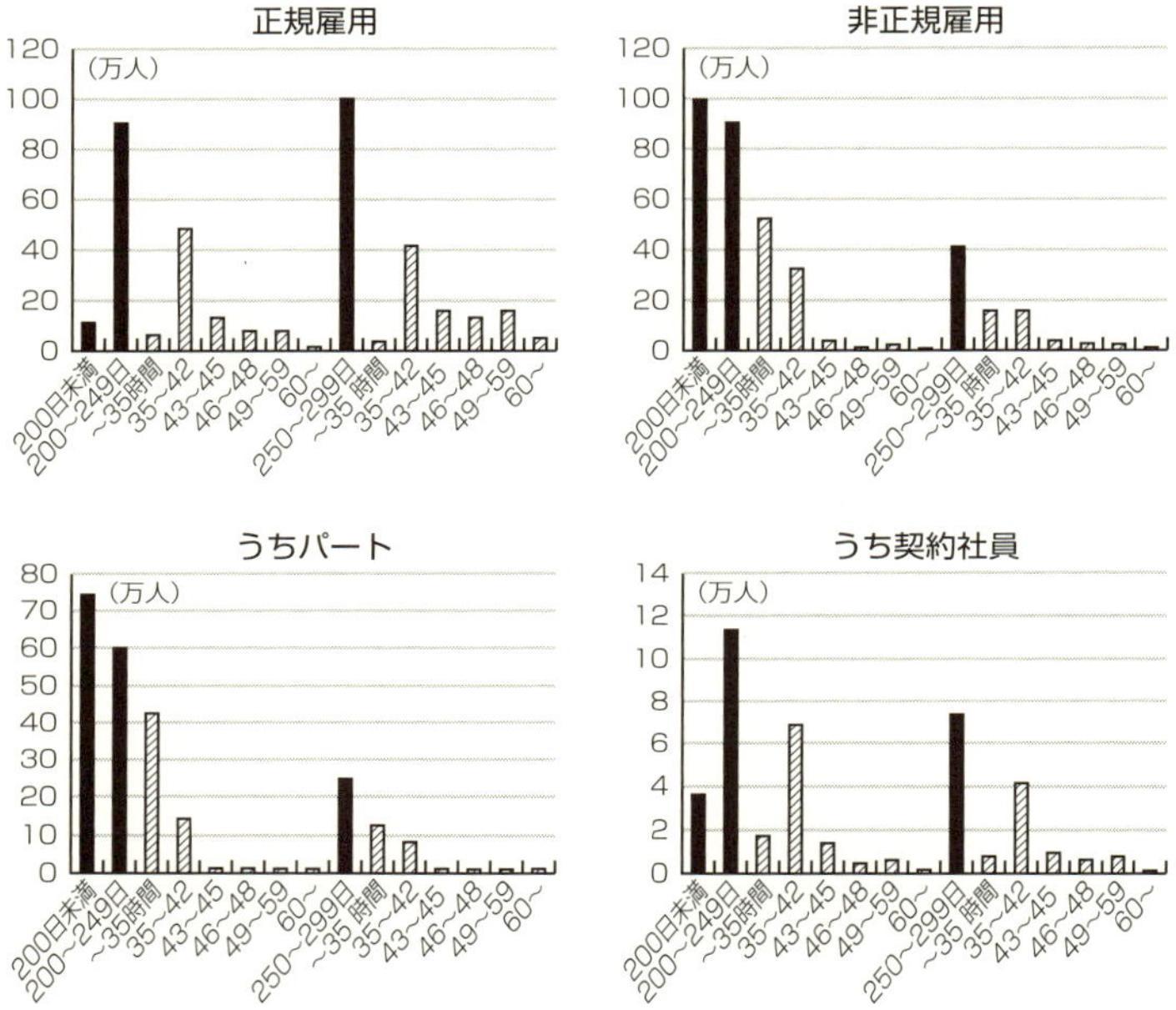

注：年間就業日数300日以上は掲載を省いた。
出所：総務省統計局「平成24年版就業構造基本調査」

業日数と、１週間の就業時間が組み合わせた形で公表されている。年齢・性・雇用形態別にみることができるので、図７では35～44歳の女性就業者について、正規雇用と非正規雇用に分け、さらに非正規雇用のうちパートと契約社員を別掲する形で、年間就業日数と週間就業時間を示している。パートと契約社員を別掲したのは、この調査項目については配偶関係の情報が公表されていないため、有配偶女性が多いパートと、未婚女性が多い契約社員[5]を比べることで、壮年期のシングル非正規女性の労働時間の特徴を推測

図8　35～44歳女性の雇用形態別にみた、就業している仕事からの年収の分布

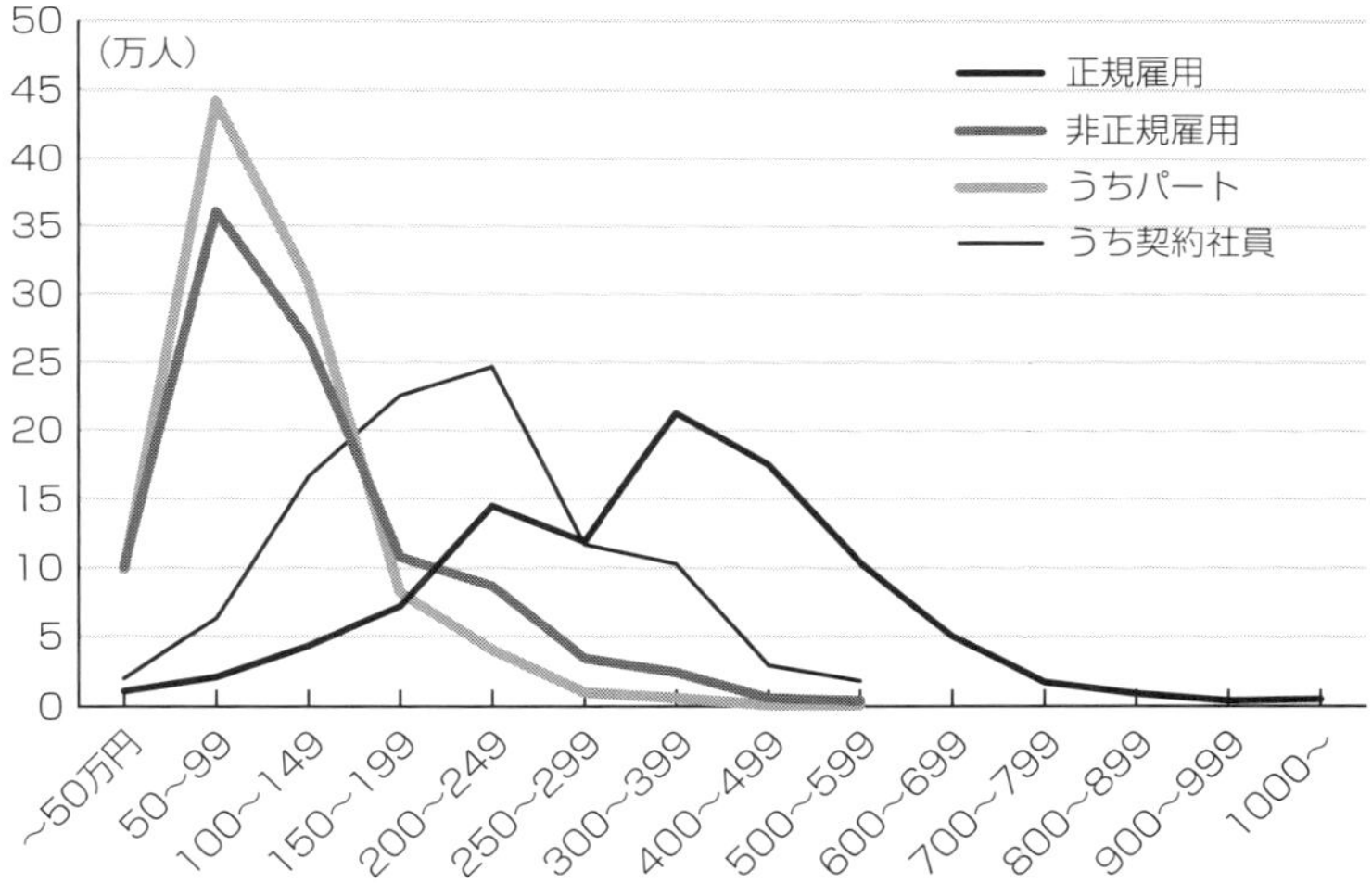

注：調査における収入区分は正規雇用と非正規雇用で異なり、正規雇用については1000万円以上、非正規雇用者については500万円以上が、最も高額な区分となっている。
出所：総務省統計局「平成24年版就業構造基本調査」

する意図からである。

非正規雇用者の場合、正規雇用者と比べると、年間就業日数は２００日未満が多く、２５０～２９９日が少ない。さらに週就業時間は35時間未満が多い。さらに、下段の「うちパート」を見るとこの特徴が際立っている。これに対して、「うち契約社員」のほうは、年間就業日数が２００日未満の人はごく少なく、週労働時間も35～42時間が多い。同じ非正規雇用といっても、パート社員と契約社員とでは労働時間は大きく異なり、契約社員は明らかに正規雇用に近い水準で働いている。

WEB調査結果では、１週間の実労働時間として「40時間以上」が38％、「30～40時間未満」が36％という割合であった。図7は、これと時間区分が異なるの

図9　35～44歳女性の雇用形態別にみた、過去1年間の職業能力開発の経験

	合計（千人）	勤務先が実施した訓練	自己啓発
正規雇用	2,600	39.5	28.4
非正規雇用	3,332	16.9	15.7
うちパート・アルバイト	2,565	15.4	13.4
うち契約社員・嘱託	422	26.5	24.2

出所：総務省統計局「平成24年版就業構造基本調査」、世帯同調査を特別集計した労働政策研究・研修機構（2014）「若年者の就業状況・キャリア・職業能力開発の現状②―平成24年版「就業構造基本調査」より―」

で比較はしにくいが、週35時間以上働いている人の割合を求めると、少なくとも契約社員の72％、（図の掲載は省いているが）派遣社員の64％となった[6]。こうした契約社員、派遣社員の労働時間の特徴がWEB調査の回答に現われていると思われ、WEB調査は回答者の就業形態の分布を反映した結果となっている。

次に、収入についてみる。これについても「就業構造基本調査」を用いる。図7と同様、正規雇用と非正規雇用に分け、さらに、非正規雇用のうちのパートの場合と契約社員の場合を取り出して、その仕事から得られる年収の分布を示した[7]（図8）。この年齢層の女性正規雇用者の最も多く（21・3％）が集中するのは「300～399万円」であるのに対して、非正規雇用者では「50～99万円」に36・1％が集中している。非正規雇用のうちのパート社員の場合は、44・2％とさらにこの金額帯への集中度が高い。一方、契約社員であれば最も集中するのは「200～249万円」で24・7％が、また、図では省いたが派遣社員もこの金額帯に27・6％が集中する。

WEB調査結果では、年収「200～250万円未満」が26％と最も多く、ほぼ全国統計での契約社員、派遣社員の分布に近い。ただし、WEB調査の就業形態別では、「契約・嘱託」の約5割、「派遣社員」

の4割強が「250万円以上」としており、これは全国統計より高い水準である。これは後に触れるが、WEB調査の対象地域がおもに都市部であり、全体の賃金水準が高いことによると思われる。

次の図9は職業能力開発の経験についてみたものである。正規雇用と非正規雇用を比べると、非正規雇用の場合は勤務先が実施した訓練を受講した者も、自己啓発を行ったものも正規雇用者に比べて大幅に少ない。非正規雇用のうちでも「契約社員・嘱託」の場合は、勤務先による訓練の受講経験は「パート・アルバイト」より多いものの、正社員の場合の3分の2程度にとどまる。一方、自己啓発については正社員とあまり違わない水準で実施している。職業能力開発への意欲を持つ人は少なくない。

WEB調査における今後利用してみたいサポートや参加してみたい場についての設問では、最も多くの人が挙げたのは「仕事に必要なスキルアップの場」（39％）であり、次いで「職業訓練・資格取得支援」（38％）であった。こうした職業能力開発への意欲は、契約社員が多いサンプルであることから、特に高く表れていると推測される。

(4) 学歴、居住地域

個人の側の要因として、学歴と居住地域の特徴についても、政府統計のデータと比較しておく。

まず学歴であるが、「労働力調査」で35～44歳の非正規雇用に就くシングル女性の学歴構成がわかる。図10の最下段がそれだが、正社員より非正社員のほうが、また非正社員の中では配偶者がいないシングルの人のほうが高卒までの学歴の人が多い。

図10　35～44歳女性の雇用形態、配偶関係別　学歴の構成比　単位：%

	計		中学・高校	短大・高専	大学	大学院
	N（万人）	（%）				
正社員	260	100.0	35.8	38.1	23.5	3.1
非正規計	314	100.0	48.4	35.7	15.0	1.0
有配偶	235	100.0	46.0	37.0	15.7	0.9
無配偶	79	100.0	55.7	31.6	12.7	1.3

出所：総務省統計局（2015）「労働力調査・詳細集計（年平均）」

図11　35～44歳女性非正規雇用者の地域別にみた、雇用形態の構成比

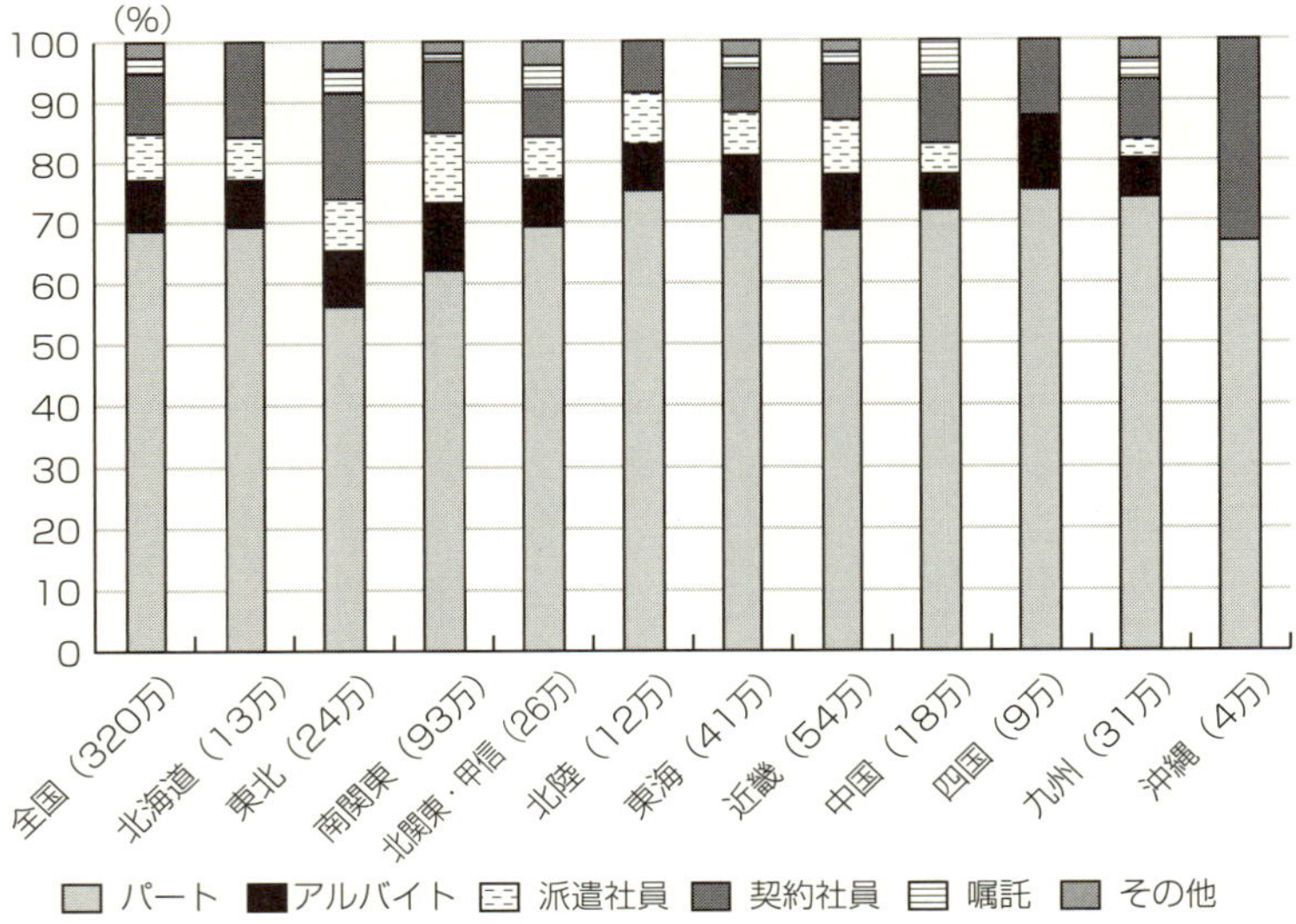

出所：総務省統計局（2015）「労働力調査・基本集計（年平均）」

この学齢構成は、WEB調査と大きく異なる。WEB調査回答者は、「大学・大学院卒」53％、「短大・専門学校卒」32％、「中卒・高卒・高卒相当」15％で、明らかに高学歴者が多い。この理由としては、まずWEB経由での調査は一般に、高等教育卒業者の比率が高くなる傾向があること、また、調査対象者が都市部の人が多いことも影響しているだろう。職種に専門・技術職が多く、パートの人が少ないといったことも、こうした対象者の特徴が関係していると思われる。今回のＷＥＢ調査結果から、日本全体の壮年の非正規職のシングル女性の問題を考える際には、調査でとらえ切れなかった高校卒業や学校中退などで早く学校を離れた人、パート社員の人、サービスや生産工程の仕事に就いている人などについても留意する必要があろう。

次の図11は、「労働力調査」の地域別にみた、35～44歳女性の非正規雇用者の雇用形態の構成比である。ＷＥＢ調査の回答者は「首都圏」56％、「近畿圏」26％と都市部に居住している人が多いのだが、図11にみる通り、南関東や近畿地方はややパートが少なく派遣社員が多い傾向がみられるが、それほど大きな違いではない。ＷＥＢ調査で契約社員が多い傾向は地域的な特徴ということではなさそうである。ただし、政府統計と比べて、高学歴の人が多いとかやや収入が高い人が多いといった傾向は、地域的な影響が考えられる。

(5) 非正規職の理由

最後に非正規である現在の雇用形態についている理由について、調査結果を比較してみよう。図12は「労働力調査」による非正規雇用に就く壮年女性が現在の雇用形態についている主な理由として挙げたものである。非正規雇用者全体では家計の補助や家事・育児・介護等との両立のしやすさを挙げる人が多いが、契約社員と派遣社員に限れば、「正規の職員・従業員の仕事がないから」という理由を挙げる人が最も多い。この図は、主なもの一つを選んだときの構成比を示しているが、調査では多

図12　35～44歳女性非正規雇用者が現在の雇用形態についている主な理由の構成比

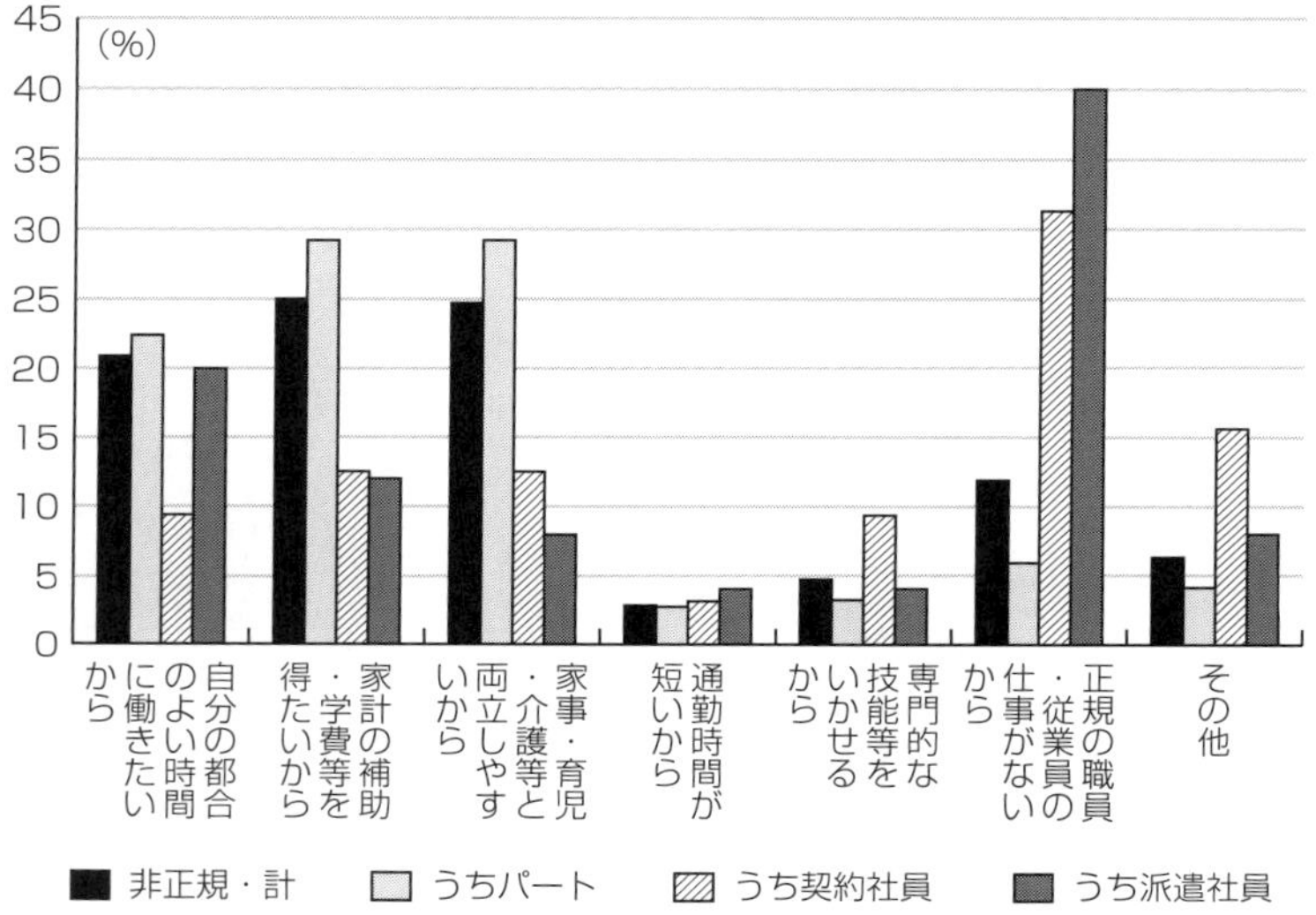

出所：総務省統計局（2015）「労働力調査・基本集計（年平均）」

項目選択の形式も併用しており、この場合は、契約社員46・9％、派遣社員48・0％がこの理由を挙げている。

ＷＥＢ調査は選択肢の構成が異なるが、非正規職である理由として最も多くの人が挙げた理由は「正社員として働ける会社がなかったから」（多項目選択、62％）であり、政府統計の契約社員・派遣社員の傾向と一致する。ただし、ＷＥＢ調査では「契約・嘱託」、「派遣社員」ではこの理由は7割以上としており、さらに「パート・アルバイト」でもこの理由を挙げる人は半数を超えており、「労働力調査」のパートの場合のそれが11・0％（多項目選択の場合）とかなり差が大きい。ＷＥＢ調査の場合、正社員志向が強い人のほうが調査に関心を持って回答している可能性がある。

3　まとめ

本章では35～44歳の非正規雇用につくシングル女性の働き方について、政府統計を基にその全体的な状況を整理してきた。該当する人は全国に約80万人（ただしシングルマザーを含む）おり、２０００年代初めに比べるとその人数は３倍程度まで増加している。背景には晩婚化・非婚化、団塊ジュニア世代がこの年齢層にかかったこと、そして雇用の非正規化の進展がある。

この壮年期の非正規雇用に就くシングル女性の働き方を見ると、雇用形態はパート社員が多く、アルバイトを加えると半数以上となる。職種は事務職が４割、次いで販売職、サービス職が多い。労働時間と収入については、未婚者に限定できなかったので未婚者が多い契約社員・派遣社員に注目すると、労働時間は正規雇用者に近い水準である一方、年収は「２００～２４９万円」に最も集中しており、正規雇用の場合のピーク「３００～３９９万円」と差があった。また、契約社員・派遣社員の場合、非正規雇用に就いている理由として正社員の仕事がなかったとする人は半数弱（多項目選択）であった。なお、本人（35～44歳非正規雇用シングル女性）の学歴については、中学・高校卒が半数以上を占め、正規雇用者よりも、また、有配偶の非正規雇用者よりも低い傾向にあった。

これに対して、「非正規職シングル女性・ＷＥＢ調査」の回答者は、大卒以上の人が半数を超え、雇用形態はパート・アルバイトが２割にとどまり、契約社員や派遣社員の割合が大きい。職種は事務職と専門・技術職が多く、契約社員や派遣社員の収入は全国統計よりやや高い傾向にあった。また、非正規雇用に就いている理由として、正社員として働ける会社がなかったからという者が契約社員・派遣社員なら７割と高かった。

このように今回のＷＥＢ調査は、高学歴者や専門・技術職、また、正社員志向が強い人からの回答が多かったのではないかと推測される。日本全体の壮年の非正規職のシングル女性の問題を考える際には、調査でとらえ切れなかった高校卒業や学校中退などで早く学校を離れた人、パート社員の人、サービスや生産工程の仕事に就いている人などに、別の課題を抱えた人もいる可能性について十分に留意する必要があろう。

【注】

1　「非正規職シングル女性・ＷＥＢ調査」はシングルマザーを対象外としているが、ここで用いる政府統計の公表値には、子どもの有無による区分はない。そのため本章の統計分析におけるシングル女性にはシングルマザーを含む。

2　人口については「国勢調査」を基にした推計が公表されているが、これによれば２０１５年11月時点での35～44歳女性は８９６万人である。「労働力調査」による推計値はこれに近似しており、数値の信頼性は高い。

3　調査では「労働者派遣事業所の派遣社員」。

4　ＷＥＢ調査では「非常勤」という区分があるが、「労働力調査」での分類の定義に当てはめると、これは「契約社員」に当たると思われる。とすると、ＷＥＢ調査は、母集団に対して契約社員の割合が特に高いサンプルということになろう。

5　派遣社員も同様に未婚者が多いが、ここでは図が煩雑になることを避けるため、掲載を省いた。なお、派遣社員の年間労働日数、週労働時間の特徴は契約社員に非常に近い。

6　年間労働日数が２００日未満の場合は週労働時間の設問がない。ここでは２００日未満の場合は、すべて35時間未満と想定して割合を計算した。

7　派遣社員の場合も算出したが、図が複雑になるので、省略した。その分布は契約社員にほぼ重なる。

２　女性の非正規問題の新たな局面――貧困・孤立・未婚

野依　智子

はじめに

本章の目的は、非正規シングル女性の生活・労働・社会関係の特質を明らかにし、その背景・メカニズムを提示することにある。

２００３（平成15）年、女性の非正規雇用率が50・６％になった。それ以降、女性の非正規雇用率は上昇を続けており、２０１６年3月現在で56・４％である。[1] 女性の非正規問題が議論されるようになって久しい。１９８０年代は、主婦のパート就労が女性の非正規問題の典型であった。その後１９９０年代に入り、バブル経済が崩壊し、構造的不況を迎え、並行して労働政策の規制緩和が進んだ。その後に述べるが、この規制緩和の大きな転換点は、２００３（平成15）年の製造業にも派遣労働が解禁された労働者派遣法の改正であったといえる。そのことが明らかになったのが、２００８（平成20）

年のリーマンショックである。20歳代・30歳代の男性の派遣労働者が「派遣切り」にあい、年越しの路上にあふれた。男性の派遣労働が可視化されたことによって若年男性の非正規問題が社会問題となった。

一方で、女性の非正規問題も新たな局面を迎えていたといえよう。１９９０年代に入っての労働政策の規制緩和は、女性の非正規雇用の若年化をもたらした。

加えて、今回の「非正規職シングル女性の社会的支援に向けたニーズ調査」（以後、ＷＥＢ調査と称す）は、女性の非正規雇用の若年化からさらに進行して30歳代・40歳代・50歳代の未婚の非正規問題として可視化されたといえる。

本調査では、35歳から54歳までの生活と労働の実態とそこからくる悩みや不安が可視化された。とりわけ、本調査の自由回答とグループ・インタビューを通して聞こえてきた彼女たちの声は、「なぜ、自分は初職から非正規だったのか」「なぜ、非正規から抜け出したくても抜け出せないのか」「なぜ、正規をやめなければならなかったのか」「それは、自己責任なのか」という声である。

本章は、彼女たちの「なぜ」に答えるべく、まずは、彼女たちの生活・労働・社会関係を明らかにした上で、その背景とメカニズムを提示する。

1　非正規シングル女性の生活・労働・社会関係

今回のＷＥＢ調査とグループ・インタビューの結果、さらに本書の５人の事例から、非正規シングル女性の生活・労働・社会関係の特質を整理する。

（1）生活――貧困と隣り合わせ

WEB調査の結果、年収150万円未満が28・4％、150万円以上250万円未満が39・8％、250万円以上が31・8％であった。厚生労働省の『平成25年度国民生活基礎調査の概要』によると、「平成24年の貧困線（等価可処分所得の中央値の半分）は122万円（名目値）」である。このことから考えると、本調査の約3割が貧困線周辺にあることがわかる。

しかし、たとえ年収が200万円あっても生活が苦しいことが、本調査の自由回答からも明らかである。自営請負で仕事をしてきた女性は、「低収入で年金の免除申請をしてきたため、（年金は：筆者）満額支給ではなく、死ぬまで仕事を続ける必要がある」（40歳代前半・大卒・年収200万円以上300万円未満）と自由回答に記載しており、年収200万円あっても国民年金の支払いは厳しいことがわかる。他に、次のような回答があった。

・「授業の時間単価は3000円弱だが、準備や片付け、テスト作成などは無給のため平均時給800円ぐらい。税金、社会保険、家賃、光熱費を払うとほとんど残らない。貯金を切り崩している」（40歳代前半[2]）

・「通院費用を捻出できず、家族の支援を受けている」（40歳代前半[3]）

というように、税金や社会保険などの支払いが生活を圧迫しており、家賃や光熱費などの生活に必要な最低限の支払いで精一杯で、病気になると一挙に生計が成り立たなくなる。病気などのちょっとしたきっかけで生活が成り立たなくなるのは、預金できるほどの余裕のある収入にならないからである。本書の事例の直子さんは、時給1700円から2000円の派遣で働いていたが、交通費は支給されず、1日8時間の労働に少しの残業代を加えても手取り20万円ほど。どうにか一人暮らしをしてきたが、ボーナスがないので預金ができないと言っている。

年収150万円未満に限らず、年収が200万円あっても非正規で一人暮らしの場合、病気などがきっかけとなって生活が成り立たなくなる。つまり、非正規シングルの生活は貧困と隣り合わせだといえる。

(2) 労働――正規／非正規の格差・未分化

ここでは、正規と非正規の働き方についてみてみよう。まずは、今回の調査対象である非正規雇用の働き方について整理する。

①正規並みの労働にもかかわらず賃金格差

WEB調査の週当たり労働時間の結果をみると、「30〜40時間未満」が35・6％、「40時間以上」が37・5％であった。およそ4割が、残業もこなしていることがわかる。

労働時間の長さについては、次のような自由回答がある。

・「責任あるポジションで労働時間が長く、休養がとれない。慢性的な体調不良、自律神経失調」（30歳代後半・契約／嘱託）

・「労働時間が長く、自分の時間がない。年収制なので残業代がつかない。深夜や休みの日でも上司から連絡がくる」（30歳代後半・契約／嘱託）

・「仕事量の割に収入が少ないのが悩みです。実力や経験値をつんで、なんとか仕事の幅を広げていければ……と思っています」（40歳代後半・自営請負）

・「現在のパートもどんどん内容が変化し、販売から営業っぽいこともさせられ苦痛だが、周りも同年代から60過ぎのため転職できず、みんな頑張っているが、ストレスで雰囲気も悪化」（50歳代前半・パート／アルバイト[4]）

非正規であるにもかかわらず、勤務時間外に上司から呼び出されたり、責任を持たされたり、業務が多岐に渡ったりと正規のような扱いをうけながら低収入・残業代なしという働き方を強いられていることがわかる。

②福利厚生・教育／研修の格差

次に福利厚生についてはどうであろうか。

・「〝パートのおばさん〟ではあるが、正社員より経験もスキルもあるのにと、自分で思ってしまうことが自分にも相手にも不幸なことだと思っている」（50歳代前半・パート／アルバイト[5]）

・「派遣なのに残業も多く、業務内容も新人指導含め正社員と全く同じなのに、給料に雲泥の差があり、会議等は派遣だからという理由で参加できず……（後略）」（30歳代後半・派遣[6]）

仕事内容やスキルの上でも、正規と同様もしくは新人指導できるくらい能力があるにもかかわらず、収入格差や情報格差があることがわかる。さらに、福利厚生や教育・研修などの面でも格差があるという回答があった。

・「正規雇用のような福利厚生、保険適用のめぐまれたサービスがなく、その部分の出費が多い。スキルアップのための勉強や研修会についても研修費、旅費、宿泊費、テキスト代などはすべてにおいて出費がかさむ」（30歳代後半・契約／嘱託[7]）

右記のような福利厚生の受益に差があるというだけではなく、非正規が正規の福利厚生制度の活用を補完している例もある。本書事例で紹介された千羽瑠さんのインタビューからも、数人の正社員の部署に契約社員5人、パート5人が配置され、「正社員は業務時間内で資格取得を奨励されている上、育児で時短勤務中や病気休職中の社員もいた。資格もスキルもある契約社員が新人にしごとを教え、日々の業務をまわしていた」とある。

以上のように、労働時間や業務内容、責任の重さなどでは非正規でありながら正規なみに働いているのだが、収入や福利厚生・教育／研修の面では、正規と明確な格差があることが示されている。にもかかわらず、正規の「正社員としての処遇」を保障するための労働という側面もあることがなんとも皮肉である。

③正規／非正規の未分化

一方、正規雇用はどうであろうか。ＷＥＢ調査からは、正規の働きづらさも見えてきたといえる。非正規から一旦正規に就いたが、ふたたび非正規に戻らざるを得なかったという事例からそれは明らかである。

本書事例のゆかりさんもそのひとりである。30歳代後半で正規に就ける最後の機会と思い、この仕事を全うしようと覚悟して病院事務の仕事に就くが、７時半から21時過ぎまでという労働時間の長さと患者からのクレーム（受付業務だったので、待ち時間の長さのクレームが多かった）対応に疲れて、５年で辞職する。病院という組織は、医師―看護師―事務職員というヒエラルキーがあって、医師・看護師、そして患者からの不満・要望の矛盾が事務職員に集中すると感じた。そうした職務によるパワーバランスのしわ寄せが一部の職務に集中する。

また、本書事例の直子さんも、非正規の途中で不動産会社の正社員に採用されたが「社長室をノックしないで入った」という理不尽な事実誤認で、１ヶ月未満で解雇された経験をもつ。以下、自由回答をみてみる。

・「セクハラ・パワハラを受け、正社員を辞めざるを得なかった。正直、そういったものにまたさらされることを考えると、なかなか再び正社員を目指す勇気が出ない」（30歳代後半・派遣）

・「職場の人間関係などから心身の不調をきたして前職（正規雇用）を退職してから非正規で働いているが、現在も通院中であり、自分の体調への不安から転職に踏み切れない」（40歳代前半・パート／アルバイト）

このように、正規で働きながらも、常に人手不足の中での業務過多・長時間労働で働く一方、会社の業績悪化と聞けばリストラを心配しながら、かなりのストレスを抱えながらの労働環境であるといえる。これは、非正規である場合と変わらない。本書事例の千羽瑠さんの一般職社員としての10年間の語りから、いかに悪化していく職場環境のなかで退職に追い込まれていったかがわかる。正規雇用の場合も、心身ともにリスクを抱える可能性は十分にあり、雇用の破壊の実態をみることができる。

こうして非正規雇用と正規雇用の働き方をみると、いずれにも業務過多・長時間労働、会社の業績によってはいつリストラされるかわからない職場の人間関係によるメンタルの問題等々、正規・非正規ともに働きづらい労働現場であることがわかる。すなわち、現在の労働の場においては、正規・非正規の境界があいまいで未分化な状態であるといえよう。

④正規雇用の縮小化

正規・非正規の未分化状態に加えて、正規としての雇用自体が消滅しそうな職業もある。
本書の事例でも紹介している図書館司書の仕事がそれである。１９９０年代半ばからの「構造改革」を背景に、１９９８（平成10）年の社会教育施設の民間委託を提起した生涯学習審議会答申、１９９９（平成11）年のＰＦＩ法、２００３年の指定管理者制度導入の地方自治法改正など、連続して社会教育施設の民間委託化を進める動きがあった。そうした動向と並行して、図書館司書の非正規化も進行したといえよう。

ちなみに２０１５年の全国の図書館司書の正規・非正規の職員数は、次の通りである。[8]

専任職員	５５１７　人
非常勤職員	６３１５・６人
臨時職員	２９９９・３人
委託・派遣	６１９６・６人

＊小数点は、年間実働時間１５００時間を１人として換算しているため。

非常勤職員以下の非正規の合計は、１万５５１１・５人で、専任職員の約３倍である。これら非正規は前年職員数より８０４・６人増加しており、専任職員数は前年より２１４人減少している。

事例のゆかりさんが図書館司書に入職したのは1998（平成10）年からで、まさに社会教育施設の民間委託化が始まろうとしていた頃である。ゆかりさんは臨時職員として大学図書館の司書になり、嘱託や派遣として働いてきた。その間、正規の図書館司書としての採用はない。

さらに2007（平成19）年、前年まで働いていた公立図書館で指定管理者制度が導入された。あわせて図書館では、自治体職員、受託業者職員、さらに指定管理者が雇用した派遣社員など複雑で重層的な雇用形態が存在することとなった。

ここでは、図書館司書という職業を事例として示したが、正規としての採用自体がなくなりつつある職場は増えており、正規雇用の縮小化が進んでいるといえる。

(3) 社会関係——家族・職場からも孤立

次に、彼女たちの社会関係についてみてみよう。

35歳から54歳までという年齢層で、非正規で働くシングル女性はどれくらいであろうか。本書の小杉論文によると、2015年の35歳から44歳までの非正規シングル女性（シングルマザー含む）は約79万人である。そのうち、未婚は約50万人。WEB調査では54歳までを対象としているため、50万人よりは多いものと考える。しかしながら、彼女たちは同年齢層の女性の中では、未婚ということで少数派である。以下は、35歳から54歳までという中高年齢層で、非正規であることに加えて未婚であることによる問題をみる。

・「〝正規職でない、未婚である〟ことで社会から受ける理不尽な蔑み、そこから生じる絶望、不安」（30歳代後半・契約嘱託）
・「同じ立場の人が周囲に少ない。職場には契約社員は私の他に2人いるが、独身はそのうちひとり」（40歳代後半・契約嘱託）
・「友人知人には、なかなか状況を共有しがたくもあり、だんだんと交友関係は狭まっているのを実感」（40歳代後半・契約嘱託[9]）

35歳から54歳までで非正規というと、既婚者で子どもがいる女性の場合が多い。したがって未婚の彼女たちは、家庭や子育ての話題には入っていけない。非正規という立場は一緒でも、家事・育児についての状況が違うため、話題に入れないだけでなく仕事の悩みを共有できないという。さらに、子育て中の人は、家庭があるからと土日の休みを取る際に優先され、土日出勤のしわ寄せは非正規シングルに集中することもある。

また、非正規の収入では生活できないため、親の援助を受けていたり、親と同居している女性も多い（WEB調査では、51・7％が家族と同居）のだが、その親からも「親はいつまでも生きていないんだから」と言われ、家族との軋轢がストレスになっている。

このように彼女たちは、30歳代、40歳代で未婚であることによって、職場で悩みを共有できる仲間を見出せず、また、家族からの理解も得られず、社会的に孤立しているといえよう。

2　非正規雇用増加の背景

彼女たちは、なぜ非正規から抜け出したくても抜け出せないのか。また、なぜ低賃金で働かざるをえないのか。ここでは、一度非正規になったらなかなか正規には戻れない日本の雇用システムについてみてみよう。

(1) 日本的雇用慣行の見直し

現在（2016年3月）、女性の非正規雇用率は56・4％である。また、女性に限らず男性の非正規雇用率も増加しており、22・1％となっている。[10] こうした日本における非正規雇用率の上昇は、1980年代後半以降にみられる労働政策における規制緩和が背景にある。なかでも、1995（平成7）年に日本経団連が提起した『新時代の「日本的経営」——挑戦すべき方向とその具体策』は、ひとつの転換点といえる。いわゆるバブル崩壊後の不況のなか、終身雇用・年功賃金を特徴とする日本的雇用慣行を見直すというのである。具体的には、次の3つの雇用形態を提示した。

①長期能力活用型グループ

長期継続雇用が保障され、社会保険などの福利厚生も保障されている、いわゆる従来の正社員のグループ。

②高度専門能力活用型グループ

高度な専門知識・技術が求められるが、長期継続雇用を前提とせず、有期・年俸契約で雇用されるグループ。

③雇用柔軟型グループ

定型的業務から専門的業務までを含めるが、時給制の有期雇用者のグループ。

これまでのいわゆる正社員といわれる働き方を①のみとし、②③のグループをつくることで、長期雇用と福利厚生が保障された正社員を一定枠に収めようという提案である。③の定型的業務はこれまで事務職として正社員が担ってきた業務だが、有期雇用にしようというものである。これによって、年俸制、時間給等々による有期雇用者、つまり非正規雇用を増加させることになった。

（2）労働者派遣法の改正

労働者派遣法は、１９８５（昭和60）年に制定された。当初は13業務（ソフトウェア開発、通訳・翻訳・速記、秘書等）に、その適用範囲が定められており、専門性の高い業務に限られたものであった。しかし、その後の何度かの改正を経て、対象業務は大幅に拡大され、非正規雇用者を増加させる一要因ともなった。以下、そのポイントとなる改正をみてみる。

まず、１９９６（平成８）年の改正で派遣対象業務を26業務（放送番組等演出、インテリアコーディネーター、書籍等の制作・編集、アナウンサー等）に拡大した。この時点ではまだ企画・制作などの専門性が求められる業務となっているが、１９９９（平成11）年の改正で、製造業等を除いた派遣対象業務の制限を撤廃した。そして、２００３（平成15）年の改正では、製造業においても派遣労働が解

表1　派遣社員と契約・嘱託数の変遷　（単位：万人）

	H12 2000	H13 2001	H14 2002	H15 2003	H16 2004	H17 2005	H18 2006	H19 2007
A. 派遣社員	33	45	43	50	85	106	128	133
B. 契約・嘱託	—	—	230	236	255	278	283	298
C. 役員を除く雇用者	4,903	4,999	4,940	4,948	4,975	5,007	5,088	5,175
A／C	0.7%	0.9%	0.9%	1.0%	1.7%	2.1%	2.5%	2.6%
B／C	—	—	4.7%	4.8%	5.1%	5.6%	5.6%	5.8%
A＋B／C	—	—	5.6%	5.8%	6.8%	7.7%	8.1%	8.4%
	H20 2008	**H21 2009**	**H22 2010**	**H23 2011**	**H24 2012**	**H25 2013**	**H26 2014**	**H27 2015**
A. 派遣社員	140	109	96	93	90	116	119	126
B. 契約・嘱託	320	321	331	345	354	388	411	404
C. 役員を除く雇用者	5,160	5,103	4,895	4,972	5,153	5,210	5,240	5,286
A／C	2.7%	2.1%	2.0%	1.9%	1.8%	2.2%	2.3%	2.4%
B／C	6.2%	6.3%	6.8%	6.9%	6.9%	7.4%	7.8%	7.6%
A＋B／C	8.9%	8.4%	8.8%	8.8%	8.7%	9.6%	10.1%	10.0%

出所：柳沢房子「最近10年間における労働法の規制緩和」の表をもとに総務省統計局『労働力調査（詳細集計）』（年平均）と『労働力調査（基本集計）』より作成。なお、2000年・2001年は柳沢房子「最近10年間における労働法の規制緩和」より引用。

禁され、今日のような派遣労働者の増加につながったといえる。

この間の派遣労働者数の変遷は表1の通りである。

製造業における派遣労働が解禁になった2003（平成15）年から2004（平成16）年にかけて、派遣労働者数が50万人から85万人に増加している。約1・7倍の増加である。その後も増加を続けるが、2008（平成20）年のリーマンショック後は減少し、2013（平成25）年ごろからまた増加傾向を見せている。

一方、契約・嘱託で働く人は、リーマンショックの影響を受けることもなく、増加の一途をたどっており、派遣社員と契約・嘱託あわせて2015（平成27）年は全雇用労働者の約1割、非正規雇用者全体（1980万人）では約26・6％を占めるに至っている。

このように、「新時代の『日本的経営』」による有期雇用の拡大と労働者派遣法の改正による派遣労働対象の拡大など、労働法の規制緩和を背景に、非正規雇用は増加し続けてきたといえる。

加えて、労働者派遣法改正と同時に、労働基準法改正による労働時間の変化も進行した。１９８７（昭和62）年に、①法定労働時間週40時間への変更と、②変形労働時間制[11]とフレックスタイム制の創設、③裁量労働の「みなし」時間制の創設など労働基準法の大改正が行われ、その後、何度かの改正を経て裁量労働制[12]の対象業務の拡大、要件緩和を進めていった。

労働基準法の改正で労働時間がフレキシブルになったことで、男性の長時間労働を増幅させ、一方で若年や女性の短時間労働すなわち非正規化が進行したともいえる。

3　非正規シングルの貧困のメカニズム

次に、なぜ彼女たちは低賃金で働かざるを得ないのか。それは、前述の日本的雇用慣行における年功賃金が関係しているのだが、そもそも賃金に関わる構造的問題でもある。

(1) 年功賃金

日本における雇用は、終身雇用・年功賃金という特質を持っている（持っていたというべきか）。つまり、最終学校を卒業すると同時に採用され、定年まで働き、その間、給料は年齢とともに右肩上がりに昇給するというものである。それは、結婚、子どもの誕生、子どもの進学など家族構成員の成長・変化を見込んでの給与体系なのである。すなわち、賃金とは妻子を養いさらに子どもの教育費も見込んだ「家族賃金」という設定になる。[13]そしてこの「家族賃金」は、男性を対象とした賃金である。したがって、女性の賃金は家計補助的賃金として低賃金に設定されたといえる。

この「家族賃金」という設定こそが、「男性稼ぎ主」モデルを基盤とした賃金体系といえよう。したがって、「男性稼ぎ主」を持たない女性は、低賃金で家計を支えなければならないため、母子世帯の相対的貧困率は約57％、高齢単身女性のそれは約52％となる。[14]つまり、「男性稼ぎ主」を持たない女性は低賃金で生活しなければならないため、前述の自由回答にみられるように、病気になったら一挙に生活が成り立たなくなるくらい貧困と隣り合わせの生活となる。

(2)　社会保障制度

次に、このように「男性稼ぎ主」を基盤にした社会保障制度をみると、妻は夫の「家族賃金」によって生活を維持しているため、夫の被扶養家族となる。具体的には、まず公的年金制度において、サラリーマン（第二号被保険者）の妻は「第三号被保険者」として、夫の加入している年金制度から国民年金制度に対して拠出金として納付されるため、年金を個別に納める必要はない。これに対して、「男性稼ぎ主」を持たない非正規シングルは、雇主の年金制度に加入していることはほとんどないので、第一号被保険者として国民年金を毎月納めなければならない（２０１6年現在、月1万６２６０円）。

また、妻の年収が１３０万円未満であるならば、夫の社会保険に被扶養家族として加入できる。いわゆる「１３０万円の壁」として、妻がパート収入を１３０万未満に抑えるのはそのためである。仮に１３０万円以上の収入になると、収入の10％ほどの社会保険料を納めなければならなくなるが、当然のことながら、今回のＷＥＢ調査での年収１５０万円未満28・４％の非正規シングルは、低収入の中で納金している。これは、非正規シングルは低賃金の上に、本来は生活を保障するべき社会保険に加入することでさらなる生活困難に陥ることを示している[15]。

こうしてみると非正規の低賃金は、「男性稼ぎ主」モデルを基盤とした「家族賃金」を前提として設定されているといえる。つまり、「男性稼ぎ主」を持っている女性、主婦のパート労働ならば成り立つ賃金設定なのである。「男性稼ぎ主」を持たないシングル女性は、非正規では生活が困難である。今回のＷＥＢ調査はそのことを改めて示したと同時に、その実態についても可視化したといえよう。

おわりに

本章では、非正規シングル女性の生活・労働・社会関係についての特質を明らかにした上で、その背景やメカニズムについても提示した。

まず特質を整理すると、生活については貧困と隣り合わせであることが明らかになった。年収１５０万円未満が約３割で、年金や健康保険などの社会保険料の支払いも困難で免除申請しているケースや、預金する余裕もないので病気などがきっかけで生活が立ち行かなくなるケースもあった。

労働に関しては、第一に正規／非正規の賃金格差である。それは、労働時間の違いではなく、週30時間・40時間と正規なみに働き、業務内容も正規と変わらない中でのことであった。

第二に、病休や時短勤務の有無や研修の際の受講料・交通費など、福利厚生と教育に関する格差であった。

第三に、非正規の働きづらさはもちろんだが、正規の働きづらさも同様であった。人件費削減のための業務過多・長時間労働からくるパワハラ、セクハラ、職場の人間関係など、正規／非正規にかかわらず働きづらい労働の場であった。つまり、正規／非正規が未分化な状態であるということが明らかになった。

第四に、図書館司書のように正規雇用自体が縮小して非正規化が進んでいる職業があるということである。司書の場合は図書館の指定管理者制度の導入や民間委託化と並行して非正規化が進んでいるため、同じ業務でも雇用主が違うというような複雑で重層的な雇用形態となっていた。また職業に限らず、単に雇用という点でみた場合、正規雇用自体が縮小化しているといえる。

社会関係については、30歳代、40歳代、50歳代において非正規で未婚という点で、家族との軋轢があった。加えて職場では、年代は同じだが既婚で子どももいるパート主婦とは状況が違うため、仕事の悩みを共有することはできず、家族からも職場からも孤立していることが明らかになった。

こうした非正規シングル女性の特質の背景には、１９９０年代後半以降の労働政策の規制緩和があるが、そもそも「男性稼ぎ主」モデルを基盤とした賃金体系、つまり男性が妻子を養うという「家族賃金」観念と、それを補完する社会保障制度が非正規シングル女性の貧困と孤立のメカニズムである。男性の正社員としての賃金が「家族賃金」という位置づけにあるため、女性の賃金は家計補助的賃金つまり低賃金なのであるが、これは「男性稼ぎ主」を持っている女性すなわち主婦の非正規であれば成り立つ賃金設定である。ところが、本章でみてきた非正規シングル女性は、「男性稼ぎ主」を持たない女性である。したがって、従来の主婦のパート就労とは違い、貧困と孤立と隣り合わせの働きづらさ・生きづらさを抱えている。

一方、男性の非正規化も進行している。先述したが、現在、男性の非正規雇用率は22・1％で、これは、２００３（平成15）年の労働者派遣法改正前の２００２（平成14）年の９・４％[16]からみると、高い上昇率である。男性の非正規雇用が増加しているということは、「男性稼ぎ主」モデルが成立しなくなってきていることを意味する。つまり、「男性稼ぎ主」モデルがすでに成り立たない社会であるにもかかわらず、観念としての「男性稼ぎ主」や「家族賃金」は残存している。あわせて、「男性稼ぎ主」モデルを基盤とした社会保障制度はそのままである。現実には、ＷＥＢ調査で可視化されたように従来の女性の非正規問題すなわち主婦のパート就労という範疇では収まらない35歳から54歳までの未婚の非正規雇用が増加し、貧困と孤立と隣り合わせの深刻な状況にあることが明らかになった。

現代社会は、こうした新たな女性の非正規問題とあわせて男性の非正規問題に対処し、さらにいうならば賃金と社会保障制度、雇用のあり方などを再構築するべき新たな局面を迎えているといえよう。

【注】

1　総務省統計局「労働力調査（詳細集計）」より。２０１６年1月から3月の平均の数値である。

2　公益財団法人横浜市男女共同参画推進協会『非正規職シングル女性の社会的支援に向けたニーズ調査報

告書【全体版】』２０１６年3月より。

3 同右。

4 ＷＥＢ調査自由回答より。

5 同右。

6 同右。

7 同右。

8 日本図書館協会「日本の図書館統計」より引用。いずれも司書・司書補の人数である。http://www.jla.or.jp/library/statistics/tabid/94/Default.aspx

9 ＷＥＢ調査の自由回答より。

10 総務省統計局「労働力調査（詳細集計）」より。２０１６年1月から3月の平均の数値である。

11 1日や1週の労働時間を業務の繁閑にあわせて変動させ一定期間（これを変形期間という）をならして法定労働時間（1日8時間、週40時間）の範囲内に収めようとする制度（『社会労働大辞典』旬報社、２０１１年より）。

12 労働者の裁量に委ねうる度合の高い職種などで勤務時間を労働者みずからの自己決定に任せる制度である。研究開発、取材、編集などの5職種に「みなし労働時間」として導入された（『社会労働大辞典』旬報社、２０１１年より）。

13 この「家族賃金」は、歴史的には「生活給」という名称で戦前・戦中に登場している。

14 2と同じ。

15　このことを大沢真理は、生活保障システムの機能不全と指摘した（『現代日本の生活保障システム』岩波書店、2007年）。2016年「130万円の壁」は150万円に引き上げられた。

16　総務省統計局「労働力調査（詳細集計）」より。

【参考文献】


遠藤公嗣（2014）「労働における格差と公正――『1960年代型日本システム』から新しい社会システムへの転換をめざして」『社会政策』第5巻第3号。

遠藤公嗣（2016）「『高度成長』と『日本的雇用慣行』の再検討」『社会政策』第8巻第1号。

後藤道夫（2006）「非正規化と日本型雇用解体がもたらすもの――労働条件の急速な悪化と貧困の拡大」『女性労働研究』(49)。

濱口桂一郎（2014）『日本の雇用と中高年』ちくま新書。

濱口桂一郎（2015）『働く女子の運命』文春新書。

岩間暁子（2011）「女性労働者の非正規雇用化と格差拡大」『女性労働研究』(55)。

木本喜美子（2006）「雇用流動化のもとでの家族と企業社会の関係――企業の人事戦略を中心に」『家族社会学研究』第17巻第2号。

野村正實（2007）『日本的雇用慣行――全体像構築の試み』ミネルヴァ書房。

大沢真理（2014）「生活保障のガバナンス」『社会政策』第5巻第3号。

3　非正規職シングル女性の生活不満を緩和する労働の課題
――「非正規職でも年収３００万円以上」を

池田　心豪

はじめに

本章では、パート・アルバイトや契約社員、派遣社員などの非正規職についている無配偶女性（以下、非正規職シングル女性と呼ぶ）[1]がもつ経済的切迫感（ゆとりのなさ）と彼女たちが求める「つながり」を手がかりに、雇用・労働の面からその生活の改善に向けた課題を論じる。

非正規職に女性が多いという実態は何十年も前から確認されていた。だが従来は、パートや派遣社員の女性といえば既婚女性の家計補助的な就業という理解をされていた。フリーターの若者が増えても女性の場合はいずれ結婚して家庭に入るのだから問題ないかのような受け止め方をされていた。非正規職の低賃金・不安定雇用が問題として議論されるようになって久しいが、その関心は主として男性に向けられており、非正規職の多数を占める女性について正面から問題にされることは少なかった。[2]だが未婚化や離婚の増加を背景に、近年にわかにシングル女性の経済的自立が問題とされ、その文脈で女性の非正規職に関心が集まりつつある。女性労働問題として非正規職の問題が再発見され始めているといえる。

非正規職シングル女性がこの問題から逃れる単純な方法は、経済力のある男性と結婚するか、賃金が安定的に高い正社員の職を見つけるかであろう。実際、研究においても政策においても、未婚化に歯止めをかけ、正社員への転換を促進する方向で議論が蓄積されてきた。しかしながら、誰しもが結婚できるわけでも正社員に転換できるわけでもない。[3]また当事者の女性みんながそれを望んでいるわけでもないだろう。[4]結婚や正社員転換といった地位の移動に関心が傾斜し過ぎると、彼岸と此岸の格差を是認した上で当事者に「婚活」や「就活」を促すことに終始してしまうことにもなりかねない。その意味で、社会構造の問題を個人の努力の問題にすり替えてしまう危険性がある。結婚をせず正規雇用に転換しなくても非正規職シングル女性が大きな不満をもつことなく、それなりに満足した生活を送ることができる道を探ることも重要ではないだろうか。そのための課題を本章で検討したい。

データ分析から得られる結論をあらかじめ述べるなら、非正規職シングル女性の不満を緩和するためには本人が３００万円以上の年収を得られることが重要である。そのためには、非正規職であってもパートのような短時間労働の契約ではなく、契約社員などフルタイム契約を増やしていくことが重要である。加えて、女性の生活満足度には悩みを相談できる社会的なつながりが影響している。だが、最も生活満足度を高める相談相手は「恋人」であり、実質的な労働条件の向上に結びつく支援というよりも、愚痴をきいてもらえる情緒的サポートの意味合いが強いのではないだろうか。非正規職シングル女性の悩みを受け止めて労働条件の改善につなげるサポートの仕組みを検討していくことがこれからの課題であるといえる。

1　無配偶女性の非正規労働に関する先行研究

終身雇用や年功賃金と呼ばれる日本的雇用慣行の手厚い雇用保障と所得保障は、基幹労働力として雇用される一部の人材にのみ適用されるものであり、その外部に置かれる補助的労働力との間には大きな待遇格差がある。そして、この格差は「男性は仕事、女性は家庭」という性別分業と長く結びついてきた。そうした日本的雇用慣行の性差別的な構造に関する指摘は稲上（1986）、大沢（1993）など古くからみられる。大沢（1993）が問題提起したように、日本の経済情勢が良好であった時代にも夫の稼得に頼ることのできない母子世帯には貧困のリスクがあった。[5] それがなぜ今問題となるのか。本稿の検討課題を明確にするために近年の議論を整理しておこう。

今日につながる問題提起の嚆矢は、労働政策研究・研修機構が2013年に開いた労働政策フォーラム「アンダークラス化する若年女性――労働と家庭からの排除」（以下、フォーラムと略す）である。その議事は労働政策研究・研修機構（2013）にまとめられ、さらにこれを発展させた研究書が小杉・宮本編著（2015）として出版されている。

フォーラムの議事録の中から雇用・労働問題に言及している2つの講演録を取り上げたい。

第一講演者である江原由美子は男性よりも女性の方が非正規雇用率は高く、正社員への転換率も低い、にもかかわらず男性の非正規職は「生活できない」と問題になるのに女性の貧困は見過ごされてきたことを指摘し、女性が非正規職についていること自体を問題にしていないことが最大の問題であるという。そのように女性が低賃金・不安定雇用の非正規職で働くことが社会的に容認される構造を江原は第二講演者である山田昌弘の言葉を借りて「女性労働の家族依存モデル」と呼ぶ。

その講演において、山田は「家族による包摂」と「労働による包摂」をキーワードに、戦後の日本は女性を家族に包摂する社会であったと特徴づける。未婚女性は父親に主に扶養され、既婚女性は夫、高齢女性は遺族年金か跡継ぎ息子に包摂されるというモデルがつくられた。山田はこのような社会の仕組みを「女性労働の家族依存モデル」と呼ぶ。このモデルは男性の稼得能力を前提としているが、１９９０年代のグローバル化や情報化といったニューエコノミーの浸透にともなって仕事が二極化し、収入が不安定化しはじめる。山田はこれを「労働による包摂」の揺らぎと呼び、これと「家族による包摂」の揺らぎが同時に起きたことが女性の経済的自立を阻害したと説明する。そして、「労働」「家族１（夫）」「家族２（親）」の三者関係の中で「結婚したら良い」「親がいるから良い」「努力して正社員になれば良い」と対策が付け回されている現状を憂いている。

女性の伝統的な非正規職は「主婦パート」が典型的であるが、これは既婚女性の働き方として戦後に広がった。江原はそのこと自体が問題にされなかったことを問題にしている。山田が女性は家族に包摂されていたという時代にもパートの低賃金により苦しい生活を余儀なくされるシングルマザーはいた。だが、そうした問題を問題としてこなかったことが現代女性の貧困の源流にある。それが昨今問題になっているのは、1990年代初頭のバブル崩壊以降の厳しい経済情勢の中で女性自身が自立できる就業機会が拡大していないことと、女性を包摂するだけの経済力がある男性の減少が背景にあるといえる。

こうした問題の解決方法として、フォーラムのコーディネータであった宮本みち子は小杉・宮本編著（2015）の序章および宮本（2012：2016）において社会政策的な提言をしている。1960年代から70年代に成立した日本型の生活保障を、宮本は公共事業による雇用機会の創出により、一家のくらしを保障する「雇用レジーム」と特徴づけ、北欧や西欧諸国の「福祉レジーム」のように社会保障制度を通じて所得を再分配することを重視してこなかったという。また、女性の貧困に対しては「職業教育・訓練と就職支援などの積極的労働市場政策」が重要であるが、日本は諸外国と比べて社会保障費にそうした政策の費用が占める比率が低い。そこで宮本は、高齢期に傾斜した社会保障制度を人生前半期のニーズに応えるものに転換する必要があると主張する。

また小杉・宮本編著（2015）の中で江原（2015）は「家族依存モデル」に対抗する「女性の経済的自立モデル」が成立する可能性を検討し、結果として家族依存モデルが維持されるロジックを次のように示している。すなわち、結婚しない女性の増大は男性に依存しない生き方の増大と肯定的に評価されるが、非正規職の増加により経済的自立は実際上困難であるため、「女性は男性に依存せざるを得ない」という現実を認めざるを得ない。また、結婚しない女性の増大は「家族依存モデル」の妥当性を疑わせせかねないが、これを個人の選択の問題とみなすことで社会的な問題としては認識してこなかった。そうして「家族依存モデル」は維持されてきたという。

フォーラムは「若年女性」と銘打っているが、こうした若年女性が未婚かつ非正規職のまま年齢を重ねて中年期を迎える可能性が高いという問題意識を含んでいる。小杉・宮本編著（2015）の中で直井（2015）は40～50代女性を対象とした調査結果から、未婚女性が中高年期に貧困に陥るプロセスを「最初の安定した職業をやめて次第に不安定な仕事に転職していくという道筋」として描き出す。具体的には次の5つの特徴を挙げる。（1）多くが正社員として最初の仕事に就くが、（2）その仕事を5年未満のうちに過半数が辞め、（3）その後は知人の紹介などで別の仕事につくものの何度も転職を繰り返す人もいる。（4）その間に健康上の理由や海外滞在、親の介護など、何らかの空白期間がある場合も少なくない。（5）結果として、現職の正社員は約5割で勤続年数は5年未満が3割を超える。

フォーラム及び小杉・宮本編著（2015）では言及されていないが、非正規職の女性ほど未婚確率が高いというデータ分析の結果は、少子化の文脈で永瀬（2002）等が早くから示してきた。非正規職の若年女性は、山田の言葉を借りれば結婚によって家族に包摂される可能性が低い、そのこと自体はフォーラムが問題提起するずっと前からわかっていたことである。それがいよいよ問題として顕在化したのが2010年代だといえる。[6] 同じ時期に永瀬（2013）は45～54歳の未婚女性を「生涯未婚」と呼んで、その仕事と生活を分析している。その結果から、シングル女性の余暇活動に関する満足度は高いが経済的には厳しい状態にある者が少なくないこと、また親との同居で生活を賄う者が5割強いるが、将来の見通しを持ちにくい低収入の者が多いことを指摘する。[7] そして、高い賃金を得るためには「正社員であること、勤続を重ねること、同じ仕事領域の仕事経験を積んでいること、大学教育を受けることが重要」という賃金推計結果を示すが、実態として「女性が長く正社員の職を続けにくい職場の状況」があることも指摘する。

永瀬（２０１３）の推計において特に興味深いのは、「同じ仕事の経験の長さ」を賃金の有力な規定要因として示していることである。永瀬（２０１３）は２つのモデルで賃金を推計しているが、１つ目のモデルでは「自営・自由業」に比べて「正社員」であることは賃金を高め、「パート」や「アルバイト」であることは賃金を下げる効果が確認される。また初職継続に賃金を高める効果がある。こうした結果は直井（２０１５）の指摘と整合的である。だが、勤続年数を説明変数に追加投入した２つ目のモデルでは「パート」や「アルバイト」の効果と初職継続の効果は有意でなくなり、勤続年数の効果に吸収される。また、転職しても「概ね同じ仕事」を続けている場合は、どちらのモデルでも賃金を12％程度引き上げる効果があるという。前述の宮本（２０１２：２０１６）がいう「積極的労働市場政策」の効果を暗示する結果であるともいえる。一般的なパート・アルバイトの人事管理を踏まえれば、長期勤続が可能であり、勤続にともなって賃金上昇が望める就業機会はかなり恵まれた就業機会といえる。勤務先を移っても同一の職務経験を蓄積して賃金上昇に結びつけることのできる仕事も限られる。直井（２０１５）が問題にしている転職を何度も繰り返す貧困女性は、そうしたキャリアの一貫性を構築しにくい女性の実情を描き出しているといえる。永瀬（２０１３）もインタビュー調査の結果から同様の実態を指摘する。だが、正社員かパート・アルバイトかといった就業形態とは独立に就業経験が賃金に影響するという永瀬（２０１３）の分析結果は重要である。女性が正社員でないから、正社員になれないから低賃金を甘受せざるを得ないということではなく、非正規職のままであっても賃金を高めることのできる社会制度を構築することが重要であるといえる。

このように非正規職シングル女性を対象にした研究は始まったばかりの段階にあるが、短期間で急速に知見の蓄積が進みつつある。だが、これまでの研究は問題の深刻さを鋭く指摘はするものの、目の前の当事者を救済できる具体的解決策を提示するには至っていない。大きな社会の構造を示して社会保障制度改革のような体制的な問題を論じることも重要ではあるが、現に経済的困窮に直面している当事者は改革の実現を待たずに力尽きてしまうのではないだろうか。その意味で、長期的視座に立った議論と当事者が今何を望んでいるかを踏まえ「今日からできること」を上手く連動させる必要がある。そこで以下では「非正規職シングル女性の社会的支援に向けたニーズ調査報告書」から当事者がどのような窮状を訴えているかを確認していきたい。

2　当事者の声から見える課題

同報告書にはアンケート自由記述欄の回答およびグループインタビューの結果として、当事者の望むサポートが具体的に書かれている。報告書は当事者が望むことを「社会の風潮や制度の改革」「具体的なサポートプログラム」「同じ立場の人のつながり」の3点にまとめているが、ここでは本章の問題意識に引きつけて情報を整理し直してみよう。

仕事に関連する社会のしくみとして目立つのは「アルバイトの最低賃金を上げてほしい」「とりあえず時給を上げてほしい」「経験と実績に見合った給料・条件を」「同一労働同一賃金を」「非正規職

ほど不安定なのだから待遇をよくしてほしい」「給料安くてもせめて福利厚生、休暇、賞与等で正社員に近づきたい」といった賃金の改善やこれに準ずる労働条件改善を望む意見である。だが、加えて「家庭の事情や体調不安があってもそれを考慮した働き方ができるよう、事業主に理解促進を」「仕事以外に何もできないような長時間労働の解消を」といったような意見も見られる。かつての非正規職は賃金こそ低いが時間の融通はきく働き方であるという理解が一般的であったが、近年は責任が重く、長時間拘束される仕事にも非正規雇用が広がりつつある。そのような実態を改めて垣間見ることができる。

こうした経済的待遇と連動するように社会保障の問題も指摘されている。「収入により、レンタカー割引や公共交通料金割引、公共料金割引」「病気などで休職中の場合の補償を法的に義務づけ」「親の施設入所にかかる費用は収入から控除に」「ベーシックインカムがあれば」といった直接的な経済的支援を望む声が目立つ。「社会保険料・税金の免除や減額の範囲を広げてほしい。税金等で主婦パートとの差がありすぎる」「配偶者控除や第三号被保険者制度をなくし、シングル単位の税制に」といった主婦との待遇格差への不公平感も述べられている。だが、主婦も控除の対象外とすべきというよりは、独身の自分たちにも控除を適用してほしいというニュアンスが強い。関連する要望として「低家賃の住まいの優先的な提供。公営住宅の単身者、友人同士への開放、家賃補助」「低収入の女性でも安心して住めるアパートなどの支援」「初期費用や保証人の要らない低家賃の空き家活用やルームシェア、住まいのマッチングの支援」といった住宅関連の補助を希望する声も目立つ。

個別具体的な政策の提案は様々であるが、経済的困窮状態の緩和につながる政策が強く望まれているといえる。女性の貧困問題を議論した従来の研究でも独身女性、特に未婚女性に対する社会保障が薄いことは再三指摘されている。上述したような割引制度や補助制度が自治体として可能であるならすぐにでも始めた方が良いだろう。

だが、もう一つ、こうした経済的な問題に還元できないサポートとして見逃せないのが、交流や相談の場を望む声の多さである。[8]「同じ立場の女性が交流できる場」「いろいろな年代や仕事の人と出会える場所」「結婚していなくても安心して生きていけるシングル女子のライフモデルを考えるワークショップや交流会」「同世代で話せる場」「ネット上の交流の場」といったものである。

これらの声は経済的生活基盤の問題と悩みを相談できる人間関係の薄さが非正規職シングル女性の生活不満を構成していることを示唆している。同じことが統計的なデータからもいえるか、以下で非正規職シングル女性の生活満足度を分析しながら検討を重ねてみよう。

3　非正規職シングル女性の生活満足度——データ分析

(1) 経済的ゆとり・時間的ゆとりと生活満足度

典型的な非正規職は賃金と時間について「経済的なゆとりはないが、時間的なゆとりはある」という一長一短の性質をもっている。図１に示す経済的ゆとり感と時間的ゆとりの比較からも同様の指摘ができる。だが、非正規職であっても「経済的ゆとり」について「ある」が16・5％ある。その一方で、時間的ゆとりについて「あまりない」が38・2％いる。前出の長時間労働問題を指摘する声と整

図1　経済的・時間的ゆとり感

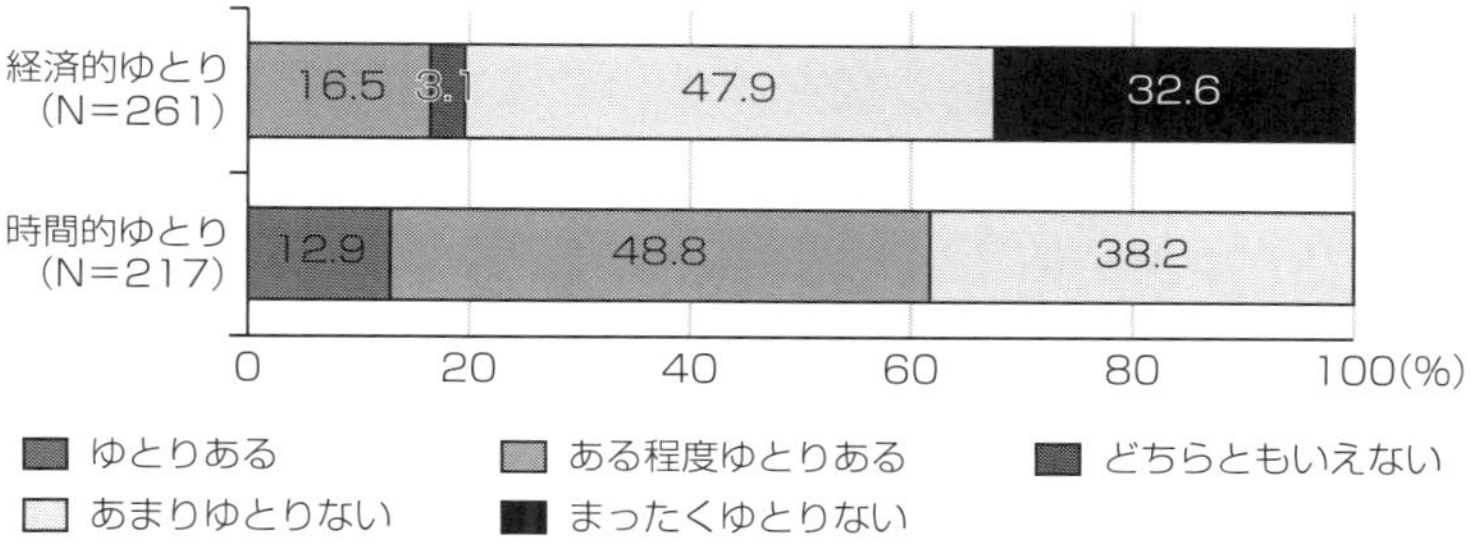

図2　経済的・時間的ゆとり感の有無別　生活満足度

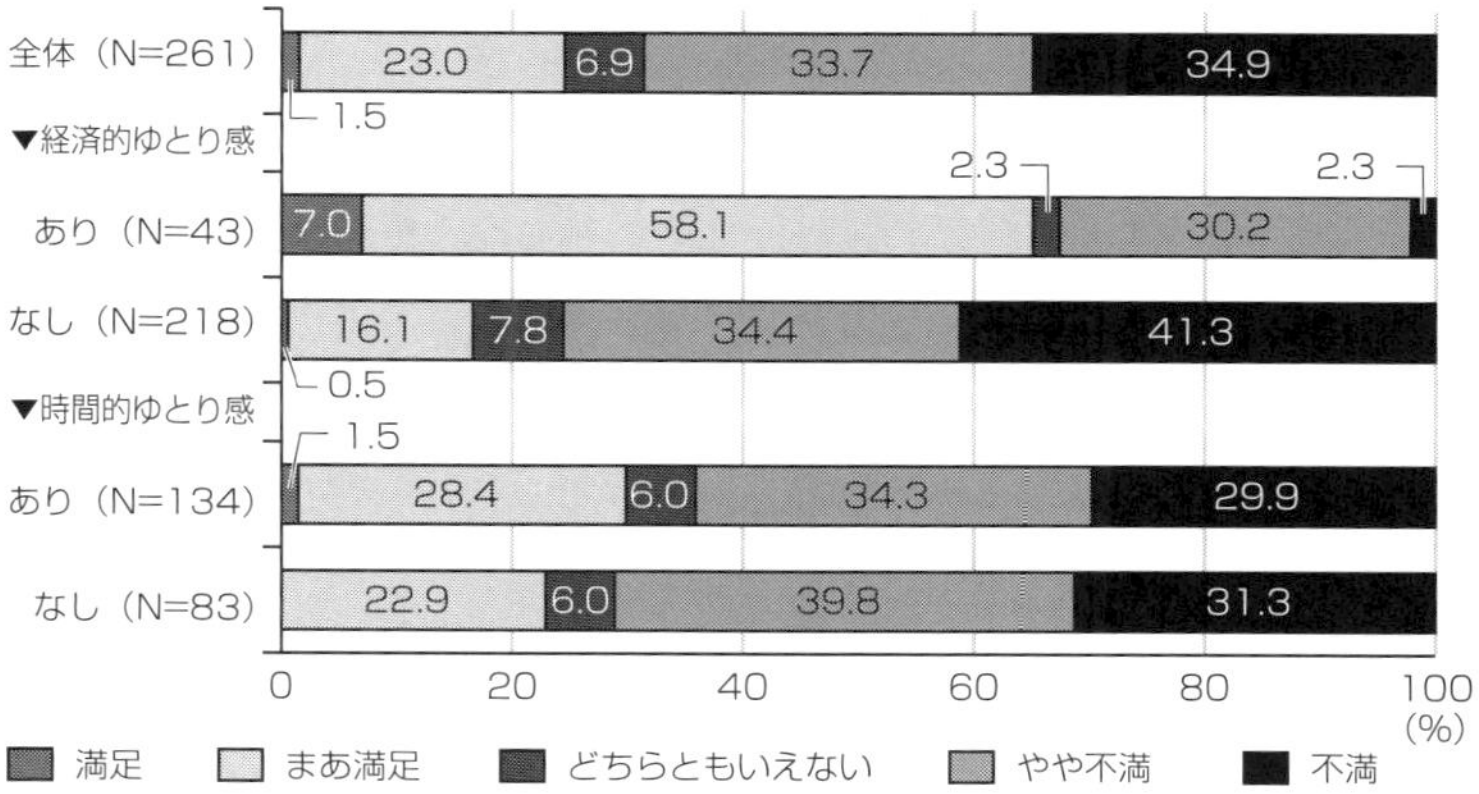

合的であり、今日の非正規職の実態は多様であることがうかがえる。

その上で図2をみると、非正規職シングル女性の生活満足度には、時間的ゆとり感よりも経済的ゆとり感の方が強く関係していることがわかる。全体の結果として生活に満足している割合は「満足」と「まあ満足」を合わせて24・5％、対して「不満」「やや不満」の合計は68・6％と総じて不満が高い。経済的ゆとり感と時間的ゆと

図3　週実労働時間別　生活満足度

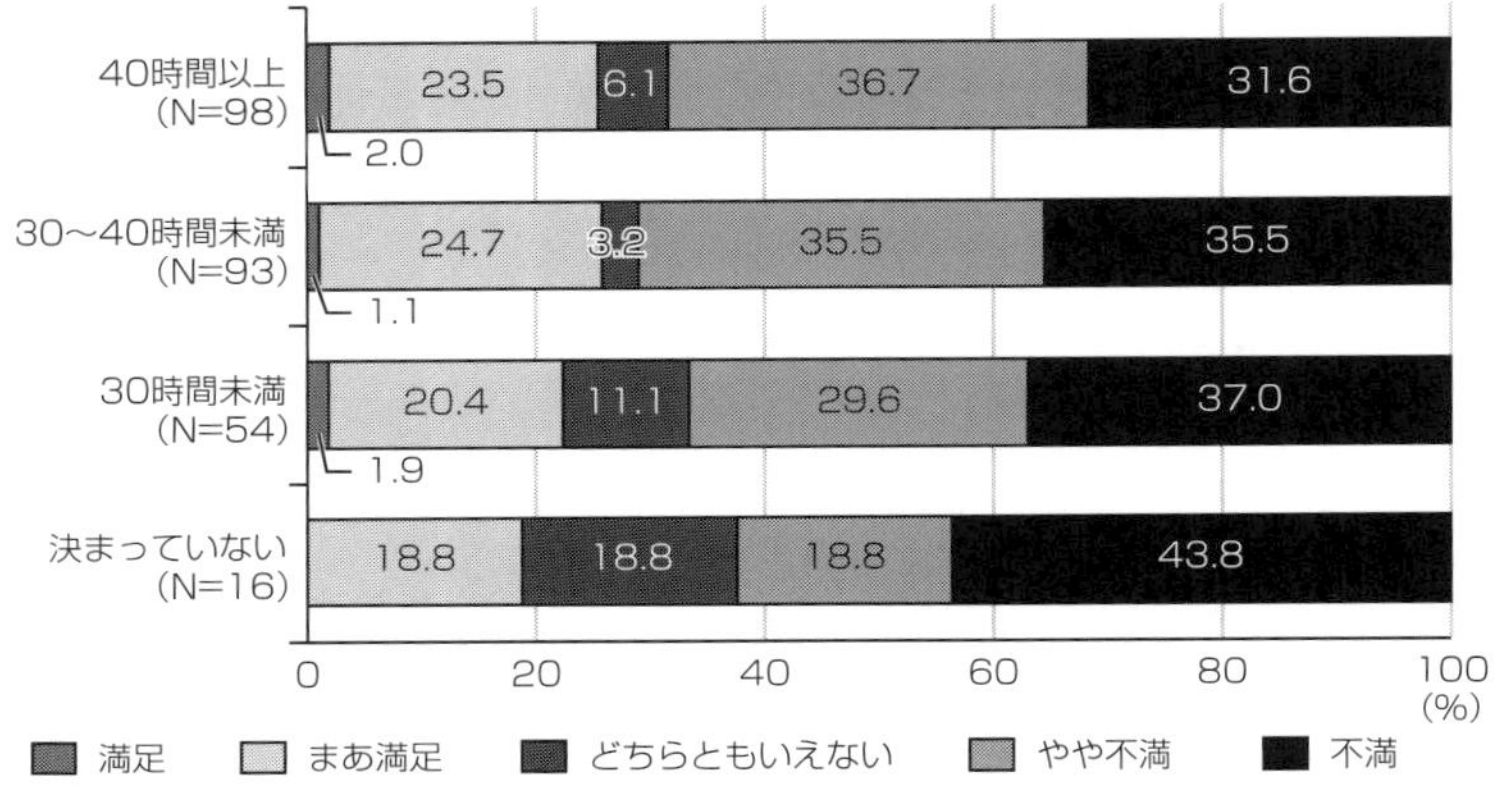

り感の有無別[9]に生活満足度を比較してみると、経済的ゆとり感についてはその有無による生活満足度の差が明瞭である。経済的ゆとり感「なし」の場合は「満足」「まあ満足」の合計が16・6％に留まるが、「あり」の場合はその割合が65・1％になる。時間的ゆとり感についても「あり」の方が「満足」「まあ満足」の割合は高くなる傾向はみられる。だが、その差は「満足」「まあ満足」合わせて7・0ポイントであり、経済的ゆとり感ほど明らかな差があるとはいえない。

時間に関しては、労働時間という客観的な変数との関係を見ても、労働時間が長いほど生活満足度が低くなるという関係はみられない。図3を見よう。[10]生活満足度を週実労働時間別に比較すると30時間未満よりも30時間以上（「30～40時間未満」「40時間以上」）は「満足」「まあ満足」の合計割合がやや高くなっている。だが、「不満」「やや不満」の割合も30時間未満より30時間以上の方が高い。前出の当事者の声において「仕事以外に何もできないような長時間労働の解消を」といった意見があった

図４　本人年収別　生活満足度

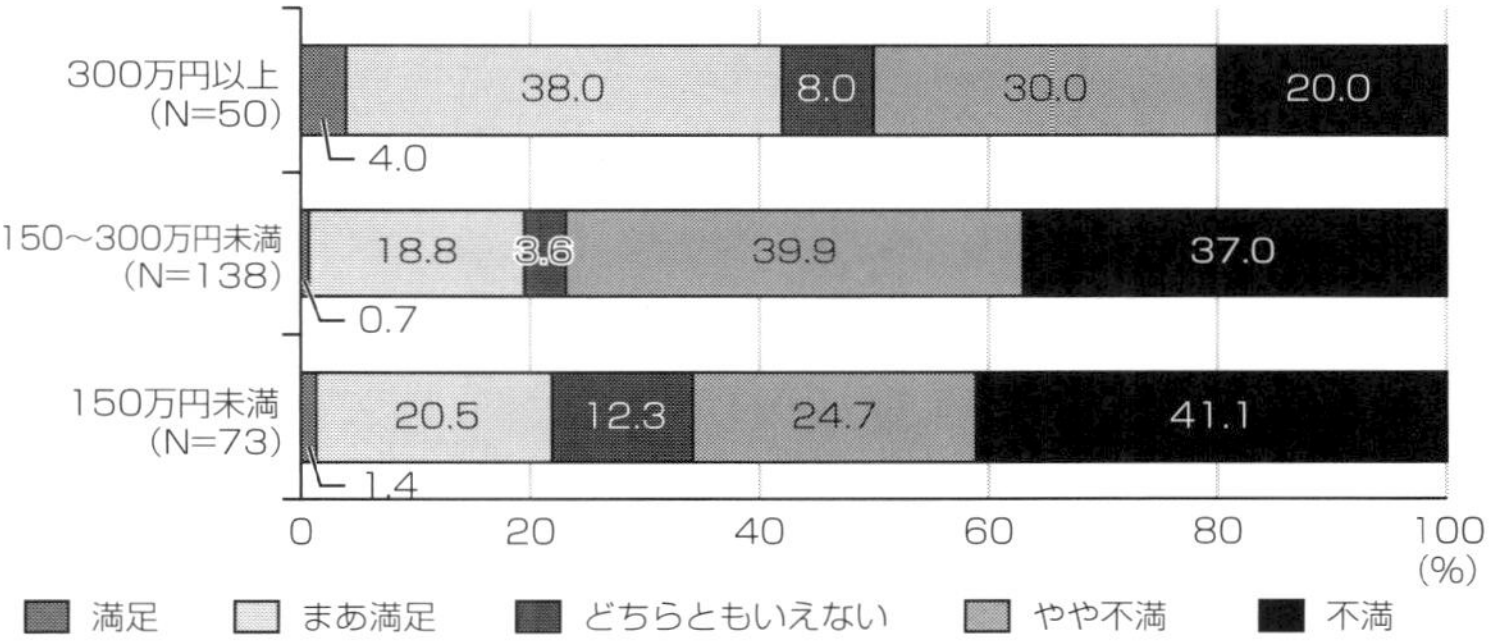

ように労働時間が長いほど生活の時間的ゆとりが損なわれる側面はある。だが、時給制のパート・アルバイトは労働時間が長ければそれだけ収入が増える。一般にフルタイム契約社員の賃金水準はパート・アルバイトよりも高い。そのことが生活満足度に影響している可能性がある。

その観点から、図４に本人の年収別の生活満足度を示す。まず目につくのは年収３００万円以上の場合の生活満足度の高さである。「満足」「まあ満足」の合計割合は42・０％と３００万円未満に比べて顕著に高い。しかしながら、３００万円未満の１５０万円以上と１５０万円未満の間には満足度の差が見られない。その意味で収入と満足度の関係は、収入が多いほど生活満足度が高いという単純な相関関係にはない。[11] ３００万円以上の場合も「不満」「まあ不満」の割合が50・０％あり、絶対的な水準として満足度が高いとまではいえない。だが、「満足」「まあ満足」と「不満」「まあ不満」が拮抗しているという意味で、それなりに満足感を持つことのできる賃金水準の目安が「３００万円以上」といえよう。[12] こうした結果になるのは、経済的に自立可能な収入水準であるか否かが生活満足度に影響し

図５　就業形態別　本人収入割合

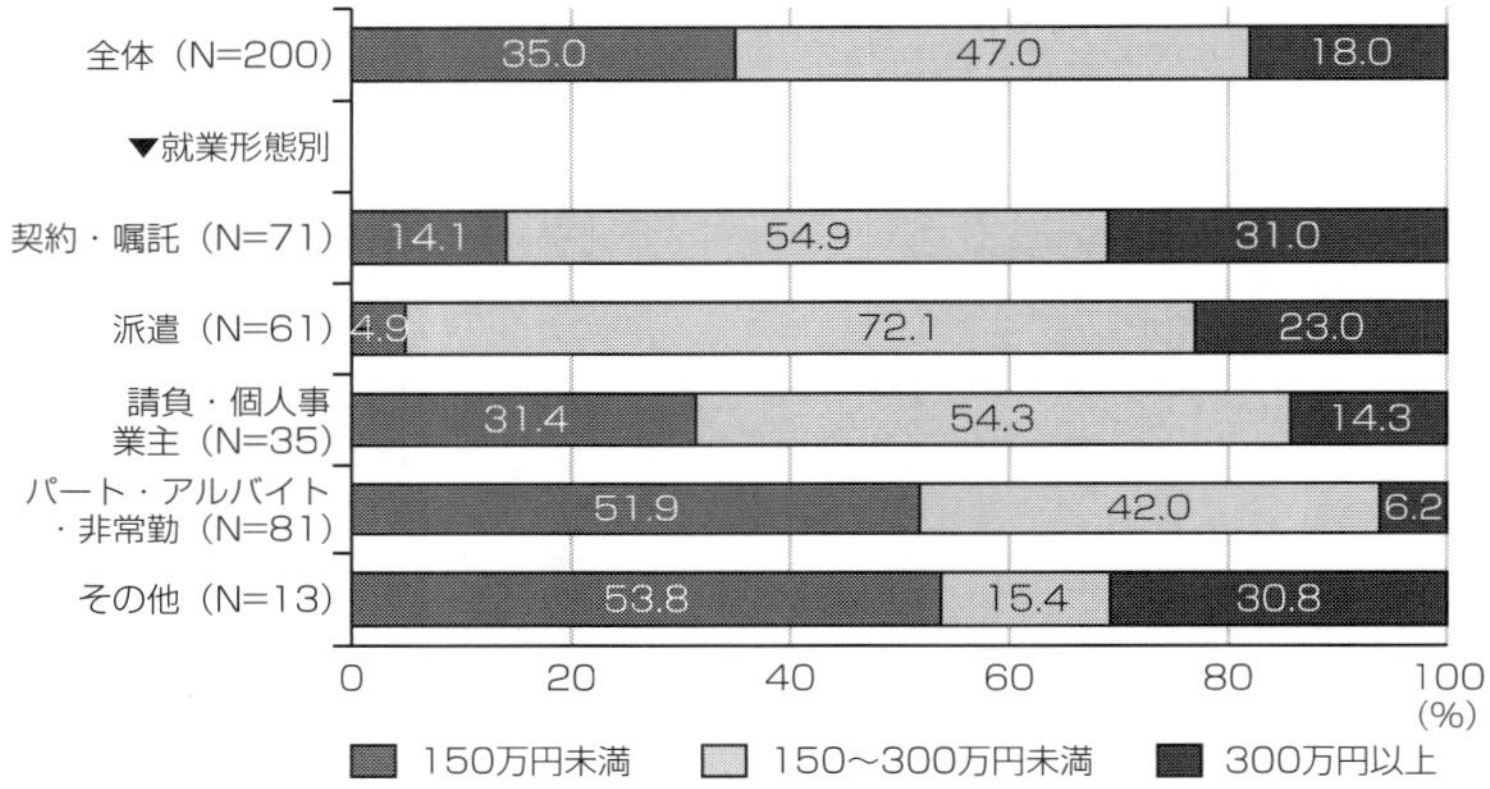

ているからではないだろうか。１５０万円以上か否かによって生活満足度に差がないのは、どちらにしても経済的に自立できないからだろう。対して、年収３００万円は1か月当たり25万円であるから、一応の生活を送ることはできる水準である。そのあたりの心情が生活満足度に表れているようである。

　だが、図５に示すように、年収の分布において年収３００万円以上を得ている非正規職シングル女性は全体の２割に満たない。１５０～３００万円未満が47・０％で最も高く、１５０万円未満も35・０％ある。それだけ非正規職で年収３００万円以上を確保することは容易でないといえる。留意したいのは就業形態によって年収分布に差があることである。サンプルサイズが極端に小さい「その他」を除く他の就業形態に比べて「契約・嘱託」は「３００万円以上」の割合が最も高く、「１５０万円未満」の割合が最も低い。その意味で最も年収が高い。対照的に「パート・アルバイト・非常勤」は「１５０万円未満」の割合が最も高く「３００万円以上」は最も低

図6　就業形態別　生活満足度

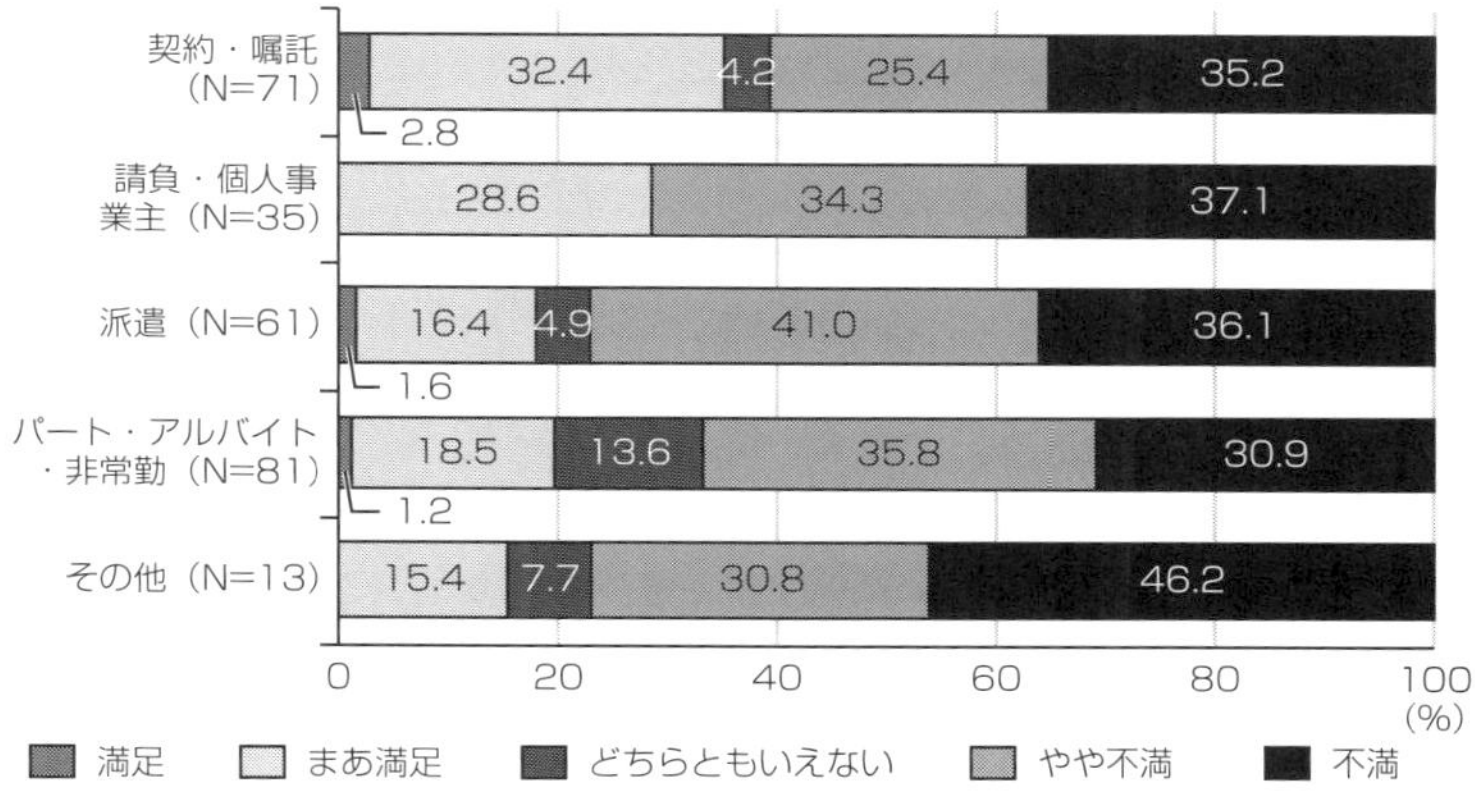

い。その割合は6・2%に留まる。

こうした傾向は図6に示す就業形態別の生活満足度にも表れている。「契約・嘱託」は他の就業形態に比べて「満足」「まあ満足」の合計割合が高く、「不満」「やや不満」の合計割合は最も低い。「派遣」と「請負・個人事業主」については前者の方が年収300万円以上の割合は高かったが、生活満足度は後者の方が高い。派遣社員は一般に直接雇用のパートやアルバイトに比べて時給は高いが、雇用の安定性は低い。また個人事業主は就業の安定性は低いが、裁量性はある。そうした一長一短のために収入の高さと生活満足度の関係が一貫していないと考えることができる。

以上の結果から、非正規職シングル女性の生活の不満を緩和し、満足できる生活の基盤を形成するためには300万円以上の年収を確保できること、そのためにパート・アルバイト・非常勤といった短時間労働ではなく、契約社員・嘱託社員といったフルタイム直接雇用の就業機会を増やすことが重要であるといえる[13]。

図７　相談相手別　生活満足度

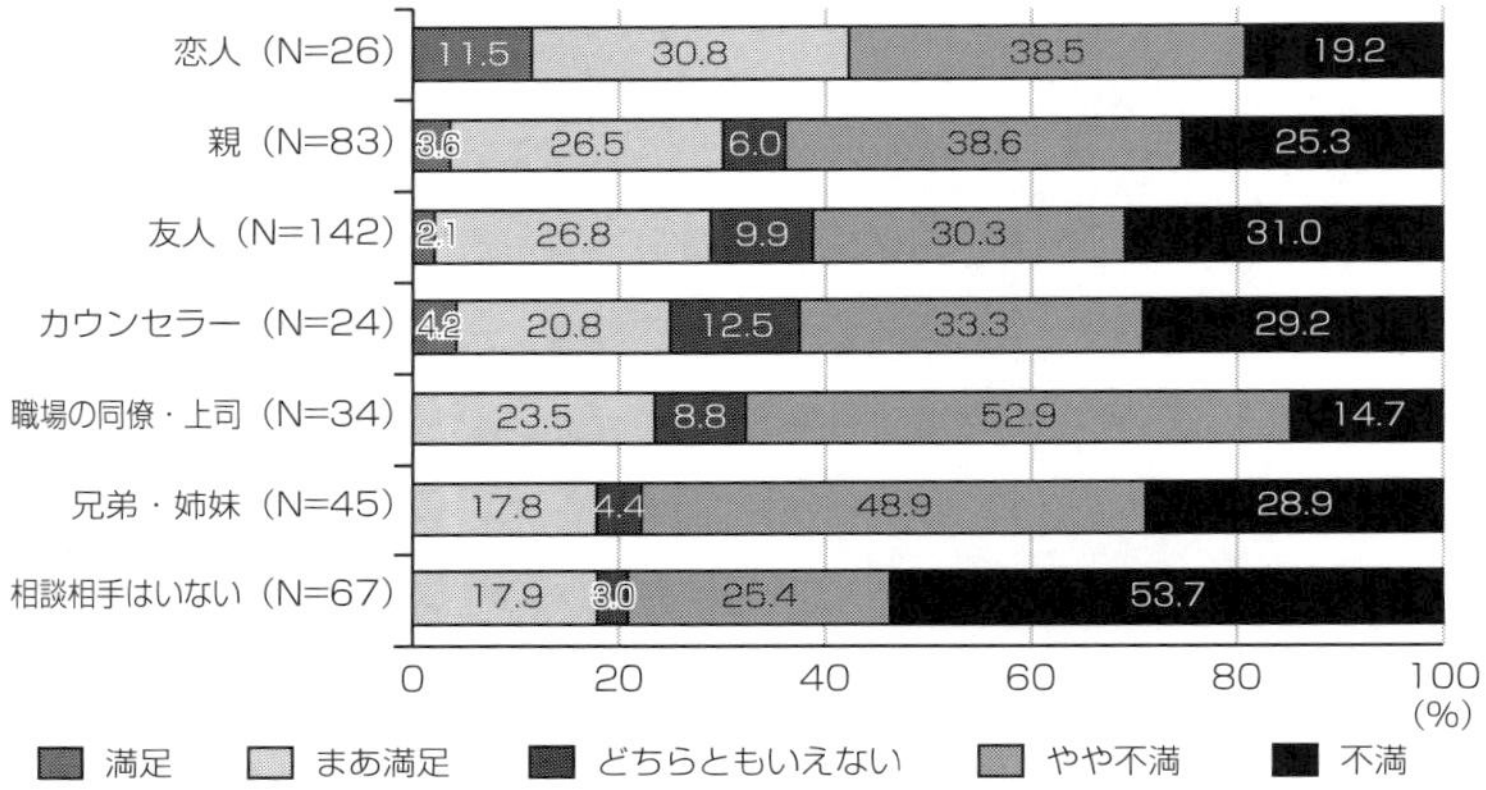

（2）相談相手との関係

続いて悩みを相談できる相談相手との関係別に生活満足度をみてみよう。図７に結果を示すが、[14]「兄弟・姉妹」を除いて誰かしら相談相手がいる場合は「相談相手はいない」に比べて「満足」「まあ満足」の合計割合が高く、「不満」「やや不満」の合計割合は低い。

特に満足度が高いのは「恋人」であるが、「親」と「友人」がこれに次いで高い。これに比べて「カウンセラー」や「職場の同僚・上司」は若干であるが生活満足度が下がるが、「親」や「友人」との差は小さい。こうした結果は、生活における不満をやわらげ、逆に満足度を高めるために相談相手の存在が重要であることを示唆する。前述した当事者の声において望まれていたサポートの結果と整合的である。

なお、図８に示すように恋人や友人といった個々の相談相手がいる割合にはばらつきがある。生活満足度への影響が最も大きい「恋人」が相談相手になっているのは全体の10％に留まる。相談相手として該当割合が最も高

図8　就業形態別　相談相手

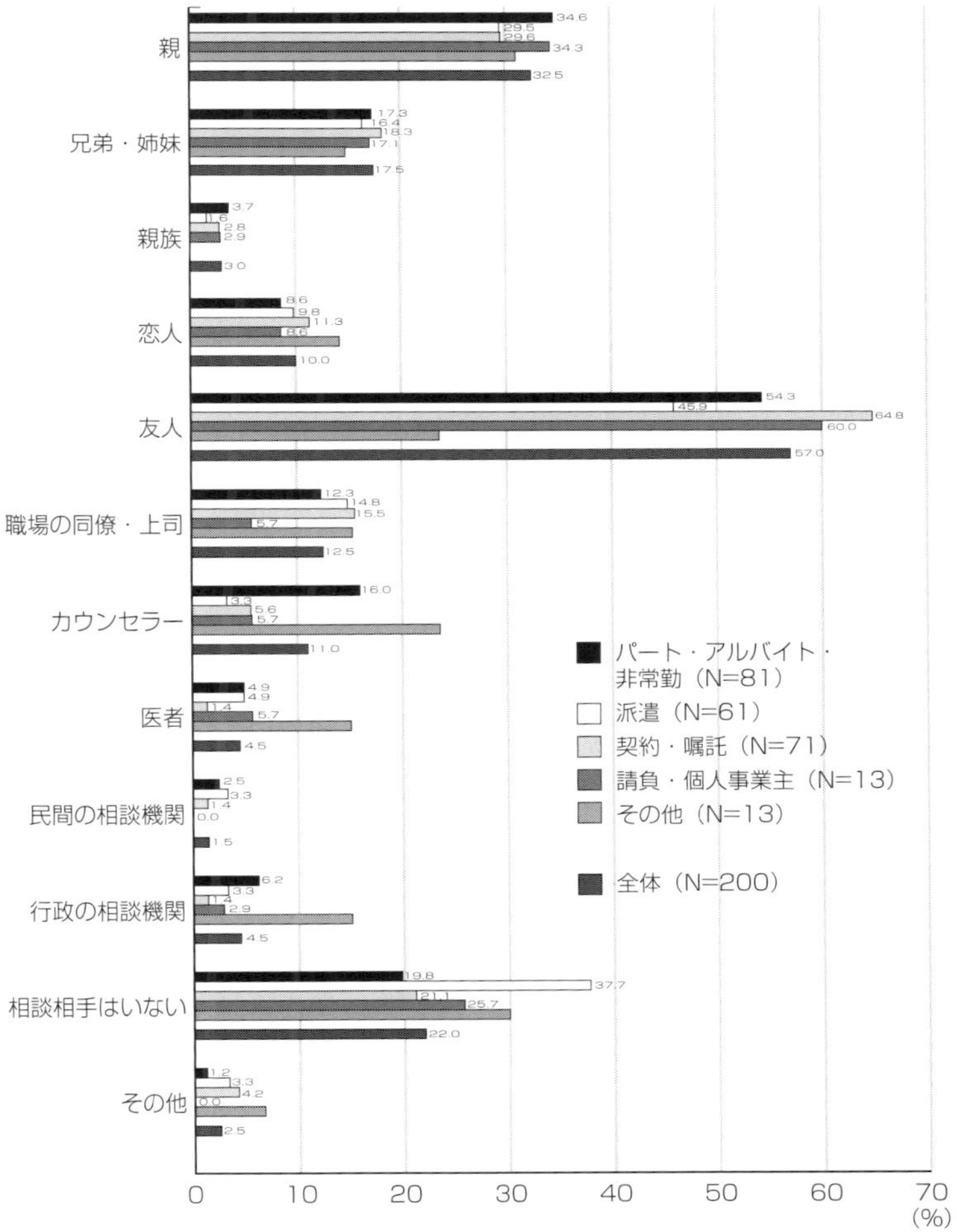

いのは57・０％の「友人」である。ほかには「親」「兄弟・姉妹」の割合が高い。就業形態による差はそれほど大きくないが、一定のサンプルサイズを確保できている「パート・アルバイト・非常勤」と「契約・嘱託」を比較すると「友人」において「契約・嘱託」の該当割合がやや高くなっている。

このような相談相手と生活満足度の関係は上述した当事者の声と整合的である。しかしながら、再び図７を見ると最も生活満足度が高い「恋人」においても「満足」「まあ満足」の合計割合は42・３％にとどまり、「不満」「やや不満」の合計割合57・７％の方が高い。このような結果になるのは「恋人」への相談によって得られるのが主として情緒的サポートであり、不満を聞いてはもらえるが、経済的困難をはじめとする問題解決の手助けを得られるわけではないからだろう。「親」や「友人」「カウンセラー」「同僚や上司」においても同様であるなら、「満足」「まあ満足」が２割程度という低水準にとどまる結果も納得できる。

4　労働条件と生活の向上に向けて——結論と考察

非正規職シングル女性の生活上の不満をやわらげ、生活満足度を高める雇用・労働の問題を検討してきた。その要点は次のとおりである。

(1)労働時間の長さよりも本人の収入の高さが生活満足度に関係しており、年収３００万円以上の場合に生活満足度は高くなる。

(2)パート・アルバイト・非常勤講師よりも契約社員や嘱託社員の方が３００万円以上の割合は高く、

生活満足度も高い。

（3）悩みを相談できる相手が誰かしらいる場合は、相談相手が誰もいない場合よりも生活満足度は高くなる。

第一に指摘すべきは、非正規職であっても年収が一定の水準を超えていれば、それなりに満足できる生活を送ることができるということである。非正規職には労働時間の面で時間の融通が利きやすいというメリットもある。だが、その反面において労働時間が長いほど収入は増える。年収３００万円以上の場合に生活満足度が高くなるという結果は、経済的に自立可能な収入水準を確保することが非正規職シングル女性の生活の不満をやわらげるために重要であることを示唆している。

そのために、パート・アルバイト・非常勤のような短時間労働を主とする労働契約ではなく、フルタイム契約を主とする契約社員や嘱託社員を増やしていくことが重要である。昨今、非正規職の待遇改善のキーワードとして「同一労働同一賃金」が話題になっているが、時間単価が上がっても労働時間が短ければ収入総額が自立可能な水準には達しない。時間当たりの報酬を増やす努力とともにフルタイムで働ける就業機会を増やすことが重要である。具体的には、まず就業の実態と労働契約のずれを解消することの重要性を指摘したい。「パート」「アルバイト」「非常勤」という呼称は短時間労働を連想させるが、実態としてはフルタイムもしくはこれに近い労働時間で働いている労働者が含まれている。[15]にもかかわらず、時給水準や社会保険の適用状況は短時間労働のパートタイマーと同じであるようなケースが珍しくない。このようなパート契約をフルタイム契約に変更していくことによって、非正規職であっても待遇は改善される可能性がある。[16]

問題はこうしたフルタイム契約への移行や賃上げを含む非正規職の待遇改善をどのようにして実現していくかである。悩みを話せる相談相手がいることが生活満足度を高めるという結果に着目するなら、非正規職シングル女性の悩みを受け止めて、待遇の改善につなげていく相談相手がいたら心強いだろう。しかし、現状において生活満足度との関連性が最も強い相談相手は恋人であり、その役割は問題解決のサポートよりも愚痴を聞くような情緒的なサポートである可能性が高い。また、相談相手として最も該当割合の高い「友人」がいる場合も生活満足度が目立って高いということはない。したがって「友人」への相談もまた待遇改善につながる可能性が高いとはいえない。

行政機関の施策においても女性の悩みを受け止める場をつくる取り組みや、それを就業支援につなげていく取り組みはこれまでも行われてきた[17]。加えて、多くの非正規職シングル女性が企業に雇用されているということを踏まえるなら、今後の課題として労働組合の役割を検討してはどうだろうか。労働組合は労働条件の改善交渉を担うとともに労働者同士がつながる契機になりうる。その意味で、本章が明らかにしてきた非正規職シングル女性のニーズを満たしうる潜在的機能をもっている[18]。伝統的な企業別組合は正社員を中心に構成されてきたが、近年はパートの組織化も進みつつある。コミュニティユニオンのような新しい労働組合が非正規職につく労働者のために企業と交渉する場面も増えている。行政の役割としては、非正規職シングル女性と労働組合の橋渡し役を担うことが一案として考えられる。労働条件は労使関係のもとで決まる。その原則に立ち返り、非正規職シングル女性を集団的労使関係に包摂していくことで、その待遇は改善されることが期待できる。

【注】

1　パート・アルバイトや契約社員、嘱託社員、派遣社員など正社員以外の就業形態を総称するいい方は「非正規雇用」や「非正規労働」など様々あるが、本章では「非正規職」に統一している。なお、本章は「非正規職シングル女性の社会的支援に向けたニーズ調査報告書」のデータを再集計しているが、同調査では請負や個人事業主も「非正規職」に含めている。厳密にいえば、こうした雇用以外の就業形態を「非正規」と呼ぶことは適切とはいえないが、昨今労働者性の高い個人請負や個人事業主が増えているという背景を踏まえて、本章でも分析対象に含めている。

2　フリーター問題に端を発する「非正規雇用問題」は一見すると性に中立的な議論を展開しているかのように見えるが、濱口（2016）が指摘するように、パートやアルバイト・派遣社員の低賃金・不安定雇用を政策的な問題にするか否かという問題の立て方にジェンダーバイアスがあった。つまり、暗黙のうちに男性の非正規職における低賃金・不安定雇用が問題とされていたといえる。同様のジェンダーバイアスは山田（2013）や宮本（2016）も指摘している。

3　35～44歳の男女非正規職労働者を分析した池田（2014）は、現状の生活に不満をもち、失業不安をかかえながらも、職業能力開発や転職活動に男女とも積極的とはいえない壮年期非正規職労働者の実態を報告している。背景には、年齢を重ねると現実的に良い労働条件で働ける正社員の求人が減っていくという事情もある。

4　本章でデータを集計・分析する「非正規職シングル女性の社会的支援に向けたニーズ調査報告書」（以下、報告書と略す）によれば、今後の希望として72・0％が「収入を増やしたい」としているが、「正社員になりたい」は37・２％に留まる。また「結婚したい」は23・０％である。ただし、本稿は正社員転換政策そのものを否定するものではない。正社員での就職支援として面接対策や企業とのマッチングを望む声も報告書には掲載されており、行政として取り組むべき重要な課題であると認識している。だが、政策の方向性をそれだけに限定せずに他の可能性にも目を向けることで、より多くの女性の生活改善が可能になるという趣旨から本稿は正社員転換以外の政策の可能性を検討する。

5 大沢はこうした日本の雇用慣行と社会保障の問題を大沢（2007；2016）等で継続して検討している。

6 山田（1999）が展開したパラサイトシングル論は親という家族による包摂を論じたものと位置づけることができる。

7 親との同居が中年期の未婚女性の就業に及ぼす影響について大風（2014）は永瀬（2013）の分析結果を踏まえつつ、これを掘り下げる考察をしている。その分析結果によれば、父親との同居は就業に影響がなく、母親との同居のみ娘の正規就業にマイナスの影響を及ぼし、非正規就業の確率を高める。また単なる同居の有無が結果に影響しているのではなく、親の高齢化や健康状態悪化にともなうケア役割期待が正規就業を抑制する可能性を指摘する。その観点から、母との同居のみが正規就業を抑制するという結果について、父のケアは母が健康であれば母が担うが、母のケアが必要な場面では父が亡くなっていたり高齢化したりしてケアを担うことが難しいために娘がケアを担うという介護者選択の観点から説明している。

8 池田（2014）は、男性の非正規職と無配偶女性の非正規職を比較しているが、非正規職の中でも女性は男性に比べて収入が低く、経済的には厳しい状況がうかがえる。だが、生活満足度は相対的に収入の高い男性の方が高いとはいえない。仕事以外の生活に目を向けると女性の方が親族以外に悩みを相談できる相手がいるなど、男性よりもサポートネットワークを形成している実態も明らかになっている。小園（2015）が紹介している横浜市男女共同参画センターの「ガールズ支援」は、若年無業の女性について、こうした会社の外のつながりを強化し、これを就業につなげていく取り組みであるといえる。

9　図1の「どちらともいえない」はゆとり「なし」に含めている。

10　週の実労働時間が「決まっていない」はサンプルが極端に小さいので参考までに示す。

11　全国規模のデータを用いて本人収入と生活満足度の相関係数を分析した池田（2015）においても無配偶女性は有意な相関を示していない。しかし、３００万円以上は生活満足度に影響するという本章の結果は今後検討を深めるべき新たな発見といえる。

12　報告書では「２５０万円以上」の生活満足度を示しているが、「満足」「まあ満足」の合計割合は36・０%であり、「不満」「やや不満」の合計割合59・０%との開きが大きい。

13　本調査データにおける「契約・嘱託」はフルタイム勤務に限定されないが、56・０%がフルタイム勤務に相当する40時間以上である。また、30〜40時間未満も38・７%を占めている。週の所定労働時間が35時間（1日7時間×週5日）や37・5時間（1日7・5時間×週5日）の企業もあることを考えると、この層もフルタイム勤務に相当する可能性が高い。その意味でデータのうち9割以上がフルタイム勤務であるということができる。

14　図8に示すように「親族」「医者」「民間の相談機関」「行政の相談機関」は該当割合が低く、分析に堪えうるサンプルを確保できていないため、グラフから除外している。

15 報告書でも「パート・アルバイト」の45・３％、「非常勤」の66・６％が週30時間以上の勤務である。

16 報告書には「40代女性の仕事は家計補助と思われているのか、まずフルタイムの募集が少ない」(p.72) という声が載せられている。そのような場合、新規の求人に応募するのではなく、同一勤務先との契約変更という形でフルタイム契約に移行することも選択肢として考えて良いだろう。なお、このようなフルタイムの契約社員や嘱託社員は有期契約で雇用されることが一般的であるが、労働契約法の規定により、一定の年数を経た後には無期契約への転換が可能となる。つまり、正社員にも転換できる可能性が高い働き方であるといえる。

17 小園（2015）が紹介する横浜市男女共同参画センターの取り組みはその一例である。

18 「産休・育休の適用がない」といった労働法に関する誤解ゆえに苦境に立たされている姿も見られる (p.66)。雇い止めにあったが戦うための弁護士費用を工面できないという声もあった (p.77)。こうした労使のトラブルにおいても労働組合は労働者の味方になりうる。

【参考文献】

江原由美子（2015）「見えにくい女性の貧困――非正規問題とジェンダー」小杉礼子・宮本みち子編著『下層化する女性たち――労働と家庭からの排除と貧困』勁草書房：45-72。

濱口桂一郎（2016）「性別・年齢等の属性と日本の非典型労働政策」『日本労働研究雑誌』No.672：4-13。

池田心豪（2014）「壮年非正規労働者の男女比較」『壮年非正規労働者の仕事と生活に関する研究―現状分析

を中心として』労働政策研究報告書No.164：237-248。

池田心豪（2015）「壮年非正規雇用労働者の生活満足度を高める要因――働き方の問題を中心に」労働政策研究報告書No.180：63-76。

稲上毅（1986）「労働世界における平等と異質性」『現代社会学』No.22：5-24。

小杉礼子・宮本みち子編著（2015）『下層化する女性たち――労働と家庭からの排除と貧困』勁草書房。

小園弥生（2015）「横浜市男女共同参画センターの〝ガールズ〟支援――生きづらさ、そして希望をわかちあう「場づくり」」小杉礼子・宮本みち子編著『下層化する女性たち――労働と家庭からの排除と貧困』勁草書房：223-241。

宮本みち子（2012）『若者が無縁化する――仕事・福祉・コミュニティでつなぐ』筑摩書房。

宮本みち子（2016）「仕事と家庭から排除される若年女性の貧困」『女性労働研究』No.60：41-57。

永瀬伸子（2002）「若年層の雇用の非正規化と結婚行動」『人口問題研究』Vol.58 No.2：22-35。

永瀬伸子（2013）「生涯シングル女性の中年期と仕事」『経済学論纂（中央大学）』Vol.53No.5-6：187-199。

直井道子（2015）「中高年女性が貧困に陥るプロセス」小杉礼子・宮本みち子編著『下層化する女性たち――労働と家庭からの排除と貧困』勁草書房：98-110。

大風薫（2014）「中年期未婚女性の家庭内労働と就業――同時性バイアスの可能性も含めた検証」『生活経済学研究』Vol.40：29-39。

大沢真理（1993）『企業中心社会を超えて――現代日本を「ジェンダー」で読む』時事通信。

大沢真理（2007）『現代日本の生活保障システム――座標とゆくえ』岩波書店。

大沢真理（2016）「日本の生活保障システムは逆機能している――２０００年代の比較ガバナンス」『女性労働研究』第60号：24-70。

労働政策研究・研修機構（2013）「アンダークラス化する若年女性――労働と家庭からの排除」『Business Labor Trend』10月号。

山田昌弘（1999）『パラサイトシングルの時代』ちくま新書。

山田昌弘（2015）「女性労働の家族依存モデルの限界」小杉礼子・宮本みち子編著『下層化する女性たち――労働と家庭からの排除と貧困』勁草書房：23-44。

横浜市男女共同参画推進協会・大阪市男女共同参画のまち創生協会・野依智子（2016）『非正規シングル女性の社会的支援に向けたニーズ報告書』。

4　メンタルヘルスの問題を中心に

高橋　美保

1　非正規職シングル女性にまつわるメンタルヘルスの問題の重要性

本論の目的は、非正規職に就いているシングル女性のメンタルヘルスについて論じることである。ここで対象とされている非正規職シングル女性には、いくつかの変数が重なっていることから整理していきたい。変数としては「非正規職（就労形態）」「シングル（婚姻状況）」「女性（性別）」であり、どこに焦点を置くかによって母集団が変わってくる。

はじめに、これらの変数に注目しながら先行研究を概観してみよう。まずは「非正規職」「シングル」「女性」の3つの変数が重なった人をターゲットとした研究の動向について見てみると、近年日本では非正規職シングル女性が増加傾向にあるにもかかわらず、その実態は十分に明らかにされていない。そもそも日本では、女性の非正規雇用で働く就労者（以下、非正規雇用者とする）を対象とした研究はほとんど行われてこなかった。その理由として、非正規雇用者は健康管理の仕組みから抜け落ちやすいことや、各職場における女性労働者が少なく十分な数の集団とならないため、解析対象から外される傾向などが指摘されている（錦谷、２０１５）。このように非正規職に就いている女性の研究ですら実施が難しい現状において、対象をシングルに絞れば、その実態把握は一段と難しい。

このような中、非正規職の中でもシングル女性に焦点を当てたニーズ調査が行われたことは画期的なことである。同報告書（公益財団法人横浜市男女共同参画推進協会、２０１６）には様々な設問が設けられているが、筆者の専門である臨床心理学に関係しそうな設問として、仕事や現在の暮らしにおける悩みや不安を問うものがある。報告書によれば、非正規職シングル女性が抱く「仕事に関する悩みや不安」については、「収入が少ない」（82・４％）、「雇用継続（解雇・雇止め）の不安」（59・４％）が高くなっている。また、「現在の暮らしにおける悩みや不安」については、「仕事」（83・９％）、「老後の生活」（82・８％）が高くなっている。

これらの結果は、非正規職シングル女性の悩みや不安を仕事と暮らしの両面からあぶりだしたものであり、貴重な知見といえよう。しかし、悩みや不安の内容は精神健康状態そのものを示すものではないため、メンタルヘルスの実態はもとより、本調査報告書で示されたような悩みや不安がメンタルヘルスにどのように影響するのか、その実態の解明には至っていない。

2　先行研究の概観

そこで、以下では、先述の「非正規職（就労形態）」「シングル（婚姻状況）」「女性（性別）」という変数に注目しながら、非正規職シングル女性の研究動向を整理する。まずは、就労形態が「非正規職」であるという点から見ていこう。

非正規雇用者全体のメンタルヘルスに関する先行研究を紐解いてみると、量的には少ないながらも、いくつかの知見が得られている。内外の非正規雇用者の研究をレビューした井上ら（２０１１）は、「ＧＨＱ（著者注：General Health Questionnaire（Goldberg, 1978））を用いた横断研究の結果では、概して非正規雇用者は正規雇用者より精神的健康状態が不良である」と述べており、概ね非正規雇用者の精神健康が悪いとしている。非正規雇用者の精神健康が悪い理由として、可知（２０１５）は「雇用の不安定性」「処遇の低さ」「間接雇用による使用者と雇用者の分離」を想定しているが、これらは先の報告書の仕事に関する悩みや不安と重なるものといえる。

次に、「非正規職（就労形態）」に「女性（性別）」を加えてみよう。非正規雇用の中でも女性にターゲットを絞ると、メンタルヘルスに関する研究の数は一段と少なくなる。海外の研究では、女性の非正規雇用者は正規雇用者と比べてうつと自殺願望が高いことが示されている（Kim et al. 2006）。これはメンタルヘルスの悪さを示唆する指標といえよう。一方、Tsuruganoら（２０１２）は男性については非正規雇用と健康不良との関連が有意であったが、女性については「不安・ストレス状態」「悩みやストレスあり」は正規雇用者との比較において有意差が認められず、正規雇用者と非正規雇用者のどちらの方がストレスフルな状況にあるのか判別が難しいとしている。また、中小企業で働く女性雇用者を対象にＱＯＬと職業性ストレスの関係を検討した五十嵐ら（２０１５）の研究は、精神健康度・身体的健康度ともに正規・非正規雇用間で有意差は得られなかった。これについては中小企業の特徴が表れている可能性もある。しかし、中高年者縦断調査のデータを用いたKachiら（２０１４）でも、非正規雇用の女性全体では非正規雇用とうつ・不安障害の発症との間に有意な関連は認められなかった。その理由として「多くが主たる生計者である男性と比べ、家計補助者と主たる生計者が混在している女性の就労状況の多様性に起因する」とし、多様性を加味した分析の必要性が指摘されている（可知、２０１６）。

確かに、女性の場合、働き方や就労意図が多様であるため、正規・非正規という単純な分類ではその実情を明らかにすることは容易ではない。先に見たように、性別を問わない非正規雇用の場合には、正規雇用との比較においてメンタルヘルスは悪いとされているが、女性に絞った場合には、その多様性により正規雇用との比較における非正規雇用の影響の大きさははっきりしていない。

次に、「非正規（就労形態）」「女性（性別）」に「シングル（婚姻状況）」を加えてみよう。従来の非正規雇用の典型である既婚・子持ちの女性の場合はパート・アルバイトなど家計の補助的な就労であることが多い。そのため、仕事面のストレスは正規雇用者ほど高くはなく、暮らしの状況や経済的な問題はさほど深刻ではないと推察される。つまり、女性の場合、婚姻状況はメンタルヘルスの状況に対して重要な要因となると考えられる。先のKachiら（２０１４）では、女性全体では非正規雇用とうつ・不安障害の発症との間に有意な関連は認められなかったが、未婚女性の非正規雇用は未婚女性の正規雇用よりうつ・不安障害の発症のリスクが有意に高いことを明らかにしている。したがって、婚姻状況は非正規雇用職の女性のメンタルヘルスにとって重要な変数であると考えられる。

さらに、本書の対象である〝非正規職シングル女性〟という分類要素には含まれていないが、メンタルヘルスという視点から重要と思われるもう一つの変数として、非正規労働が本人の望んだものか、そうでないかどうかが挙げられる。つまり、「本意型（就労希望との一致）／不本意型（就労希望との不一致）」という変数である。先の報告書では、非正規雇用のシングル女性が非正規雇用で働いている理由として最も多いのが、「正社員で働ける会社がなかったから」という理由となっている。非正規かどうかにかかわらず、現在の就労形態について不本意な想いがある場合には、仕事そのもののストレスに加え、本人の就労希望がかなわない状態で働いていることによる心理的ストレスが付加される。そのため、現在の就労形態が、本人の望むところと一致している本意型に比べて、そのストレスは高いと推察される。事実、正規雇用と自発的非正規、非自発的非正規、自発的失業、非自発的失業の5群を比較した高橋ら（2014）の研究では、非正規就労者・失業者のいずれにおいても自発より非自発の方がメンタルヘルスが悪いことが示されている。一方、不本意型非正規雇用のレビューを行った安藤ら（2013）では、正規雇用との比較における不本意型非正規雇用の健康への影響の結果は一致していないという結果が得られている。しかし、これらの研究は女性に限った調査ではないことから、女性の非正規雇用者における「本意型／不本意型」の影響については明らかではない。特にシングル女性の場合、既婚女性より主たる家計者である可能性が高く、伝統的な家計補助的な就労を望む割合は低くなることが想定されることから、シングル女性で自身で生計を立てる必要がある場合には、不本意な就労は経済的な困難も予想され、心理的にもストレスが高いと推察される。

したがって、以下では筆者がこれまでに実施した非正規雇用者を対象とした2つの調査結果を元に、調査報告書で示された悩みや不安の先にある、非正規職シングル女性のメンタルヘルスの実態を把握する。その際、就労希望と一致しているかどうかという「本意型／不本意型」という変数も加味しながら検討することとする。最後に、調査報告書と筆者の調査結果を元に、非正規雇用で働いているシングル女性のメンタルヘルスについて、心理学の理論を交えて論じる。

3　二つの調査結果を元にした非正規職シングル女性のメンタルヘルスの実態

ここでは、筆者が実施した二つの調査の結果を元に非正規職シングル女性の実態を検討する。一つ目の調査（以下、調査1）は、非正規職シングル女性の特徴を検討するために、就労形態に注目し「非正規」と「正規」との比較を行う。さらに、非正規雇用で働いていることが自ら望むことであったかどうかという「本意型／不本意型」という変数を加味し、非正規雇用者を「自発的」「非自発的」に分けて比較検討する。また、これらに影響する変数を検討するために、調査報告書でも悩みや不安に挙げられた雇用安定感、経済的困難を加味することとする。なお、働くことそのものに対して抱いている価値観や態度もメンタルヘルスに影響すると考えられることから、キャリア観尺度の因子との関係についても検討を加える。

二つ目の調査（以下、調査2）では、対象をシングルの非自発的非正規雇用者に絞ったうえで「性差」に注目し、メンタルヘルスについて男女別で比較する。さらに、どのような要因がメンタルヘルスの悪化に対して緩衝作用をもつかを検討するために、失敗経験、失敗克服経験との関係を検討する。近年、ゆとり世代の打たれ弱さやメンタルの脆弱性が指摘されているが、失敗経験があることによって、自身のライフキャリアを思うように歩めない時にも、逆に頑張ることができる可能性がある。非自発的な就労形態で働いていることは、思い通りの就労ができていない状況ともいえ、ライフキャリアの苦境に立たされている状態とも考えられる。近年、人生の苦境を乗り切る精神的回復力としてレジリエンスという言葉が使われる。ライフキャリアの苦境に立たされても、それを乗り切るレジリエンスが高ければメンタルヘルスは保たれるかもしれない。そこで、非自発的非正規雇用者のメンタルヘルスに及ぼす影響として、ライフキャリアを自分らしく生き抜くためのレジリエンスを測定するライフキャリア・レジリエンス尺度を用いて、各因子とメンタルヘルスの関係についても検討を加える。

（1）調査1【正規・非自発的非正規・自発的非正規のメンタルヘルスの比較検討】

1）目的

シングル女性雇用者のメンタルヘルスについて、「正規雇用者」か「非正規雇用者」かという就労形態に加えて、非正規雇用者については「非自発的」か「自発的」かという本意型／不本意型の分類に基づいて比較検討する。すなわち、本調査では、シングル女性雇用者のメンタルヘルスについて、正規雇用者、非自発的非正規雇用者および自発的非正規雇用者に分けて比較するとともに、キャリア観・雇用安定性・経済状況など関連要因との関係について検討する。

２）調査手続き

①調査時期：２０１２年３月

②調査方法：インターネット調査によって実施した。

③倫理的配慮：著者の所属する大学の倫理審査委員会より了承を得て実施した。また、回答は任意であること、個人情報の保護について記載した。

④対象：就労者を対象とするため、年齢を15～69歳に限定した。対象者数について、正規雇用、非正規雇用者がそれぞれ５００人以上のサンプルとなるよう設定した。本調査では、このうち、「未婚」「子どもなし」「女性」のデータを対象とした（全体の分析については、高橋ら（２０１４）を参照）。なお、非正規雇用については現在の就労形態に対する認識を考慮するため、「あなたの希望する今後の働き方に、最も近いものをお答え下さい」という設問を設け、「１．現在の勤め先を変えて、正規雇用に変わりたい」「２．現在の勤め先は変えないで、正規雇用に変わりたい」「３．現在の勤め先で、非正規雇用を続けたい」「４．現在の勤め先を変えて、非正規雇用を続けたい」から回答を求めた。１か2を選択した者を非自発的非正規雇用者とし、３か4を選択した者を自発的非正規雇用者とした。以上の手続きの結果、合計１９２名（正規雇用93名、非自発的非正規雇用57名、自発的非正規雇用42名）が対象となった。各群の詳細は表1を参照いただきたい。

３）調査内容

①メンタルヘルス指標：精神健康度尺度（12項目）（新納・森、２００１）

新納・森（2001）が作成した精神健康度尺度は、Goldberg（1972）によって開発されたGHQ精神健康調査票（General Health Questionnaire）をもとに作成された。この尺度は「不安・抑うつ」「活動障害」の2因子各6項目から成る。さらに両因子の合計点を「精神健康」として使用した。回答は1~4点のLikert法で求め、合計得点が低いほどメンタルヘルスが良いことを示す。

②キャリア観：キャリア観測定尺度（広田・佐藤、2009）

キャリア観測定尺度は、「自己成長（8項目）」「非難回避（5項目）」「対人関係（5項目）」「経済的向上（4項目）」「家族配慮（3項目）」「安心感（3項目）」「社会貢献（3項目）」「やりがい（3項目）」「優越性（3項目）」の9因子37項目から構成される。本調査では、「どうして働くのか、という問いに対するあなた自身の回答として、以下の項目はどの程度あてはまりますか」という教示文の下に37項目を提示し、5件法（「全く当てはまらない（1点）」、「あまり当てはまらない（2点）」、「どちらでもない（3点）」、「当てはまる（4点）」、「非常によく当てはまる（5点）」）で回答を求めた。なお、広田・佐藤（2009）のキャリア観測定尺度にはゴール次元尺度とマスト次元尺度があるが、メンタルヘルスに影響する可能性を考慮して本調査ではマスト次元尺度を用い、「非難回避」因子の5項目と「やりがい」因子の3項目以外の29項目は文末を「~べきだから」という表現に改めた。ただし、一部の項目については文章の理解のしやすさや意味を考慮してゴール次元尺度の項目の表現をそのまま用いた。

③デモグラフィックデータ：

年齢、性別（「男性（1）」・「女性（2）」）、最終学歴（「中学（1点）」・「高校（2点）」・「専門学校（3

表1　調査1の対象者（シングル女性）の概要

	正規	非自発的非正規	自発的非正規
人数	93人	57人	42人
年齢	36.76（10.79）	32.67（10.10）	33.33（10.62）
年代	10代：41（4.3%）、20代：37（39.8%）、30代：22（23.7%）、40代：19（20.4%）、50代：8（8.6%）、60代：3（3.2%）、	10代：5（8.8%）、20代：26（45.6%）、30代：13（22.8%）、40代：8（14.0%）、50代：4（7.0%）、60代：1（1.8%）、	10代：1（4.8%）、20代：19（45.2%）、30代：9（21.4%）、40代：8（21.4%）、50代：3（7.1%）、60代：1（2.4%）
職業	会社員：74（79.6%）、公務員：9（9.7%）、自営：7（7.5%）、その他：3（3.2%）	会社員：42（73.7%）、公務員：1（1.8%）、自営：1（1.8%）、その他：13（22.8%）	会社員：25（59.5%）、公務員：1（2.4%）、自営：8（19.0%）、その他：8（19.0%）
職種	ホワイトカラー（事務職、技術職）：75（80.6%）、ブルーカラー（現場の作業員などの現業職、技能職）：10（10.8%）、その他：8（8.6%）	ホワイトカラー（事務職、技術職）：38（66.7%）、ブルーカラー（現場の作業員などの現業職、技能職）：15（26.3%）、その他：4（7.0%）	ホワイトカラー（事務職、技術職）：24（57.1%）、ブルーカラー（現場の作業員などの現業職、技能職）：15（35.7%）、その他：3（7.1%）
就労形態		契約：9（15.8%）、派遣：20（35.1%）、パート：11（19.3%）、アルバイト：15（26.3%）、その他：2（3.5%）	契約：7（16.7%）、派遣：10（23.8%）、パート：7（16.7%）、アルバイト：15（35.7%）、その他：3（7.1%）
就労希望		勤務先変えて正規に：39（68.4%）、変えないで正規に：18（31.6%）	勤務先変えないで非正規継続：27（64.3%）、変えて非正規継続：15（35.7%）
最終学歴	中学：1（1.1%）、高校：21（22.6%）、専門学校：16（17.2%）、短大：13（17.2%）、四年制大学：40（43.0%）、大学院：2（2.2%）	中学：1（1.8%）、高校：21（36.8%）、専門学校：11（19.3%）、短大：6（10.5%）、四年制大学：15（26.3%）、大学院：3（5.3%）	中学：2（4.8%）、高校：13（31.0%）、専門学校：6（14.3%）、短大：3（7.1%）、四年制大学：17（40.5%）、大学院：1（2.4%）

点）」・「短大（4点）」・「四年制大学（5点）」・「大学院（6点）」）、経済状況（「かなり余裕がある（1点）」・「ある程度の余裕はある（2点）」・「あまり余裕はない（3点）」・「全然余裕がない（4点）」）、雇用不安（「強くある（1点）」・「ある（2点）」・「少しある（3点）」・「ほとんどない（4点）」・「ない（5点）」・「全然ない（6点）」）について尋ねた。

4）結果

①正規・非自発的非正規・自発的非正規のメンタルヘルス比較（表2）

調査1のデータを元に、シングル女性雇用者のメンタルヘルスに対する就労形態の違いを検討するために、正規・非自発的非正規・自発的非正規の3群について分析した。

精神健康に関しては、3群間では数字上は非自発的非正規が最も悪い状態にあることが

表2　シングル女性の正規・非自発的非正規・自発的非正規別の各変数の値と群間比較

		正規（1）	非自発的非正規（2）	自発的非正規（3）	F値		
	度数	93	57	42			
精神健康	平均値	28.03	28.98	27.81	0.50	n.s.	
	標準偏差	7.09	5.71	6.45			
不安・抑うつ	平均値	14.72	15.32	15.00	0.36	n.s.	
	標準偏差	4.44	3.68	4.34			
社会的活動障害	平均値	13.31	13.67	12.81	0.90	n.s.	
	標準偏差	3.43	2.71	3.05			
雇用安定感	平均値	3.03	1.77	2.29	22.70	＊＊＊	1>2,3
	標準偏差	1.32	0.95	0.89			
経済的困難	平均値	2.65	3.16	2.88	8.55	＊＊＊	1<2
	標準偏差	0.75	0.73	0.74			

＊＊＊$p<.001$

示されたが、統計的な有意差は認められなかった。ただし、性別・婚姻状況を問わない全データの分析結果（高橋ら、2014）では、不安・抑うつと社会的活動障害のいずれも、正規>自発的非正規>非自発的非正規という順番で精神健康が良かったのに対して、シングル女性の場合は、この順番が入れ替わっており、自発的非正規>正規>非自発的非正規の順で精神健康が良いことが示された。

②正規・非自発的非正規・自発的非正規の雇用安定感、経済的困難（表2）

雇用安定感、経済的困難について、正規・非自発的非正規・自発的非正規の3群を比較したところ、3群間に有意差が認められた。雇用安定感については、非自発的非正規・自発的非正規者は正規雇用者に比べ安定感が低いことが示された。また、経済的困難については、正規雇用者よりも非自発的非正規雇用者の方が高いことが示された。

③メンタルヘルス・雇用安定感・経済的困難に影響する

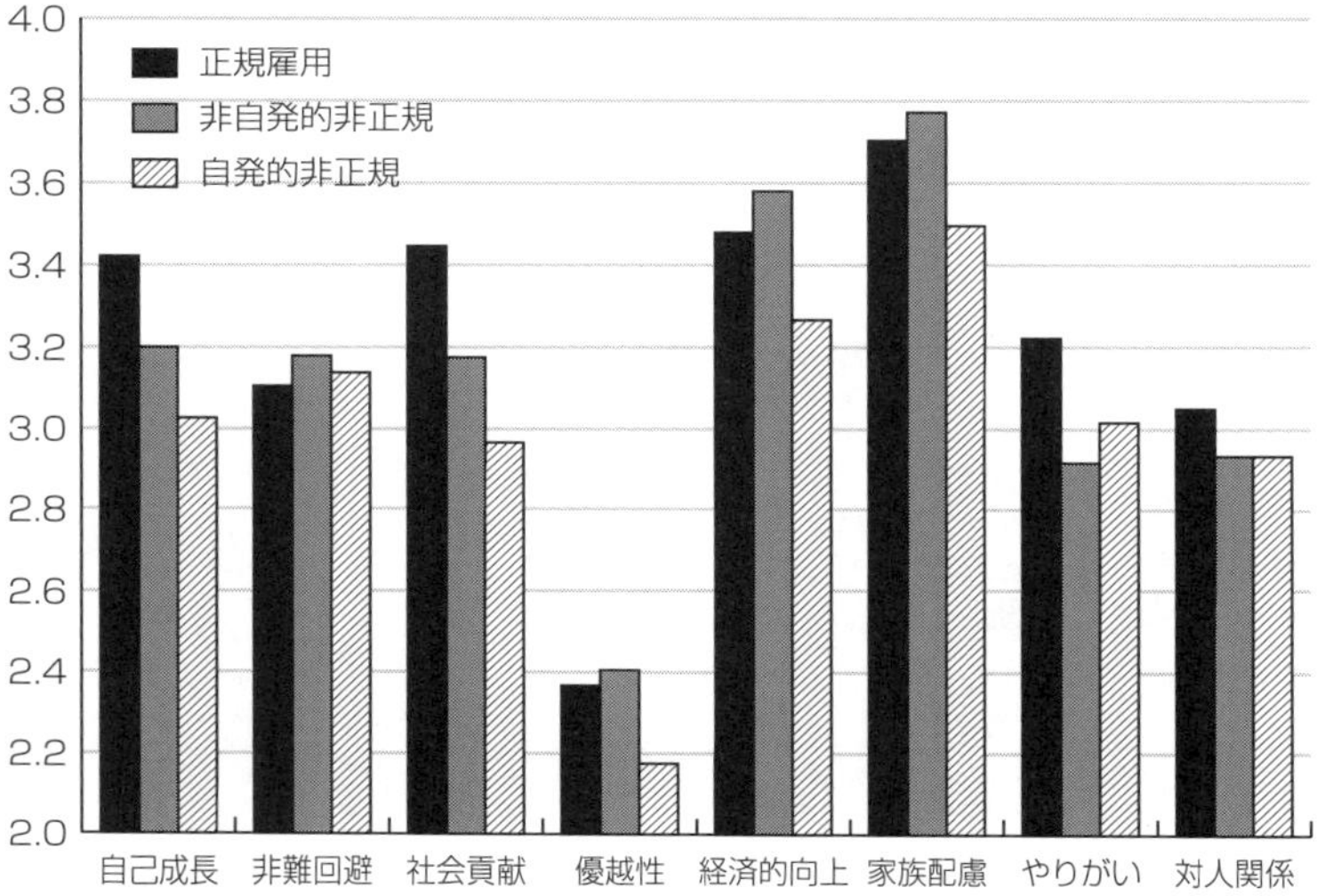

図１　シングル女性の正規雇用・非自発的非正規雇用・自発的非正規雇用別のキャリア観

変数の検討（表３）

これらの５つの従属変数に影響する関連要因を検討するため、正規雇用者と非自発的非正規雇用者について、Pearsonの相関係数を算出した。ここでは、年齢、最終学歴、正規雇用経験といったデモグラフィックデータに加え、キャリア観８因子（自己成長、非難回避、社会貢献、優越性、経済的向上、家族配慮、やりがい、対人関係）との関係を検討した。

３群のキャリア観については図１のような結果が得られた。非自発的非正規雇用が他の雇用形態と比べて高いのは、非難回避、優越性、経済的向上、家族配慮である。ただし、いずれも統計的な有意差はなく、有意差が認められたのは、自己成長と社会貢献における正規と自発的非正規の間の差のみである。

表３　シングル女性の各変数の相関（正規・非自発的非正規別）

	年齢	最終学歴	正規就労経験	雇用安定感	経済的困難	自己成長	非難回避	社会貢献	優越性	経済的向上	家族配慮	やりがい	対人関係	精神健康	不安・抑うつ	社会的活動障害
年齢	—	0.03	−0.15	−0.10	0.03	−0.10	−0.17	−0.16	−0.09	−0.07	−0.21＊	0.10	−0.08	−0.21＊	−0.22＊	−0.15
最終学歴	−0.04	—	−0.18	0.07	−0.02	0.05	0.07	0.14	−0.03	−0.04	−0.05	0.13	0.04	0.18	0.18	0.14
正規就労経験	−0.45＊＊	−0.07	—	0.23＊	−0.03	−0.07	−0.05	−0.02	0.12	−0.11	−0.11	−0.04	−0.01	−0.20	−0.18	−0.19
雇用安定感	−0.29＊	0.11	0.11	—	−0.39＊＊	−0.14	−0.12	−0.08	0.02	−0.22＊	0.12	−0.05	−0.09	−0.03	−0.11	0.08
経済的困難	0.31＊	−0.01	−0.22	−0.47＊＊	—	0.13	0.00	0.12	0.13	0.15	−0.08	0.03	0.10	0.13	0.17	0.05
自己成長	−0.27＊	−0.06	0.06	−0.03	−0.12	—	0.00	0.55＊＊	0.21＊	0.20	0.15	0.59＊＊	0.48＊＊	−0.05	0.03	−0.14
非難回避	−0.10	0.17	0.13	−0.20	−0.02	0.32＊	—	0.20	0.15	0.23＊	0.18	−0.09	0.35＊＊	0.08	0.06	0.09
社会貢献	−0.10	−0.06	0.13	−0.20	−0.13	0.72＊＊	0.32＊	—	0.24＊	0.25＊	0.29＊＊	0.50＊＊	0.62＊＊	−0.11	−0.03	−0.17
優越性	−0.07	0.07	0.04	−0.09	−0.10	0.25	0.23	0.52＊＊	—	0.11	−0.12	0.35＊＊	0.45＊＊	0.09	0.07	0.10
経済的向上	−0.12	−0.06	−0.08	−0.32＊	0.21	0.16	−0.15	0.30＊	0.08	—	0.53＊＊	0.21＊	0.33＊＊	0.13	0.13	0.11
家族配慮	−0.14	−0.08	−0.10	−0.34＊	0.09	0.41＊＊	0.04	0.32＊	−0.11	0.74＊＊	—	0.09	0.25＊	−0.04	0.00	−0.08
やりがい	−0.15	0.12	0.00	−0.07	−0.04	0.60＊＊	0.14	0.68＊＊	0.43＊＊	0.38＊＊	0.38＊＊	—	0.48＊＊	−0.12	−0.09	−0.13
対人関係	−0.07	−0.01	0.13	−0.05	−0.16	0.51＊＊	0.35＊＊	0.72＊＊	0.49＊＊	0.04	0.08	0.52＊＊	—	−0.04	0.04	−0.12
精神健康	0.15	0.09	0.06	−0.38＊＊	0.20	003	0.47＊＊	0.21	0.25	0.00	0.00	0.22	0.15	—	0.93＊＊	0.87＊＊
不安・抑うつ	0.09	0.14	0.09	−0.40＊＊	0.13	0.01	0.41＊＊	0.21	0.21	−0.04	−0.01	0.17	0.13	0.92＊＊	—	0.62＊＊
社会的活動障害	0.19	0.01	0.00	−0.25	0.24	0.04	0.44＊＊	0.15	0.24	0.05	0.02	0.24	0.14	0.85＊＊	0.58＊＊	—

＊＊p<.01、＊＊p<.05
上段：正規、下段：非自発的非正規

表3の相関より非自発的非正規雇用者については、精神健康、不安・抑うつ、社会的活動障害の3つのメンタルヘルス指標はいずれも雇用安定感と負の相関があり、キャリア観の非難回避と正の相関が認められた。

一方、経済的困難については、メンタルヘルス指標との有意な相関は認められなかった。経済的困難と有意な関係が認められたのは年齢であり、年齢が高いほど経済的困難を強く感じている可能性がある。

雇用安定感については、先述のようにメンタルヘルス指標である精神的健康と不安・抑うつと有意な負の相関が、さらにキャリア観の経済的向上および家族配慮とも有意な負の相関が見られた。なお、正規雇用についてメンタルヘルス指標と他の変数の関係を見てみたところ、年齢とメンタルヘルスに負の相関が認められたが、それ以外は有意な関係は見られなかった。つまり、正規については、年齢が高いほどメンタルヘルスは良いという関係性が示唆された。

4）考察

以上より、シングル女性就労者のメンタルヘルスについて、正規・非自発的非正規・自発的非正規の違いを検討したところ、精神健康に関しては統計的な有意差は認められなかった。ただし、数値としては自発的非正規>正規>非自発的非正規の順で精神健康が悪いことが明らかとなっていた点は興味深いところである。自発的な非正規の場合は、非正規であることを積極的に望んでいることから経済的な問題やキャリア志向における問題があまりない可能性が高く、メンタルヘルスの悪化にもつながりにくいと考えられる。本意型か不本意型かという自発性の有無を含めない非正規雇用研究では正規と非正規のメンタルヘルスについては結果が一致していないが、非正規雇用のメンタルヘルスを論じる際には就労形態に対する自発性は重要な変数となると考えられる。

また、関連要因については、非自発的非正規・自発的非正規者は正規雇用者に比べ雇用安定感が低く、正規雇用者よりも非自発的非正規雇用者の方が経済的困難が高いことが示された。これらの結果は一般的な認識と一致するものである。非正規雇用については、雇用不安が高く、経済的困難も高いといえよう。

特に、非自発的非正規雇用では雇用安定感については、精神健康、不安・抑うつ、社会的活動障害と負の相関がみられると同時に、キャリア観の経済的向上と家族配慮と有意な負の相関がみられた。働くことで収入を得たい、あるいは家族を安心させたり、迷惑をかけたくないという想いがあるものの、非正規雇用であることによって雇用安定感を感じることができず、それが不安・抑うつ等の精神健康に影響する可能性が考えられる。したがって、非自発的非正規雇用のメンタルヘルスの維持・改善に向けて必要なことは、まずは雇用不安を取り除くことであるといえる。これは心理的なアプローチというよりも、現実的な労働条件や社会保障の改善といった社会的サポートが必要な部分といえよう。

また、非自発的非正規雇用の精神健康、不安・抑うつ、社会的活動障害には、キャリア観の非難回避が影響することが明らかになった。つまり、働かないとみっともない、世間体が悪い、非難されるなどといった社会からの批判を回避するような気持ちがメンタルヘルスにネガティブに影響しているといえる。これは、個人の認知に起因するものとも考えられるが、社会や世間を意識したものであることから、個人が抱くものではあるがネガティブな偏見であるスティグマの影響も考えられる。

このような問題は、失業にもいえることであり、筆者はかつて失業者に対するスティグマが失業者のメンタルヘルスに影響していることを示した上で、就労者が失業者に対して抱くスティグマは失業者が失業者に対して抱くスティグマよりも低いことを明らかにし（高橋ら、２０１４）、このような客観的事実を提示することにより失業者自身が抱く心理社会的な生きにくさを低減すると考えた。非正規雇用者においても同様のことが考えられるが、これについては非正規雇用の就労者に対するスティグマについて更なる検証が必要である。

特に、男性が主たる生計者として家計を支える伝統的性別役割モデルに則った社会では、シングル女性については「家事手伝い」という形で未就労の状態が許されることがある。もちろん現在もそのような状況が許されないわけではないが、今回の調査結果からは、非正規雇用のシングル女性については、非難回避という働かないでいることにバツの悪さを感じるようなキャリア意識を持っていることがメンタルヘルスにネガティブな影響を与えると考えられる。これは、働くことそのものに対する個人の認識の変化でもあり、社会的意識の変化とも考えられる。したがって、シングル非正規女性のメンタルヘルスについては時代という視点も重要となると考えられる。

なお、非自発的非正規雇用で働くシングル女性の経済的困難については、メンタルヘルスとの有意な相関は認められなかったが、年齢との関係が示唆された。年齢が高いほど経済的困難を強く感じている可能性があることから、今後は年齢や世代別により詳細な分析を行う必要があるであろう。

（2）調査2【シングル非自発的非正規雇用のメンタルヘルスに関する性別による比較検討】

1）目的

シングルの非自発的非正規雇用者に対象を絞ったうえで、「性別」という変数に注目し、性別によってメンタルヘルスに違いがあるかを検討する。さらに、援助や支援について検討するために、緩衝作用を持つ関連変数として失敗経験、失敗克服経験、さらにライフキャリア・レジリエンス尺度の因子を取り上げ、メンタルヘルスとの関係を検討する。

2）調査手続き

①調査時期：２０１４年3月
②調査方法：インターネット調査によって実施した。
③倫理的配慮：著者の所属する大学の倫理審査委員会より了承を得て実施した。また、回答は任意であること、個人情報の保護について記載した。
④対象：非自発的な非正規雇用は本人の意向に沿わない就労状況であるため、自発的非正規雇用よりもストレスが高いことが想定される。そのため、本分析では、「本当は正規雇用を望んでいるが、やむを得ず非正規雇用に就いている」を選択した非自発的非正規雇用者２００名を対象とする。さらに、本分析では、シングルに限定するために、婚姻状況について未婚を選択した人に絞った（離別・死別は含まない）。ただし、本調査では、子どもの有無を確認する項目を設けていないため、未

表４　調査２の対象者（シングル非自発的非正規雇用の就労者）の概要

	男性	女性
人数	50人	46人
年齢	39.38 (9.15)	37.0 (9.57)
年代	20代：7 (14.0%)、30代：19 (38.0%)、40代：17 (34.0%)、50代：7 (14.0%)	20代：11 (23.9%)、30代：19 (41.2%)、40代：11 (23.8%)、50代：5 (10.9%)
職業	派遣社員・契約社員：21 (42.0%)、パート・アルバイト：28 (56.0%)、専門職（弁護士・税理士・医療関連）：1 (2.0%)	公務員・教職員・非営利団体職員：2 (4.3%)、派遣社員・契約社員：28 (60.9%)、パート・アルバイト：16 (34.8%)
最終学歴	中学：1 (2.0%)、高校：13 (26.0%)、専門学校：9 (18.0%)、短大：2 (4.0%)、四年制大学：24 (48.0%)、大学院：1 (2.0%)	高校：2 (14.0%)、専門学校：1 (2.2%)、短大：17 (37.0%)、四年制大学：14 (30.4%)

婚で子どもがいる人が含まれている可能性がある。

以上の手続きの結果、対象は96名（男性50名（52・08％）、女性46名（47・91％））となった。各群の詳細は表４を参照いただきたい。

３）調査内容

①メンタルヘルス指標：精神健康度尺度（新納・森、２００１）を使用した。「不安・抑うつ」「活動障害」の２因子各６項目から成る。さらに両因子の合計点を「精神健康」として使用した。詳細は調査１を参照。

②レジリエンス：非自発的非正規雇用という状態であったとしても、レジリエンスがあることによってメンタルヘルスが保たれる可能性がある。そこで、本調査では影響要因としてレジリエンスをとり上げることとした。特に、非正規雇用という就労形態はライフキャリア全体に影響すると考えられることから、本調査では、発達理論を元にライフとキャリアの要素を含んで作成された成人版ライフキャリア・レジリエンス尺度短縮版（高橋・石津・森田、２０１５）を使用した。本尺度は20項目５因子（「長期的展望」「継続的対処」「多面的生活」「楽観的思考」「現実受容」）から構成される。回答は、「全然

表5 メンタルヘルスおよびライフキャリア・レジリエンスの男女比較

	性別	*n*	*M*	*SD*	*t*値
精神健康	男性	50	4.74	1.12	0.84
	女性	46	4.56	0.94	0.85
不安・抑うつ	男性	50	2.42	0.71	0.31
	女性	46	2.38	0.63	0.31
活動障害	男性	50	2.31	0.55	1.35
	女性	46	2.18	0.42	1.36

当てはまらない（1点）」から「非常によく当てはまる（6点）」までの6件法で尋ねた。

③デモグラフィックデータ：年齢、性別（「男性（1）」「女性（2）」）、最終学歴を尋ねた（「中学（1）」「高校（2）」「専門学校（3）」「短大（4）」「四年制大学（5）」「大学院（6）」）。さらに、どのような経験があることがメンタルヘルスに対して緩衝作用を持つかを検討するために、失敗経験と失敗克服経験に関する設問を設けた。失敗経験は「失敗経験はありますか」という設問に対し、「たくさんある（1点）」「多少はある（2点）」「あまりない（3点）」「全くない（4点）」の4件法で尋ねた。失敗克服経験については、「失敗を克服した体験はありますか」という設問に対し、「たくさんある（1点）」「多少はある（2点）」「あまりない（3点）」「全くない（4点）」の4件法で尋ねた。

4）結果

①メンタルヘルスとライフキャリア・レジリエンスの男女間の比較

男女のメンタルヘルスを比較したところ、不安・抑うつ、社会的活動障害、合計点である精神健康のいずれも数値上は男性の方が高い傾向があるが、統計的な有意差は認められなかった（表5参照）。なお、

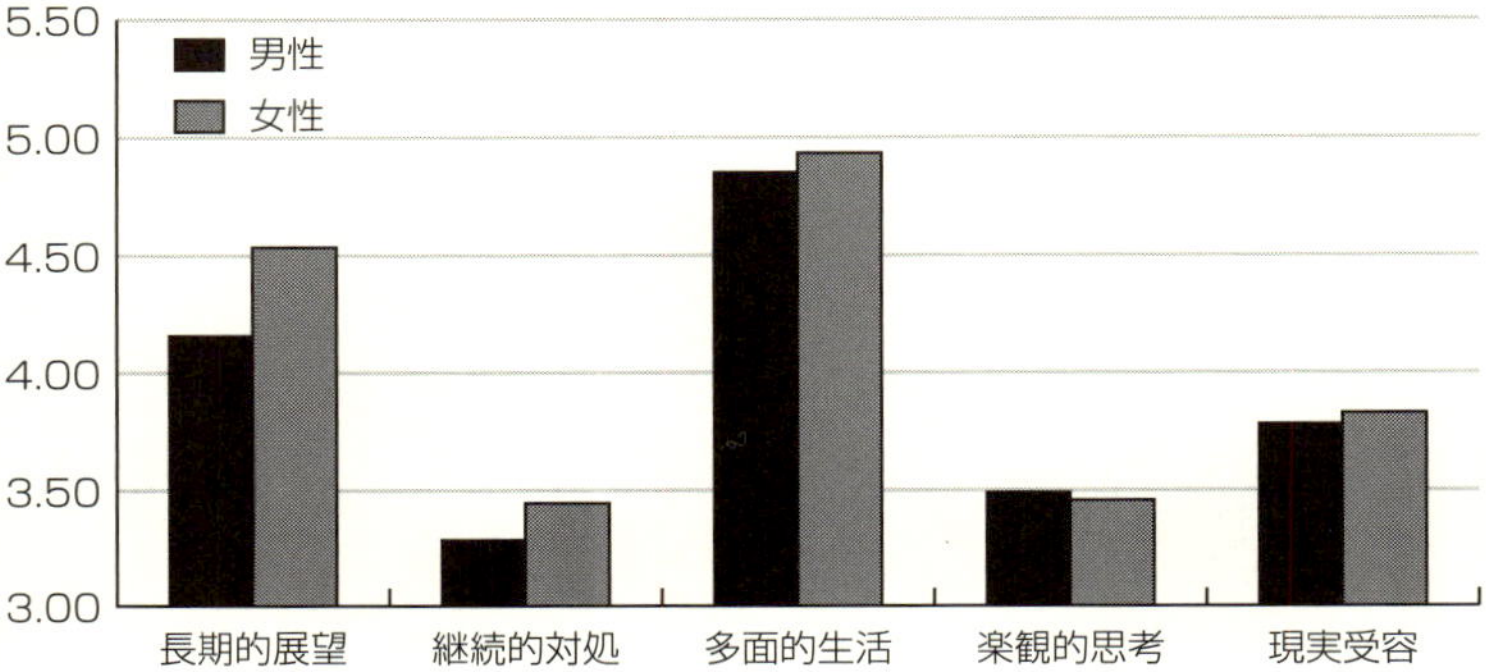

図2　ライフキャリア・レジリエンスの性別比較

関連変数として使用したライフキャリア・レジリエンスの5つの因子についても男女の違いを検討したところ、長期的展望のみ有意差が認められ、女性よりも男性の方が長期的展望を持ちにくいことが示唆された（図2参照）。なお、統計的な有意差は認められなかったが、楽観的思考以外はすべて女性の方が高い傾向が見られた。

②関連要因との検討

さらに、メンタルヘルスに対して、どのような要因が緩衝効果を持つのかを検討するため、過去の失敗体験、失敗克服体験およびライフキャリア・レジリエンス尺度の因子を用いてPearsonの相関係数を求めた（表6参照）。その結果、女性については、失敗克服とライフキャリア・レジリエンス尺度の楽観的思考について、精神健康および社会的活動障害と有意な負の相関がみられた。一方、男性については、ライフキャリア・レジリエンスの長期的展望が不安・抑うつと負の相関があり、楽観的思考と現実受容が精神健康の3因子と有意な負の相関があることが示された。

表6　シングルの非自発的非正規雇用の各変数の相関（男女別）

q4_4+q4_7+q4_8 -	年齢	最終学歴	失敗経験	失敗克服	長期的展望	継続的対処	多面的生活	楽観的思考	現実受容	精神健康	不安・抑うつ	社会的活動障害
年齢	—	−0.32＊	−0.06	0.26	−0.02	−0.09	0.05	0.01	−0.02	0.19	0.11	0.26
最終学歴	−0.22	—	−0.07	0.01	−0.02	0.16	−0.20	−0.03	0.06	−0.20	−0.19	−0.15
失敗経験	0.08	−0.12	—	0.20	0.01	−0.20	0.25	−0.01	−0.09	0.10	0.18	−0.02
失敗克服	0.17	0.22	0.02	—	0.32＊	0.32＊	0.16	0.33＊	0.35＊	−0.23	−0.16	−0.27
長期的展望	0.16	−0.09	−0.02	0.20	—	0.52＊＊	0.61＊＊	0.53＊＊	0.64＊＊	−0.28	−0.28＊	−0.20
継続的対処	0.01	0.03	−0.19	−0.05	0.32＊	—	0.09	0.59＊＊	0.65＊＊	−0.25	−0.24	−0.20
多面的生活	0.13	−0.08	0.11	0.18	0.74＊＊	0.11	—	0.40＊＊	0.41＊＊	−0.14	−0.11	−0.15
楽観的思考	0.22	0.10	−0.27	0.21	0.31＊	0.55＊＊	0.08	—	0.68＊＊	−0.58＊＊	−0.54＊＊	−0.47＊＊
現実受容	0.24	−0.03	−0.07	0.07	0.53＊＊	0.54＊＊	0.32＊	0.54＊＊	—	−0.45＊＊	−0.46＊＊	−0.33＊
精神健康	0.03	−0.11	0.17	−0.29＊	0.15	−0.08	0.23	−0.35＊	−0.06	—	0.92＊＊	0.85＊＊
不安・抑うつ	0.08	−0.10	0.19	−0.22	0.20	0.03	0.22	−0.27	0.05	0.93＊＊	—	0.57＊＊
社会的活動障害	−0.06	−0.10	0.08	−0.32＊	0.03	−0.22	0.18	−0.36＊	−0.20	0.83＊＊	0.57＊＊	—

＊＊n<.01、＊＊p<.05
上段：男性、下段：女性

5）考察

シングル非正規雇用者のメンタルヘルスについて性差を検討したが、不安・抑うつ、社会的活動障害、合計点である精神健康のいずれも統計的な有意差は認められず、女性の方が男性よりもメンタルヘルスが悪いわけではないことが示された。むしろ、統計的な有意差はないものの、数値上は男性の方が数値が高い、すなわちメンタルヘルスが悪い可能性が示された。

また、緩衝要因については、女性については失敗克服とライフキャリア・レジリエンス尺度の楽観的思考が高いほど社会的活動障害が少なく精神健康が良いという関係性が示された。これは、過去の失敗を克服してきた経験が多いと認識していること、そして楽観的思考が高いことによってメンタルヘルスが保たれることを示唆する結果である。今回の調査で、失敗克服経験と楽観的思考の間には有意な相関は認められていないが、失敗を克服してきたという認識を持つことによって、これからもきっと何とかなるであろうという裏付けのある希望的観測を持つこともあると考えられる。これは楽観的思考にもつながるものであろう。本調査の対象者はすべて非自発的非正規雇用であり、自分が思うようなキャリアを歩んでいないと感じていることから、現在の不本意な就労状況を人生レベルの失敗と捉える人もいるかもしれない。しかし、女性の場合は、これまで失敗を克服してきたという過去の経験の想起や認知を高めることによって、メンタルヘルスは保たれる可能性がある。同時に、このような裏付けの元で、楽観的に前向きにとらえることができればメンタルヘルスはより良いであろう。

一方、男性については長期的展望があることによって不安・抑うつが下がるという関係性が示された。今回の調査で男性については、女性よりも男性の方が長期的展望を持ちにくいことが示唆されていることから、男性の方が長期的展望を持てない傾向があるが、長期的展望を持てないことが不安・抑うつにつながる可能性がある。これに対して男性は現実を受容しながらも長期的展望を持ち、楽観的思考を持つことがメンタルヘルスの改善につながる可能性が示唆された。

以上より、本調査ではシングルの非正規雇用者のメンタルヘルスについては、性差は認められなかったが、関連要因については性差が認められ、男性については将来について長期的展望を持つことや楽観的思考を持つことに加え、現実を受容することがメンタルヘルスに効果的であるのに対して、女性は過去の失敗克服経験を力に楽観的に事態をとらえることが重要である可能性が示唆された。これは女性のタフネスを感じさせる結果であり、シングル非正規雇用の女性のメンタルヘルスを維持するためのセルフケアや、支援に繋げていくことができる知見と考えられる。

4　総合考察

(1) 調査報告書との比較検討

3節では、調査報告書で直接的に検討されていないメンタルヘルスの問題について、調査データを用いて検討した。調査報告書では、非正規職シングル女性が抱く悩みや不安として、収入の問題と雇用不安が示唆されたが、本調査（調査1）の結果でも非自発的非正規は正規雇用者に比べ雇用不安が高く、経済的困難が高いことが示された。さらに、非正規職シングル女性については、雇用不安がメンタルヘルスに影響することが示された。つまり、調査報告書で明らかとなった悩みや不安がメンタルヘルスの問題に関係する可能性が示唆されたといえよう。

ただし、本調査結果ではシングル女性の中でも、正規よりも非正規の方がメンタルヘルスが悪いという結果にはならなかった。これは、未婚女性では正規よりも非正規の方がメンタルヘルスが悪いことを明らかにしたKachi（2012）の結果と一致しない。特に、本調査の場合は、現在の就労状況の自発性についても考慮したが、不本意かそうでないかにかかわらず、正規と非正規には統計的な有意差はなかった。ただし、数値上では不本意の非正規が最も悪いことから、今後サンプル数を増やして検討する必要がある。

また、非自発的非正規雇用のシングル女性のメンタルヘルスに関連する要因については、調査1からは、雇用安定感、キャリア観の非難回避が、調査2からは失敗克服とライフキャリア・レジリエンス尺度の楽観的思考が関係することが示唆された。

（2）非自発的非正規職シングル女性のメンタルヘルスを考える――マズローの欲求段階説を援用して

最後に、調査報告書および本論で紹介した二つの調査結果の知見を、心理学の理論とすり合わせながら、非自発的非正規職シングル女性のメンタルヘルスの理解と今後の支援の方向性に向けて検討したい。

心理学には様々な理論があるが、ここでは非自発的非正規職シングル女性のメンタルヘルスを説明しうる枠組みとして、心理学の中でも有名なマズローの欲求段階説（Maslow, 1954）を援用する。マズローの欲求段階説については、図3の左の三角形に示したような5つの段階があると考えられている。生理的欲求、安全の欲求、所属と愛の欲求、承認の欲求、自己実現の欲求から構成され、後者ほど高次の欲求となる。これを非正規雇用の場合に当てはめて検討してみたい。その際、シングル女性という属性の特徴がどのように影響しうるかという視点から、検討を加えることとする。

①最も基本的な欲求が「生理的欲求」である。これは生命の維持に関わるものであり、人間の本能に近い生理的欲求のことである。非自発的非正規雇用の場合、不安定雇用によって常に今の仕事を失うのではないかという不安がある。つまり、仕事を失うと食べられなくなるという根源的な不安を抱いている可能性がある。現代の日本社会で急に食べられなくなることは考えにくいかもしれないが、特に、シングルで、自身が主たる生計者である場合、食べられない不安は強い。近年、貧困が大きな社会的問題となっている。外見など一見するとわかりにくいために他者に気付かれにくいが、

それは援助へのつながりにくさにもつながるため、深刻な問題となりえるといえよう。非自発的非正規職シングル女性に注目した今回の調査結果でも、経済的困難は確かに正規雇用者よりも非正規雇用者の方が高いことが示されており、非自発的非正規は、収入格差によって基本的な欲求が満たされない「生活不安」があると考えられる。

②「安全の欲求」は、安全や健康を求める欲求である。非正規雇用の場合、健康診断の対象から漏れるとの指摘がなされており（井上、２０１５）、労働者としての健康管理が行き届いていない状況にある。さらに、雇止めの不安から量的・質的に無理をして働いたり、多少体調が悪くても病院に行くために休むことへの抵抗や、医療費の節約のために必要な治療につながらない可能性もある。これらはいずれも、人として健康に生きることを阻害されている状況といえよう。非自発的非正規職シングル女性に注目した本調査との関係では、雇用不安感の高さと経済的困難から生じる「健康不安」があると考えられる。

③「所属と愛の欲求」は、集団への所属や社会に受け入れられることを求める欲求である。非正規雇用の場合、解雇不安、契約継続への不安が常にあることから、所属の不安を感じやすい。特に派遣の場合には、派遣先と派遣元があるため、いずれにも精神的に所属感を抱きにくいため、職場での孤独感や疎外感を抱くこともある。特にシングルで家庭を持たない場合には、いっそう所属と愛の欲求が満たされにくいと考えられる。今回の非自発的非正規職シングル女性を対象とした本調査でも見られた「雇用不安」はまさに所属と愛の欲求が満たされないことで生じる不安といえる。ただし、メンタルヘルスに影響していたキャリア観の非難回避については、所属と愛の欲求から社会や

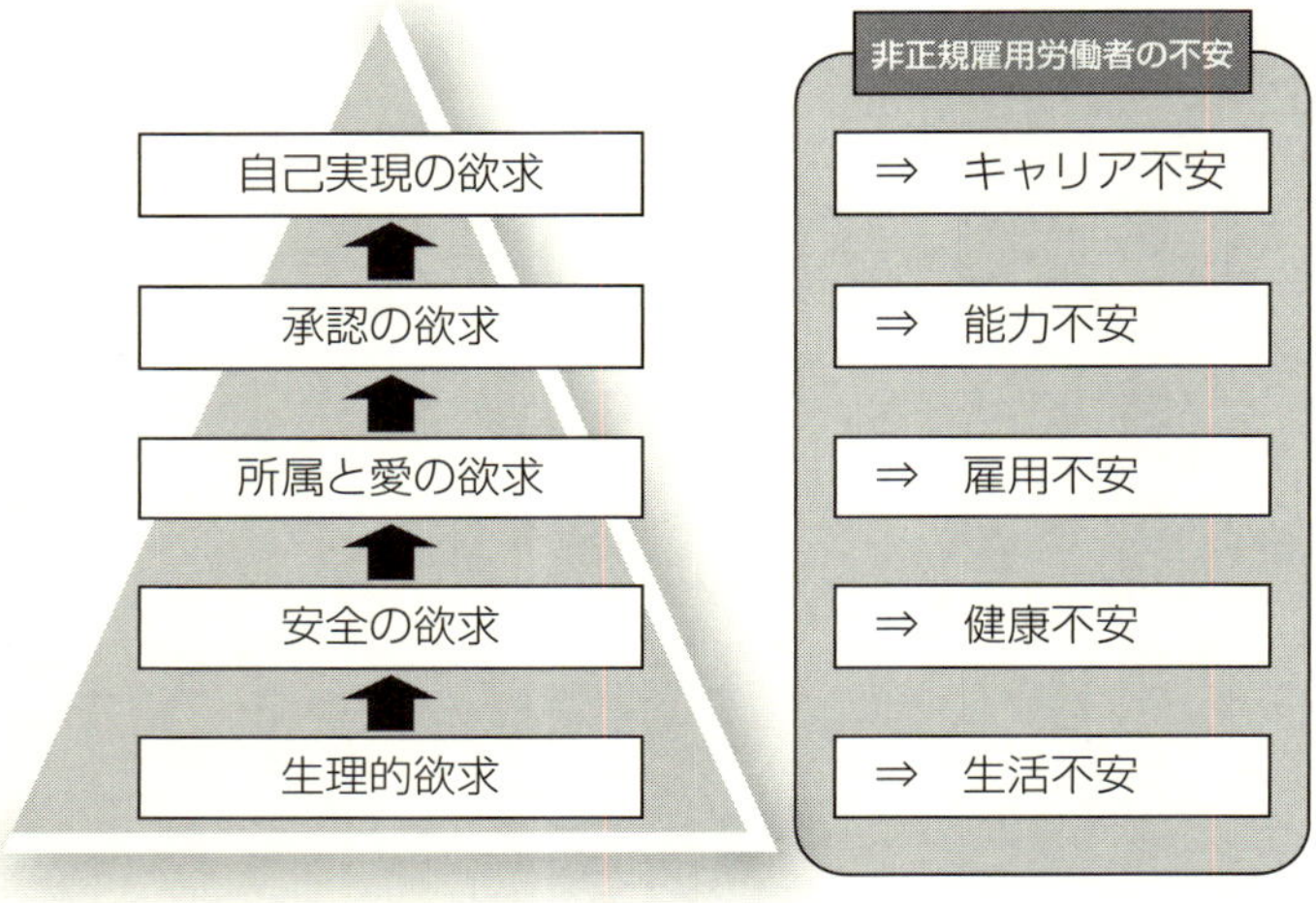

図３　マズローの欲求段階説から見た非正規雇用者の不安

世間の中で居場所を求める意識があると考えられる。しかし、社会や世間から後ろ指をさされたくない気持ちをもちながら不本意な形で非正規就労をする場合には、かえってメンタルヘルスが悪くなる可能性が示唆された。

④「承認の欲求」は、他者から認められたい欲求である。非正規雇用の場合、正規雇用者並みに働いても評価されず、昇進・昇格しないことで自信を喪失することがある。また、実際に雇止めとなった場合には、能力が評価されなかったと感じるかもしれない。このような経験により自己評価や自己効力感が低下する。昨今では女性の活躍が期待されているが、逆に考えれば、女性は職場においても補助的な仕事が多く、そもそも承認欲求が満たされないというのが今までの日本の労働現場の実情だったといえる。非正規職シングル女性の場合、非正規であること、女性であることに

よって、他者から認められない不安や、それによって自分には能力がないのではないかと感じる「能力不安」につながると考えられる。

⑤「自己実現の欲求」は、自分らしく、望ましい自分になりたいと願う欲求である。これは5段階では最も高次の欲求といえるが、非正規雇用の場合、特に上記の二つの調査で注目した非自発的な不本意型である場合には、自分のキャリアが思うようになっていない状況といえる。さらに、非正規の場合、昇進や経験の積み重ねが乏しいために、キャリアが積み上がっていく感覚を持つことが難しい。特に調査報告書でも非正規職シングル女性の場合、悩みや不安に仕事の不安が最も高く、仕事の将来設計が立たないという「キャリア不安」があると考えられる。

特に経済的にも自立して生きるシングルの場合には、このような状況から抜け出すために、資格やスキルを身につけることも必要かもしれない。しかし、非正規であるためにそのためのお金も時間もない状況となることがある。また、特に男性の場合、正規・非正規間での有配偶率の差が大きく、35～39歳では正規雇用労働者の有配偶率は約7割だが、非正規雇用労働者の有配偶率は約3割となっている（総務省、2015）。ただし、女性については出産後の再就職が含まれていることもあり、家計の補助的な就労を求める場合には、結婚についてはさほど影響はないかもしれない。しかし、本意型・不本意型に限らず経済的困難がある場合には、結婚の難しさなどライフの問題にもつながると考えられる。

以上より、非正規雇用については、いずれの段階においても欲求が満たされず、不安を抱える可能性がある。特に、非自発的非正規職シングル女性の場合、主たる生計者にもかかわらず、経済的困難や雇用不安を抱えていることにより生活不安、健康不安が高い。また、仕事や社会に認められない能力不安や、キャリアが積み重ならないことによるキャリア不安を抱えている。このように、非正規職シングル女性は自己実現に向けて持つ５つの欲求段階のいずれにおいても様々な不安を抱えており、これらの不安が単独あるいは相まってメンタルヘルスの悪化につながると考えられる。

今後の援助において、まずは一番基本的な不安から対処を検討する必要があるであろう。これらの不安は、社会や組織、福祉など心理的アプローチだけでなく、多くの専門職の力を借りる必要があると考えられる。個人の努力によって対処ができるところと、そうでないところがある中で、非正規職シングル女性の不安が低減し、自分らしく納得できるライフキャリアをおくれるような支援が求められる。

5　今後の課題

以上、本論では非正規職シングル女性のメンタルヘルスについて、本意性という視点を持ちながら筆者が実施した二つの調査結果を元に検討するとともに、その結果についてマズローの欲求段階説を援用して検討を重ねた。ただし、二つの調査については、いくつかの変数をかけ合わせて分析したことによって、データ数が十分ではなく、複雑な統計処理ができなかった。今後、非正規職シングル女性に焦点を絞り、十分量で検討する必要がある。

また、調査２は援助に向けてという視点でいくつかの変数について検討したが、これら以外にも緩衝作用を持つ変数はあると考えられる。今後ともより良い支援に向けて、様々な変数について検討する必要がある。

最後に、現実には同じ職場に、就労形態（正規・非正規）、属性（既婚子あり・未婚子なしなど）といった女性が混在している。非正規職シングル女性の特徴を検討するためには、このような多様な属性を持った人が集まる職場の中で起こる相互作用という視点からも、質的な検討を行う必要がある。

また、本論では、最後に心理学の理論であるマズローの欲求段階説を用いて、非正規雇用にシングル女性という変数を加えて、非正規職シングル女性のメンタルヘルスにつながる可能性について検討した。今後は、既存の理論に当てはめて検討するだけでなく、非正規職シングル女性自身の語りの中から、メンタルヘルスに影響する構造とプロセスを描きだす必要があるであろう。

【参考文献】

安藤恵美子（2013）「国内外の産業医学に関する文献紹介 不本意型非正規雇用の健康影響」産業医学ジャーナル、36（2）：89-92。

福田吉治・可知悠子・安藤絵美子（2014）「連載第1回 非正規雇用をめぐる健康課題：連載にあたって」産業衛生学雑誌、56（6）：286-288。

Goldberg D. P, et al.（1978）*Manual of the General Health Questionnaire*. Windsor, England: NFER Publishing.

広田信一・佐藤純（2009）「キャリア観に関する検討：ルール認知の観点から」山形大學紀要 教育科學、14

（4）：13-27（371-385）。
五十嵐久人・飯島純夫（2015）「女性雇用者のＱＯＬと職業性ストレスの関係：正規雇用と非正規雇用の比較による検討」山梨大学看護学会誌、1。

井上まり子・錦谷まりこ・鶴ヶ野しのぶ［他］・矢野栄二（2011）「非正規雇用者の健康に関する文献調査」産業衛生学雑誌、53（4）：117-139。

井上まり子（2015）「健康から考える　非正規雇用の課題と対策（第４回）非正規雇用労働者の健康管理」産業衛生学雑誌 57（3）：108-110, 2015-05。

Kachi Y.; Otsuka T.; Kawada T.（2014）Precarious employment and the risk of serious psychological distress: a population-based cohort study in Japan. *Scandinavian Journal of Work, Environment & Health* 2014, 40（5）, pp.465-472.

可知悠子（2015）「連載第３回　非正規雇用に関連する法制度の動向②労働者派遣法」産業衛生学雑誌、57（2）：45-47。

可知悠子（2016）「連載第９回　非正規雇用労働者の健康を守るために：連載を振り返る」産業衛生学雑誌、58（2）：84-86。

Kim, I.; Muntaner, C.; Khang, Y.; et al（2006）The relationship between nonstandard working and mental health in a representative sample of the South Korean population, *SOCIAL SCIENCE & MEDICINE*, 63（3）, 566-574.

公益財団法人横浜市男女共同参画推進協会（2016）「非正規職シングル女性の社会的支援に向けたニーズ調

査」報告書（全体版）」。http://www.women.city.yokohama.jp/topics/4126.php

錦谷まりこ（2015）「健康から考える 非正規雇用の課題と対策（第5回）非正規雇用の多様性（1）非正規雇用が女性労働者にもたらす健康影響」産業衛生学雑誌、57（5）：253-257。

Maslow, A. H.（1970）*Motivation and Personality*（2nd ed.）, New York: Harper & Row.（小口忠彦訳（1987）『人間性の心理学 モチベーションとパーソナリティ』産業能率大学出版部）

総務省（2013）「労働力調査」。

新納美美・森俊夫（2001）「企業労働者への調査に基づいた日本版ＧＨＱ精神健康調査票12項目版（GHQ-12）の信頼性と妥当性の検討」精神医学、43（4）：431-436。

高橋美保・石津和子・森田慎一郎（2015）「成人版ライフキャリア・レジリエンス尺度の作成」臨床心理学、15（4）：507-516。

高橋美保・森田慎一郎・石津和子（2014）「正規雇用・非正規雇用・完全失業者のメンタルヘルスの比較検討：就労状況に対する自発性とキャリア観に注目して」日本労働研究雑誌、56（9）：82-96。

高橋美保・森田慎一郎・石津和子（2014）「失業者のメンタルヘルスに対する影響要因の検討：就労の機能に注目して」臨床心理学14（1）：90-100。

Tsurugano, S.; Inoue, M.; Yano, E.（2012）Precarious Employment and Health: Analysis of the Comprehensive National Survey in Japan, *INDUSTRIAL HEALTH*, 50（3）, 223-235.3（2）, 1-7.

（付記）本論で紹介した二つの調査は科研費Ｂ２３４０２０５７の研究の一環として行われたものである。

第3部

支援の現場から

対談 支援の対象になりづらい女性たちを、どう支援していくか

朝比奈　ミカ（中核地域生活支援センターがじゅまる）
聞き手：鈴木　晶子（インクルージョンネットかながわ）

非正規職シングル女性の貧困問題に対して、支援現場では現在どのような対応がなされており、また今後なされるべきなのでしょうか。千葉県で対象を限定しない相談支援事業を長く行ってきた朝比奈ミカさんに話を伺いました。横浜市男女共同参画推進協会の調査を元に話を進め、また協会の事業担当者である小園弥生さんにも同席いただきました。

相談支援につながりにくい女性たち

鈴木：今回、インタビューのテーマが「35歳から54歳の非正規で働いているシングルの子どものいない女性」の実態だと聞いたときに、朝比奈さんは、一番最初にどんなことを思い浮かべました？

朝比奈：何人かの方の顔が思い浮かんだんですが、その方たちのことを35歳から54歳のシングル女性っていうことだけでは語れないんですよね、結局。だからそういう意味ではあんまり見えていないの

2016年8月8日、全国社会福祉協議会会議室にて

かもしれないなって思ったんですよね。

鈴木：一括りにするにはあまりにも多様ですよね。

朝比奈：逆に質問になってしまうんですが、今回のWEB調査自体はどういう呼びかけをしたんですか。どういう人たちに答えてほしいと説明したんですか。

小園：子どもがいない、産んだことがないシングルの女性で、なんらかのかたちで働いている方です。

鈴木：非正社員で働いてる女性で。

小園：そうです。請負とかフリーランスも含めましたけど。なかには婚姻歴があって子どもはいない、いまはシングルという人たちが17％いました。調査内容は、どういう困難がありますかっていう問いかけです。

朝比奈：経済的な困難だけではない困難も含めて取り上げたということですよね。なんか逆に、自分のことをリアルに考えちゃったみたいな感じな

鈴木晶子　一般社団法人インクルージョンネットかながわ理事。生活に困難を抱える女性、若者、子どもの支援を中心に活動。

んですよね。

鈴木：朝比奈さんが日頃活動している現場で見えている非正規職シングル女性についてお伺いします。まず、「月々20万円以上、ある程度の額は稼いでいる、でも非正規雇用で正直これ以上の増収は期待できない」、そうした先の不安を抱えている一人暮らしの独身女性からのご相談はあるでしょうか？

朝比奈：そのあたりの人たちはたぶん一番辛抱強い人たちなんじゃないかなと思っています。自分のことだけでは相談には結びつかないですね。自分一人だったら精一杯ぎりぎりやっていくんだけれども、何かを背負ったり——たとえば家族の介護とか、それから、パートナーとの関係でトラブルがあった、自分が病気になった、アクシデントに見舞われたなど——プラス何かの、ライフイベントまではいかなくても何かが起きたときに初めて相談に結びつく人たちじゃないかなというふうに思っています。「がじゅまる」も、生活困窮者支援の窓口も、どちらかというと急性期の相談機関なので、漠然とした生活の不安というのは相談に結びつきにくいんですよね。私たちの相談につながった方のご家族でキーパーソンを探していたら、今回のテーマで取り上げているような方がいらっしゃって、シングルの方なので子育ての事情などもなくとりあえず駆けつけてもらえるとか、そういうことでこちらがあてにしたりすることはあるんですけれども、実際にその女性たちが支援のニーズを表明されるということはすごく少ない感じがします。

鈴木：存在が見えても、支援の対象として浮かび上がってくるより、どちらかと言うと動ける人、キーパーソンとして、あてにされる人ということですよね。

朝比奈：たとえば、生活困窮者支援の法律だと住居確保給付金のように具体的な手立てがあるので、そういうものがあって初めてこちらとしても働きかけられるということなのではないかと思います。40歳を過ぎてくると、お仕事があって、ぎりぎりだけれども生活が成り立っているときに、たとえば、転職の可能性や生活の安定の道筋を具体的にどういうふうに示せるかといったら、そんなに手立てがあるわけじゃないですからね。あまりにも健康を害している中で無理をされているようであれば、たとえば障害年金だったり生活保護だったり、そういう社会保障の制度を提案するというように、強めにアプローチすることはあります。でも、今なんとかなっている状況だと、それ以上の具体的な改善の方向に引っ張っていくっていうことを現実的な手段としてなかなかこちらも持ち得ていないので、働きかけるモチベーションが下がる。だとしたら、今その方が背負っている荷物を少しでも下ろしていただいて軽くするために、たとえば介護の問題だったり、ごきょうだいの育児を手伝ってて、そっちに引っ張られちゃってるとか、ごきょうだいに障害や病気があったり、家族の

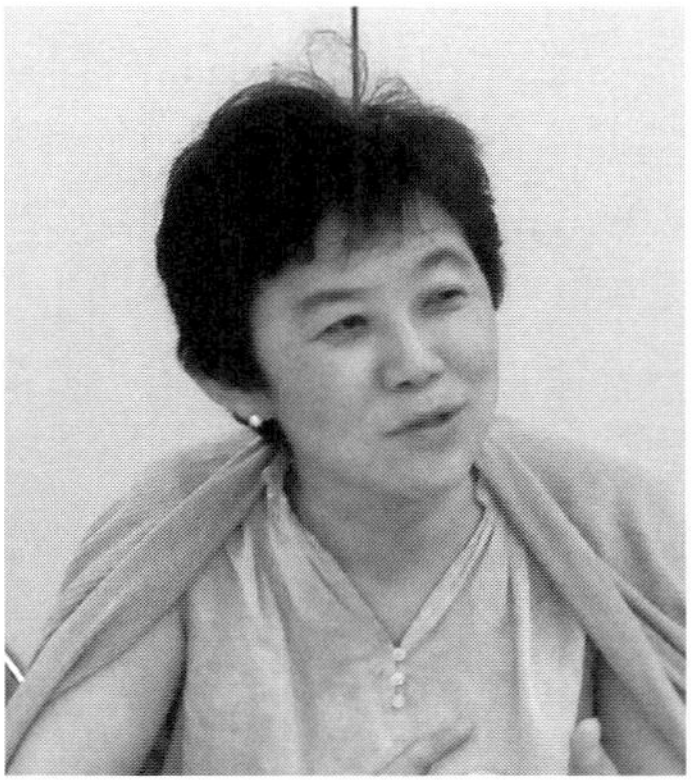

朝比奈ミカ　中核地域生活支援センターがじゅまる　センター長、市川市生活サポートセンターそら(so-ra)　主任相談支援員。

一員としてその人が背負っているそういう荷物を少しでも軽くする手立てはします。けれども、その人に対する働きかけという意味では、どうも私たちとしても弱いんじゃないかなと思います。

鈴木：そうですよね。こうした人の存在が、支援をするような機関に知られるのは、たぶん家族の色々な課題、荷物というところですよね。そうでないと、なかなか制度的に何かの手立てみたいなところにつながりにくい。たとえば、地域包括支援センターなどから、介護の問題を入口にそういう方がつながってくるようなときに、高齢者福祉の側って、そういう方をどう捉えているっていうふうに感じますか？

朝比奈：生活者としては捉えていただけず、介護を進めていくためのキーパーソンとしてその人に役割を求めることはあっても、その人の生活を支援するというスタンスはあまりないんじゃないかな。そこはやっぱり現役世代が支援を受ける対象だという認識がまだまだ広がってないっていうことの現れだろうなというふうに思います。

鈴木：もう一つ、荷物というところで言うと、きょうだいの問題があるかと思います。先ほど、ごきょうだいの障害とか病気という話が出ました。私たちの地域でも、ご実家にいらっしゃる方だと、お兄さんお姉さんなどごきょうだいが中高年のひきこもりであるようなケースがあります。親の年金とその女性の就労収入でひきこもりのごきょうだいまで養っているといったように、複合困難世帯の一つの収入源になっているのかなと思います。ごきょうだいの障害がある、ひきこもりである、長期失業している、などのときに、そういう方々の存在が一つの家計の担い手になっていますし、またごきょうだいだから親御さんよりももっと付き合いが長い可能性が高いわけですよね。

朝比奈：まずやっぱり、障害とか病気が重度である場合には、たとえば、知的障害の人たちの家族会の中でも兄弟姉妹の会を作っているグループがあるんですよね。小さいときからきょうだいに親御さんの手がかかるので、そのために自分たちは少し我慢が多かったりとか、親御さんも無意識のうちになんでしょうが、ちょっとなおざりにされてしまったりとか、思春期なんかにかなり家族の葛藤が強くなっちゃったりする例はすごく多くて。その結果、やはり、その方の社会的な自立にも影響を与えているということには結構私たちも出会ってきていて。もう一つ、やっぱりきょうだいって比較されるわけですよね。勉強ができるとかできないとか、お姉ちゃんは足が速かったとか。するとですね、その中で一人重度の人がいると、その人が比較の対象になるので、そのごきょうだいはたいしたことないと思われちゃうんですよね。なので、「お姉ちゃんはまだいい」となってしまうんですけれども、そのごきょうだいに実は結構軽度の障害であったり、メンタルヘルスの課題なんかがあったりしても重視されない。家庭環境の中でずっと、言ってみればネグレクトのような状態にされてきた結果、自立の力が身につかなかったということも結構あるかなと思います。生育歴を辿っていくと、社会人になってからつまずいてひきこもったり、精神的な発症があったりする場合は、ほんとに10代までの生育歴に影がなかったかって言うと実はそうでもないんですが、問題が見過ごされてきてしまって先送りにされてきている。その結果、社会に出て非常にフラストレーションが高くなって、そこで精神症状を発症したり、外に出る力が弱くなってしまってひきこもってしまったり。割と元気なきょうだいはパッと家を出るんですよね。そうすると、大人になってからのごちゃごちゃしたいろいろなことが、家族の中でも心配させたくないとか、巻き込みたくないとかということの中で、そのごきょうだいには親御さんから家族の中で起きている問題が伝わってなかったりして。その分、溝ができたり距離ができたり、やはり葛藤はとても強いだろうなと思いますし、それがその方の将来の生活に影響を及ぼすっていうことはすごくあるんじゃないかなと思います。だからそのへんはとても重い課題。先の不安ということの中に、ご自身の生活の不安だけではなくて、もしかしたら家族が潜在的に持っているそういうリスクが将来自分に降ってくるんじゃないかと、そういうことに対する不安は結構強いんじゃないかなと思います。

鈴木：私の現場でも、最近、軽度の知的障害の方で、親御さんも高齢になってきているので、家を出ていたお姉さんにキーパーソンとしてカンファレンスに入ってもらうっていうのがあって。ただ、負担をお姉さんに背負わせないように、私たちにも迷いがありました。例えば、朝比奈さんの現場でも、お姉さまや妹さまに対してアプローチするようなケースはありますか。

朝比奈：結構ありますね。私たちのアプローチの第一の目的は情報なんですよね。その人のことをよく知るために、ごきょうだいとコンタクトを取るということがまず一義的だろうというふうに思います。ごきょうだいが役割を持つっていうのは、主体的意思に基づいたものであるべきじゃないかと思っていて、決して荷物をまた増やすためではない。荷物を増やさないほうがごきょうだいの関係は良好でいられるので、やはりいい関係を持っておいていただくということも重要です。そういう意味では、ご家族のつながりは切っても切れないところがありますし。いくら支援者が関わっていても、緊急の事態が発生したら警察も病院も、兄弟姉妹、ご親族に連絡を取りますので、そういう意味では必要最低限の社会的な役割と意識していただく、そういったアプローチが重要ではないかなと思います。

就労困難を抱える層への生活支援

鈴木：女性本人の課題が顕在的なのは、メンタルの問題を抱えていらして十分に働けておらず、所得も低くて……という方です。メンタルヘルスの不調のためにお仕事も長く続けられずに辞めざるをえなかったり、短時間しか働くことができないような状態の方もそれなりにいらっしゃるのではないかということが、今回の調査でも見えてきています。こうした方々が、もうちょっと収入を増やしたいとか、就職活動してるんだけど、とても心配だということでハローワークからご紹介されてくるようなケースは、私たちの現場では多いように思います。朝比奈さんのところではそういったことはありますか？

朝比奈：今まさに鈴木さんがおっしゃったように、ハローワークがあえて心配だからとつないでくるのは、就職活動が心配というよりも生活が心配ということなんですよね。やはり就職活動の見通しが立ちにくいとか、なかなか自己理解が難しくて、ギャップをずっと引きずっているとか、就労ブランクが長くて、とか。そのあたりは軽度障害や精神、メンタルヘルスの課題と重なっていたり、ご本人の能力・状態以外に、家族などそれ以外の部分で就労阻害要因がすごくあるので、つないでくるという感じです。だから、そのメンタルヘルスの課題も、ご本人の気質的な脆弱性だけではなくて、環境要因がすごく重なってきている。生活歴の中で、十分なスキルを伸ばすチャンスが得られなかったとか、人間関係をつくる力が弱くダメージを受けることのほうが大きくて自尊感情が育たなかったとか、そういうことがプラスアルファで重なってくるんじゃないかと感じています。結局、それ以外の人たちは、たぶんまだ私の支援現場では見えてきてないということで、想像するだけです。ストレートに自分のことだけで飛び込んでくる方というのは、家賃補助が目的だったりとか、やっぱり生活保護を選択せざるを得ないかなとか、ある程度そこまでわかってきてから、という感じがします。そういう意味では、男性よりも女性のほうが生活スキルはあって、だから我慢してしまう感じがしますね。

増収から視点を変える

鈴木：なるほど、そうかもしれませんね。実際、年収150万以下となると大都市圏ではギリギリ最低賃金、これは裏を返せばギリギリ最低生活費ですよね。それぐらいの方というのは男女問わず30代、40代の非正規の方で一定程度いらっしゃるっていうふうに見ています。ただ、今フルタイムで働いていらっしゃる方が、これ以上の収入を得られる就労ができるか、という支援の手立ては乏しいですよね、実際。そのへんで何か支援の手立てがないことについても含めて、どんなふうに考えていますか？　こんなものが増えたらいいなとか。

朝比奈：経済的な側面、たとえば、増収を図るということで手が打てるかというと、難しいとは思うんですが、ただ、我慢強い人たちであるからこそなおのこと、今の生活はなんとか回っていても、どうにもならなくなる、もう少し早めのところで相談とか支援につながるようなことがあると良いのかな、と思います。さらに、もしかしたら身内とも縁が切れているような状況であれば、なにか場とかグループとかにつながりながら、危機的な状況が回避できるような取り組みがあってもいいのかなと。あと、自分たちで仕事をつくったりするような取り組みがあって、それは収入ということと、つながりを得るっていう、その二つの意味でとても意味があるんだろうなと思います。たぶんそういう「面的なアプローチ」が必要で、そこはもっとスポットが当てられてしかるべきなんじゃないかなって。私も経験しましたが、大学を出て友達と会っていくうちに、たとえば結婚とか子育てとかした人たちとしなかった人たちでグループが分かれていくんですよね。そういう意味では、孤立しない手立てというのはもっとつくっていく必要があるんじゃないかなと思います。

鈴木：経済面で言うと、最低生活費よりちょっと上ぐらいになってくると、使える福祉の制度も限りなくもうゼロに近くなってきて、そういう中でどうしていこうっていうときに、やっぱりそういったつながりが必要ですね。

朝比奈：そうですね。あと、もう一つたぶん今後、きっと必要になると思うのは、グループリビングのような形態。つながりを得るということと、その生活に必要な固定経費をシェアすることで抑えるという意味で、そういう試みがもっとあってもいいのではないかなと思います。

鈴木：はい、確かに今回のアンケートの中でも出てきたものとして、住まいの問題というのがあるんです。公営住宅の入居条件を見ても、なにも優先の枠がない人たちです。だけれども困ってる。現役世代で働いていて、子どもがいないという人たちは、子育て世帯用といった公営住宅にもアプライできないわけですよね。そういう住まいの問題、固定費の問題って大きいですよね。実際、そういう独身の人たちのシェアの事例とかありますか？

朝比奈：いま結構シェアハウスが広がってきていますね。いろいろ質の問題はあるみたいですけれども。あと、50代になってきたら、少し早めに先を見越して、若いうちから老後の住まいを考えるという人たちも少しずつ出てきてるんじゃないですかね。ただ、やはりぎりぎりの収入だと、なんらかの公的な仕組みの中で手立てを得ていく必要があるかなと思います。そういう意味では生活力がある人たちなのでね、なんらか仕掛けがあれば、もう少し社会的にも役割を持っていけるんじゃないかなっていうのはすごく思いますよね。

鈴木：生活の力があるというのは確かにそうだなと思っています。一方で、非正規で最低賃金ギリギリで働いてる同じぐらいの収入の男性が結構相談に来るんですけど、だいたい暮らしがうまく回っていない。払い切れていないものがあって、債務があるとか、あるいは携帯電話代を滞納しているとか。家計相談のレベルの相談が必要になってくる方も多いなと思うんですけど。確かに女性からの同じような状態での相談は、ゼロではないですけど、圧倒的に数は少ないような気がしますね。そういう意味でも、暮らせちゃってるから見えにくい。

朝比奈：そうだと思います。

鈴木：なので、手立てとして一つ、住まいというところは大きいですよね。あと、つながりの部分。これはもうこの方々に限らずなんですけど、40代、50代になってから就労支援っていっても、やっぱり限度があるわけじゃないですか。30代後半から40代、50代の方々への就労に関する支援って、どんなスタンスで、どのへんぐらいを目標とか落としどころにしていけるものなんだろうかっていうのも、ずっと考えているところなんですよね。

朝比奈：なんとも言えないですよね。経済的な側面だけで就労支援を考えてしまうと非常に切なくて厳しい話にしかならないので、その人の生活、社会生活っていうことを、全体としてどう捉えるかということかなと思います。市川市の自立相談の現場では、わりあいと就労支援はハローワークのナビゲーターさんがリーダーシップを持って引っ張っていくようなスタイルなので、私たちのほうはどちらかと言うと就労からちょっと引いて、生活も含めた全体を見るという立場でフォローしているので。そういう意味では、お金はこのくらいだということだけで生活が全部決められてしまうと、モチベーションとかメンタルヘルスの側面から言っても非常に厳しいなと思うんですよね。プラスアルファ、どうしますかということは、時折、ご本人たちとも話すようにしています。逆に言うと、お金の側面だけで、３００万目指しましょうとか、４００万目指しましょうとか言って一緒に頑張れる人は非常に限られている。だとしたらどうするかということですよね。

やはりみんな、仕事をすることに対して、給料を得る、対価を得るということ以外に何らかの、ご自分の所属とか有用性みたいなものを求めているんです。そういう意味では、そこに対して何かの手立てを提供できるかとか、そういう話ができるかとか、ご本人と一緒に膨らませていけるかとか、そういうことのほうが重要なのかなって。そうすると労働の中での消耗の度合いも違うんですよね。これだけ働いて対価はこれだけしか得られないところをどれだけ広げられるかというのは、経済的な側面以外にも光を当てていかないと現実的には難しいような気がします。そうでもしないと、収入に合わせて生活を小さくしていくことだけを一緒に話し合わざるを得ない状況ですね。

居場所を作る

鈴木：都市部だと、30代前半までは独身で子どもがいないとか、結婚しているけれど子どもはいないという人がまだまだ多いと思うんですけど、30代後半になると、結婚して子どもがいる人たちが多くなってきて、彼女たちはだんだんマイノリティになってくるわけですよね。たとえば、子育てで孤立している人だったら子育てサロンとか、介護で困っている方だったら介護者の集いとかいうのが地域のリソースとしてあると思うんですけど、そうではなく独身でおひとりさまで暮らしている人たちは、今までなかなか地域にも場がなかったと思うんですが、どんなふうにしてらっしゃいます？

朝比奈：おそらくその辺りが、居場所をどうやってつくっていくかとかいうところになってくるんだろうなと思います。ある女性は、40代後半で、お母さんと同居されていらっしゃいましたけれども、自分の身の置き所のなさをずっと感じていました。非常に知的には高い方で、専門職の派遣で、手取りで20万円ぐらいの月収だったと思います。そういう意味では現時点での経済的な不安というのはなかったんですが。その方が発達障害の講演会に参加したときに、自分はもしかしたらそれにあたるのかもしれないと思って、そのことを一緒に考えてほしいっていうことでお会いしたんです。結果、そのあと診断を受けられましたけれども。

ご本人は日常生活では非常に理解も高いし、振る舞いの引き出しも多い方で、これまでの経験談は大変興味深いものでした。マンションの20階ぐらいに住んでいて、エレベーターで乗り合わせたときに、近所の人とどういう会話をするかということにすごくストレスを感じていたんですよね。朝の10時までは「おはようございます」で、夜の7時を過ぎたら「こんばんは」で、自分でぴったりと決めてそれを記憶していられるだけのキャパシティがあって、「それで対処してます」とおっしゃったので、「ストレス溜まりませんか」と聞いたんですね。そしたら、土日に秋葉原のサークルに参加してるんです、と。で、「どんなサークルですか」って聞いたら、戦闘機のサークルだって言うんですよね。「どんな話をしてるんですか」って聞いたら、ものすごい目を輝かせて、「その話をしていいですか」って言って……。「じゃあ10分だけ」とお願いしたら、10分お話ししてくださったんですけど。戦闘機のたとえば、窓がどっち側から開くとか、操縦桿がどっちを向いてるとか、そういうことをものすごく細かく話すことが好きなんですって。「それ、聞いてくれる人いるんですか」って聞いたら、みんな自分の話を聞いてもらおうと思って来てるんじゃなくて、自分の話をしようと思って来てるだけだから大丈夫なんだ、って言ってたんです。なるほどって思ったんですけど。「どれぐらいの年代の人が集まってるんですか」って聞いたら、自分と同年代で、男性だけじゃなくて女性も多いって言ってたんですね。なんかね、たぶんそういうところに皆さんつながってるんじゃないかなって思ったんです。

　だから、もしかしたら、さっきおっしゃったように身近な地域の中だと、あそこの家は結婚してないとかいうことで非常に特定されて、その後ろの家族まで引っ張って自分というものをさらけださなきゃいけないんですが、地縁を離れて課題ごとに興味関心で集まっているグループだと、そういう属性から離れられるので、むしろ居場所感があるのかもしれない。そういう意味では、あんまり身近な地域の中でというふうに縛らないほうがいいような気がしました。

鈴木：確かに都市部だったらいろんな集まりがありますもんね。そういえば、本が好きな方で、文学系サークルに参加されてた方もいました。彼女がそれに行かなくなった理由っていうのは、セクハラなんですよね。年齢が上がってきてもセクハラがあったり、あるいは若い参加者と比べて扱いが下がるといいますか、独身で女性が40代、50代になるということへの社会の目があったり、むずかしさも感じています。まして、おっしゃったように地域の目、身近なところでっていうところのほうが、もっと厳しいものがあるのかなって思うんですけど。そういった、地域の中での、あるいは社会の中での、独身で年齢が40代、50代の中年になった女性たちへの眼差しって、どんなふうに感じてますか。

朝比奈：私、１９６５年生まれなので、そういう意味では今フォーカスされてる年代の一番上のほうかなと思うんですけれども。たぶん、35歳から54歳って切ったときに、54歳の感覚と35歳の感覚はたぶんまるで違うんじゃないかなって。未婚の方も増えてきてますし、離婚率も上がってきているし、かなり感覚的には違ってきているような気がしています。それから、家庭環境の中で、ある程度ジェンダーの意識がラフだった人と、ジェンダーの意識や規範を強く身につけるように育てられてきていた人とは違います。その辺りの捉え方は、社会というよりも家庭の影響が強いと思います。社会はいろいろ言うけれども、もともと持っているご自分自身のアイデンティティとか、そちらとの関係のほうが強いような気はします。

探そうと思えば、仲間は今いくらでも見つけられます。今回もこのＷＥＢ調査をされて、その人たちでグループをつくったりとかいうことをぜひやっていただけるとありがたいなというのはありますね。

鈴木：（横浜市男女共同参画推進協会では）つくるんですよね？

小園：つくられつつあります。ランチ会とか企画されています。私たちは「自助グループ」支援を長年やっていますので、こういった当事者のグループにはとても大きな可能性を感じています。

支援現場の女性像と女性支援

鈴木：今回の調査を行った横浜市男女共同参画推進協会とは、私は結構長い付き合いがあって、最初は２００８年でした。そのときには若い女性の支援ということで、調査事業が始まって。その時点では、若い独身女性は、女性の中でもあんまり支援の対象として考えられてなかったと思うんですよね。支援の対象はどちらかというと、子育て中であるとかとかシングルマザーであるとか、暴力の被害に遭っているとか。そうではなくて家にいる無職の若い女性というふうになると、支援対象ではなかった。今回、さらに年齢を上げ、なおかつ働いている35歳から54歳までを調査対象にしましたが、こちらもやっと光があたった。

朝比奈さん、ずっとこういう福祉の中で支援されてきて、女性支援ってどんなふうに変わってきたと感じていますか。対象の女性像ってあんまり変わっていないような感じがするか、それとも、未婚の人が増えてきたり、離婚歴のある人が増えてきたりという、女性の多様な在り方に対応してきているという感覚をお持ちなのか。

朝比奈：冒頭で、今回の調査対象は「一番我慢強い人たちじゃないか」って言ったんですが、我慢強いし乗り切れるスキルがある。ですが少しずつ、力が落ちてるような気がします。それがなんなのか、もしかしたら、家族の構成が変わってきていて、教えてくれる人の存在が少なくなってきていることあたりと関わってるのかもしれないですが。そういう実態があるのに、たとえば若年女性の今の過酷な状況とか、一部語られてはいても、全体としてはやっぱり従来型の女性像の中で進んでいって、そうは言ってもそういう人たちは一部だと捉えられているような感じはすごくしますよね。

　それからあと、単身女性も孤立しているんですが、この人たちはまだ働いていれば社会とつながっています。でも、結婚して専業主婦になって、結果、子どもに恵まれなかったり、子どもを産む選択をしなかったりした、ひたすら専業主婦をやってきた女性、この人たちの孤立度というのも気になります。ある程度、社会参加をしてきていればいいのですが、あまり地縁もなく、核家族の小さな社会の中で専業主婦の役割のみで生きてきた人たちが、子どもが自立したり夫が先立つなどしていきなり自分が社会の中に直接出て行かざるを得なくなる。そのときに、考え方が極端だったりコミュニケーションに拙さがあったりして壁にぶつかるなどしてしまう。そういう人たちをまったく想定してない感じがするんですよね、社会が。就労支援にしてもそうですが、いろんな女性たちがいるということについて、この辺りのグレーの人たちはまったく見えてなくて、想像すらされてない感じはすごくします。たとえば放埒だったり、スキルが低かったり、そういう人たちは割合と社会的にすぐに課題になってきますので、見えてくるんですが。

鈴木：私は今、風俗店へのアウトリーチ（訪問相談）をやっていて、マスコミの取材など受けるんですけど、知的障害があると言うとすごくわかりやすいんですよね。「あ、そうか」、とみんな納得する。でもそこまで行かないんだけど、一般のところで働くにはちょっと厳しい層が、とても理解されにくいです。グラデーションで理解されにくい。バリバリ働けるか、あるいは障害があるか、どっちかみたいな、極端にしか理解されない。その間の、力を養う時期や場を逃した方々などは見えにくいのかな、と思います。たぶん、40代後半以降の人たちは、就職時が景気の良かった頃なので、初職正社員だった人たちが多く、働くスタートの段階で、ある程度会社に育ててもらってるというのは大きいだろうなとは思ってるんですけど。今の30代ぐらいの方だと初職から非正規の方も多いので、育ててもらう機会もない。そうすると、人によっては家でも育ててもらえない、地域でも育ててもらえない、社会に出ても会社にも育ててもらえない。どこにも育ててもらえなかったら、それは力も落ちてくだろうというのをすごく感じています。その「力が落ちている」というのが、障害のようにわかりやすいものではないので、理解されづらいかなっていうのがありますね。

朝比奈：はい。そうですね。

同性パートナーとの同居

鈴木：あと、この調査の中でもうひとつ、家族形態として同性のパートナーとずっと住んでらっしゃる方の存在が何名か確認できています。私たちの相談の中では同性のパートナーと住んでる方には出会ったことがないんですが、朝比奈さんの現場には来られたことってあります？

朝比奈：結構ありますよ。それが、恋愛関係があっての同棲なのか、ただの同居なのか、そこは判然としないということも含めて、わりと、フッと入っちゃうんですよね。生活のために、「うちに来れば」って言われて、他人の生活の中にフッて入っちゃうんです。そこでいろいろまた暴力的なことも含めてあったりするんですが、生活の手立てとして他人と一緒に暮らすという選択をするハードルが下がっている気がします。それは家出する若い子たちと一緒だと思うんですけれども、ひと晩だけ面倒見てくれるとか、そういうことでフッと入っていっちゃうっていうことが結構あるような気がしていて。若ければ若いほどそのへんのハードルが低い、下がってくる。

その結果、性的な問題に発展することもあれば、発展しないこともあるんですよね。これはなんともよくわからないところではあるんですけれども。同棲は結構あって、この調査でもたぶん出てくると思いますが、たとえば病院とか住まいとか、そういうところで、とても公的に認知されにくい。住居の契約でも非常に問題になったりしますし、婚姻関係があるかないかでアパートに入れるかどうかということとか。あと、病院に病状を聞きに行ったら教えてもらえなかったとか、そんな話はいっぱいありますし。同棲なのか同居なのかわかりませんけれども、そういうことはケースの中であります。

鈴木：若いうちはいいかもしれないですけど、40代、50代になって病気のリスクが上がってくるなどして、公的なものがより必要になるのを考えると、もう少し整備されるといいかなと思いますね。

朝比奈：そうですよね。私も十分に理解しているわけではありませんが、渋谷区の「パートナーシップ証明書」制度も、結婚したいけれども同性同士で結婚できないから、代わりに証明書を出しましょうという話ですよね。だから結局、結婚制度自体を前提としてるんですよね。だけどもうちょっと家族のかたち自体が変わらざるを得ないし、国だって、縁を大事にしなさいって言ってるんだったら、いろんな縁のかたちを認めていくような方向にいかないと、もう家族自体をあてにすることに無理があるんですよね。やっぱり一人でいないほうがいいことはたくさんあると思うんですよ。経済的な基盤ということだけで社会的なコストも下がりますしね。たぶんすごく難しい問題をはらんでいると思いますけれども、もうちょっと柔軟につながっていく状況がつくれるといいんじゃないかなと思いますよね。

鈴木：そうですね。さっきお話しした住まいの問題で、グループでシェアして住む、シェアハウスみたいなのでも、一緒に住んでいる方の中で、いざとなったときに親族に連絡が取れない人がいるのは非常に困るだろうなっていうふうに思いますし。じゃあ道で倒れたら誰が来てくれるの、みたいなときに、家族じゃなきゃまずいというあり方って、少し変わってくる必要はありますよね。

朝比奈：はい。

鈴木：未婚のまま、おひとりさま同士でルームシェアして高齢を迎える……私の妹がやっぱりこの年代で、女性同士でもう7～8年ずっとルームシェアで生活しています。このままいくと、二人で高齢になっていくんじゃないかと思うんですが、今の制度ではそうなったときに困るだろうなっていうのは感じますよね。

朝比奈：そうですね。はい。

鈴木：そのへんの家族のありようとか、たぶん福祉というのも、結局、家族がキーパーソンになったり連絡先になったりするのを前提にいろいろなものが成り立っていると思うので、大きな問題にはなってきそうですよね。

シングル女性の身の置きどころと縁

朝比奈：私は現在は独身じゃないんですが、20代で一回結婚と離婚を経験して。で、再婚したのが40歳になってからで子どもはいません。また、うちの姉とか従妹たちとか、結構独身女子が多いので、なんか自分たちのことを考えたんですよね。お金だけじゃない。身の置きどころのなさみたいなことを感じているような気がします。

鈴木：うんうん。身の置きどころのなさ。

朝比奈：社会的に自分たちをどういうふうに説明するか、それはジェンダーの問題、規範の意識がすごく強いんだろうなと思います。

鈴木：私が活動してきた分野でいうと、まだ「ひきこもり」という言葉がなかった時代に大学なり専門学校なりに行ってる、もしくは働いてる歳なのに、自分は何なんだろう、と身の置きどころがなかった、自宅を中心に生活していた人たちの中に、「ひきこもり」という言葉に出会ってストンと来たっていう人が一定数いるんですよね。ひきこもりが社会問題化していく中では、そういう声をたくさん聞いてきました。彼女たちが問題というわけではないけれど、ひきこもり同様、それ自体がなんとなく今までと違ったありようで暮らしている、生きている、身の置きどころのなさを説明する言葉がないために、居心地の悪さがあるというのはたぶんあるってことなんですよね、きっと。

朝比奈：そういえば、叔母も二人、独身なんですよ。じゃあその叔母たちがどうしてるかというと、もう70歳過ぎましたけど、一人はかなり趣味で生きていて、一人はすごい堅実な人で70代で老人ホームに入って、安住の地を見つけたという感じなんですけど。自分なりの縁をどう見つけていくかということがあるように思いますね。

鈴木：うちの妹も、非正規というか自営業でフリーランスなので、収入にも波があり、独身なんですよね。それはたぶん親戚の中ではすごく居心地が悪くて。あるとき、母親が「子どもが3人もいるうちの1人ぐらいは独身でもいいかな」って言ったんですよね。「3人のうち、1人だけならいいけど

2人もずっと独身だったら心配じゃない？」とか言って。なんとなく親戚で集まったときの彼女の身の置きどころのなさがわかる気がしましたね。

朝比奈：現実には人のつながりみたいなことの中で不安って解消されていくので、そういう身の置きどころのなさから縁が切れてしまうことは、やっぱりすごくリスクが高くなる。うちの祖母が亡くなったときに、お仏壇の裏から家族全員――自分の息子、娘、孫たち全員に対する手紙が出てきたんですけど、どの手紙にも、叔母のことについて「よろしく」って書いてあったんですよ。私、それにちょっと驚愕したんですけど、でもすごい象徴的だなと思って。叔母は、経済的にはある程度安定していたんですけれども、そういうことではなくて、誰が最後に彼女の面倒をみてくれるんだということを祖母は気にしながら亡くなっていったんですよね。だからやっぱり、そういう縁をどういうふうに意識的につくっていくか、縁から離れないか。で、自分の居心地のいい縁をつくれるかということが人が生きていくうえですごく大事なことなんじゃないかなと思います。

鈴木：そうですよね。今回つながる場所が、横浜の調査でこういうふうに光が当たることで、まず一つできた。そうすると他の所でもまた同じようなものができるかもしれない。そういう縁をつないでいくために、少し光が当たったり、少し居心地の悪さが緩和できるようになってくるといいですね。

新たな仕事起こしへ

朝比奈：盛岡でも、女性の起業ということで、その辺りの世代の人たちが集まってきてますよね。そのグループで、ワーカーズ・コレクティブのような感じの仕事づくりなんかも支援していますし。

鈴木：なるほどね、そうですね。神奈川だと仕事づくりって言うとワーカーズ・コレクティブがすごく元気なんですけど、主に主婦の方々による起業なんですよね。ワーカーズコープもすごく事業所が多いんですけど、どちらかと言うと失業者の男性が多いグループなんですよね。そうすると、未婚の女性の仕事起こしって、これからかな。

朝比奈：それはやっぱり、その人たちがみんなでやるしかないんじゃないですかね。同じような世代や思いを持った関係でつながって。

鈴木：うんうん、そうですね。だからこれからもしかして、こういうところに光が当たって人が集まってくることで新しいものが生まれるかもしれないっていう可能性は大いにありますよね。数はどんどん増えてくわけだし。

朝比奈：ワーカーズ・コレクティブなんかは生活力みたいなことを前面に押し出した仕事づくりをしてきたと思うんですけど、そういう意味ではたぶん今までよりもさらに、いろんなスキルを持った人たちが出てきて社会的には活動の場が広がっているので……。

鈴木：そうですね。もっと新しいことができそうですよね。確かに、ワーカーズ・コレクティブのお仕事って、やっぱり、介護とかお総菜とか……

朝比奈：子育てとかお掃除とかですよね。

鈴木：確かに、主婦の方たちが日常的にやっていて、高いスキルを持っているようなことで起業していますね。それに対して、働いてきた、いろんなことをやってきた方々にとって、起業というのは一つのメリットかなと思いますよね。

小園：地方で仕事を自分でつくる取り組みがあるというのは、東北のほうとかいうお話ですよね。

朝比奈：はい。

小園：やはり二極化していて、働けてきた人たちはそういうことができるだろうけど、支援の輪に入っていけない人たちは、10年ぐらい経ったらやっぱりどっと困窮していくのかもしれないって思いますね。

朝比奈：そうですね。

小園：調査結果では、50代ぐらいになればなるほど収入が少なくなっていて、それで親の年金がなくなったらって、みんな不安に思っているっていう感じだったので。10年後はどうなるかなって。

鈴木：ワーカーズ・コレクティブの女性たちは、たぶんもともとすごく能力の高い方々が今まで専業主婦になっていて、そういう方たちがつくった場所だと思うのですが、そこで今、ひきこもりの方も働いていますし。そういう多様な人に理解のある場が増えていくきっかけになってくのもいいんじゃないかなと思うんですけどね。

小園：そのためには、そういう人たちが対話をしていって、いろいろ門を叩いたりとか情報を得たりとか、困ったらSOSを発信するっていうふうになっていかないと、チャンスがつながっていかない。

多様な次元のセーフティネットの必要性

鈴木：あと、これは私の問題意識としてずっとあるのですが、起業した人たちに対する社会のセーフティネットが非常に弱いなと思っています。年金も然り。かつて自営業だった年配の方がよく相談に来ません？

朝比奈：そうですね。

鈴木：サラリーマンからは、「俺たちは高い保険料を払って、天引きでずっと払ってきて年金もらってるんだから。自営業者たちは良かったときにお金使っちゃったくせに」って言われたりしますけど。べつにそんなに景気のよかった自営業ばかりじゃなくて、細々やってきた方たちは多いですよね。あるいは、いい時代にはお金があったからあったように使ってしまったかもしれないけれども、そんなに長く続くわけもなくて。老後まで考えたときの起業のリスクは高い。事業がだめだったときに失業者みたいに雇用保険もありませんし。そういった新しい働き方や新しい生き方に対してのセーフティネットがもうちょっと厚くなってくると、選択の幅も広がるのかな、なんて思ってるんですけど。

朝比奈：たぶん、少し違うアプローチが必要なんだろうなっていうところですよね。それが、労働という枠組みの中でのセーフティネットとしてつくられるべきなのか、それとも地域のセーフティネットとしてつくられるべきなのかは、両方の選択肢があったほうがいいのかなと思いますけどね。

鈴木：雇用がいつ切られるかわからないという意識や、将来の年金の金額など、非正規雇用で働く人たちにとってセーフティネットのことが不安の一つにはなってらっしゃるんだろうなというのは、調査を通じて感じています。確かに、労働や福祉のセーフティネットという制度の面と、地域のセーフティネットのような、つながりの中でのソフトなセーフティネットというのと両方が必要かもしれませんね。

朝比奈：30代だったら、ソーシャルメディアなどはわりと感覚的に馴染みやすいのかもしれないし、そういうつながりをぜひつくっていただけると、こちらも利用できるかなと思います。やっぱり悩みをシェアできるってことがすごく大切ですし。働いてる場とか地域の場で、自分の名前を言っても家族のことまでは言ってない、だからシングルであることも子どもがいないことも話せていない状況の中にいらっしゃる可能性もあるので、まず安心して話せるということが重要なのかなと思いますね。

我が身に照らすと、きっとこの人は、私が結婚してると思ってるんだろうなとか、子どもが当然いると思われてるんだろうなとか、ずっとそういう感覚は持ち続けてきました。べつにそれが劣等感にはなってないんですが、なんとなく身の置きどころのなさみたいなことはやっぱりあるので、それがいいとか悪いではなく、普通に話せるところから始まるといいのではないかなと思います。だから生活ということよりむしろ、話せることが大事で、それを話せて初めて自分自身の不安とか生活困難のことに行き着くんじゃないかなって思うんです。

鈴木：そうですね。そういう意味では、福祉の現場でもあんまりフォーカスが当たらないというのはたぶん、聞く側の構えの問題があって。ＬＧＢＴなんかまさにそうですよね。聞く構えがなかったら、たぶん相手は絶対言ってくれないから、それは無いものとして進んでいってしまうと思うんですけど。そういった方々がいらっしゃるということを可視化していくと、地域の中でも受け手のほうがそれを受け止められる準備ができるのが、とても大事なところかもしれないですね。今日はありがとうございました。

非正規職シングル女性への支援と保障

鈴木　晶子

前出の対談では、非正規職シングル女性が支援につながっていない現状や、手立てに乏しい支援状況が明らかとなった。本章では、これまで若者の就労支援や、年齢・性別等を問わず生活に困窮している方、あるいは困窮する不安を抱えている方々への生活や就労の支援を行ってきた立場から、こうした状況を詳説する。

まず、前提となるのは、一般的に公的支援であれ、民間団体の支援であれ、地域におけるさまざまな支援は分野や領域ごとに細分化されているということである。そして、非正規職シングル女性への支援に限らず、その領域で想定されている典型的状態像に加え、何か他の要素が複合した場合は、とたんに少数者となりその領域の支援対象外、あるいは支援が本人にフィットしなくなる。例えば「介護者の集い」といったような支援は多くの地域で存在するものの、参加者の多くが中高年齢の女性であるため「若い介護者」「男性介護者」となると、参加対象外となるわけではないが、内容的に自分にフィットしない、あるいは少々居心地が悪い、というようなことが起こるといった具合である。ここでは介護者ではあるけれども、典型的な状態像とは少々異なる「若い」あるいは「男性」といった要素が複合したために、こうした状態が発生したわけである。

それでは非正規職シングル女性はどうであろうか。ここには「非正規職」「子どものいないシングル」「女性」さらに本書で主に対象として考えている「35～54歳」という年齢の4つの要素がある。それらの要素と、要素の複合に着目しながら、非正規職シングル女性の持つリスクに対する支援や社会保障について考えていく。

1 就労支援

我が国においては、正社員と非正規職員の待遇格差があることから、非正規職員への各種の支援施策が必要と考えられてきた。その基本的視座は、非正社員を正社員へいかに転換するか、というものである。こうした支援はこれまで主に若年層の問題として捉えられ、支援がなされてきた。新卒採用の厳しい時期が続き、フリーターが増加したとの認識から、若者の正社員化を進める支援施設として雇用・能力開発機構のヤングジョブスポット、都道府県が設置するジョブカフェなどが運営されてきた。その他にも、若者の就労支援についてはヤングハローワーク等ハローワークの若者向け施設や、若年無業者の支援施設・地域若者サポートステーションなどが全国各所で開設されている。しかし、若者支援施設は概ね15歳から39歳までの年齢層を対象としているため、40歳を過ぎると支援対象外となってしまう。

40代からの就労支援というと年齢的にはシニアの就労支援施設が使えることが多くなってくる。しかし、シニアの就労支援は「正社員」であった者が「再就職」する支援をメインの業務として行われてきた施策である。正社員で中高年まで仕事を続けてきた人となると男性が多く、「非正規職」の「女性」の就労支援となると、想定されてきた支援対象像と異なってこよう。そもそも「非正社員」問題は若者の課題として認識されてきており、前述のように若者支援施策として実施されてきた歴史がある。中高年フリーター問題は既に2005年には指摘されているが（UFJ総合研究所、2005）、10年以上経過した現在でも40代から非正規職への就労支援は、制度・事業としては十分対応しきれておらず、いまだ支援の充実や、出口である就労受け入れの状況改善には至っていない。[1] そのため、現実的な支援の手立てとしては乏しく、各現場でそれぞれ努力を重ねていたとしても実効性のある支援になっているかと問われれば、難しい現状にあろう。

また女性の就業・就労支援という観点で見ると、こちらでも「非正規職」「子どものいないシングル」となると、これまで十分に光の当たらない存在だったのではなかろうか。女性の就業・就労支援においては、これまで二極化した流れがあったように思う。一つの極は女性の管理職割合を向上させる、妊娠出産後の働き方の改善など、正社員の女性をさらに活躍させていく施策の方向性である。[2] こうした施策は企業がさまざまな役割を担うことで実現が目指されている。一方で、就労自体や生活が困難になった場合、外部の就労支援施設・事業や、生活相談の窓口での支援を行うことがもう一方の施策の極である。例えば、マザーズハローワークなど子どもがいる女性を支援対象とした支援機関や、シングルマザーであれば、就業促進のために相談だけではなく自立支援給付金などの就労自立のための具体的な給付の制度が用意されている。

しかし、正社員として活躍する施策の対象ともならず、就労自体が困難というわけではなく、就労しているため（将来の生活に不安を抱えていても）当面の生活は成り立っている女性が主たる対象者である施策や支援は現状見当たらない。前述のマザーズハローワークなどは子どもがいない女性の相談も実際には受け入れているところが多く、当然一般のハローワークでも相談や職業紹介には応じてくれるが、なかなか具体的な手立てに乏しい状況ではないだろうか。

このように、「若者」でもなく、「正社員」でもなく、「親」でもない女性たちは、就労支援施策の中で光の当たってこない存在であった。そのため、相談はさまざまな機関で受けられないわけではないが、典型的な支援対象像とは異なることが、現場での相談のノウハウや具体的な支援策の不足につながっていると言えるだろう。そのため、前章の対談で見たように支援機関としてもなかなか手が出しにくい状況となっている。

2　生活支援と社会的負担

まず、前提として誰であっても生活に困窮していれば生活保護制度を活用することで、健康で文化的な最低限度の生活を保障されることになっているということを述べておきたい。生活保護は住んでいる地域や家族の構成、年齢、その他個々の事情に応じて計算される「最低生活費」に満たない収入しかない場合に活用できる。そのため、非正規雇用で働いていても、十分に働けず、収入が最低生活費に満たなければ、生活保護を活用する権利がある。また、現在、辛うじて最低生活を営むに足りる収入を得ていたとしても、例えば病気を抱えているにもかかわらず無理をして働き続けている方などには、生活保護制度を利用して、まずは就労より療養することを優先させる方が良い場合もある。支援の現場においては無理をおして就労したために、病状を悪化させ就労困難となる事例は多く見られる。こうしたケースを見ていると、早く療養に入っていれば休養期間はより短く済んだであろうと思われることもままある。どちらが健康に働ける期間が長いのか、長期的な目線で考えていく必要がある。

これを前提に、健康に働いて最低限度以上の生活を営むことができている非正規雇用で働く女性たちについて考えてみたい。非正規職シングル女性たちの状況を端的に言えば、支援の対象として考えられていない、そのため使える社会的サービスが少ない、むしろ社会的な負担を負う存在であるということである。就業して収入を得れば税金・保険料等さまざまな負担が生じる。そもそも税金はみなが負担することで、みなが公的なサービス・保障を受けるためのものであるから、それ自体必要なものである。しかし、負担に対してどれほどサービスが受けられるか、というとそこに不公平を感じる状況があろう。

例えば、同世代で働く子育て世帯と比較するとわかりやすいだろう。子育てのためには保育園から公立学校、さまざまな地域の子育て支援サービスがあり、それらのコストは受益者の負担だけではなく、税金によっても賄われている。あるいは、自治体によっては公営住宅の優先入居の条件に子育て世帯が入っている場合などもあろう。同世代で同じように働いて税金を納めていても、子どもがいるかいないかで受けられるサービスがこれだけ異なることを考えれば、頭では「子どもは社会にとって必要な存在」とわかっていても、複雑な想いを抱いても不思議はないのではないか。

さらに不公平を感じるのは税金よりも保険料かもしれない。病気など何らかの理由なら仕方ないにせよ、健康で自分よりも経済的に裕福に暮らしている（ように見える）専業主婦が保険料を負担せず社会保険に加入し、配偶者の税金も控除されている現状に疑問を抱いたことは、シングル女性だけでなく働く女性なら誰でもあるかもしれない。あるいは、同じ非正規雇用で働いていても、扶養の範囲内で働きたいパート職員が時間調整のために働く時間を減らしたことで業務負担が増えた（それでも給与は変わらない）など、やりきれない想いになったことのある人もいるかもしれない。背景には非正規職シングル女性が増収やより待遇の良い就労を望んでも現実には難しい場面が多く、相対的に恵まれた状況というわけではないのにもかかわらず、税金を納め、保険料を負担し、かつリターンとして返ってくる生活支援・サービスがほとんど皆無であるという現状があるだろう。

3　支援の求めにくさ

非正規職シングル女性の存在はこれまで可視化されておらず、本人たちも支援が求められる、あるいは支援を受けていいのだとは思っていなかったのではないだろうか。そこには、ここまで見てきたように就労支援においても、生活支援においても、使える、あるいは本人にフィットするサービスがないことが、支援を求める権利があるとは認識しにくい1つの大きな要因となっているかもしれない。

しかし、こうした支援サービスの不足以外にも、社会全体として、結婚をしていない、子どものいない女性や、非正規職で働く人たちに対する厳しい眼差しがあることも、支援を求めにくい大きな要因ではないだろうか。筆者は支援の現場で、「結婚しなかった私が悪いんですけど」「正社員になれなかった私の力不足なんですけど」「私なんかが相談にのってもらっていいんでしょうか？」など、自分自身を責める言葉や、支援を求めることへの躊躇を数多く聞いてきた。こうした言葉の背景には、経済的に不安を抱えていても「結婚をしなかった本人が悪い」「非正規職で働いているのは本人の認識・努力不足」のように、自己責任として責められてしまうような社会の空気があるのではないだろうか。

さらに近年は少子化問題により、子どもを産まない女性たちへの厳しい眼差しもあるように思う。相談の中で子どもがいないことについて、「社会に貢献できていない自分が辛い」と発言する女性もいた。こうした社会の空気の中で、シングル女性たちは支援を求めたり、声をあげたりしにくい社会的な雰囲気を感じているのではないだろうか。

しかし、そもそも結婚や出産は個人の選択の問題である。働いていても経済的に厳しいのは、正社員の割合を減らし、安い労働力である非正規職員を活用することで経営を効率化していこうという労働市場の流れと、そのために構造的に起こる正規職員と非正規職員の間に待遇格差の問題である。あるいは、年齢を重ねた女性が正社員への転換対象となりにくい現状もあるだろう。

こうしたさまざまな社会の構造的な問題が背景にありながら、自己責任として責めたり、目を背ける社会の雰囲気を変えていく必要があるだろう。そうしていかなければ、支援が増えていくことや、シングル女性が支援を求めることが難しい現状が変わることは難しいのではないだろうか。

4　現状でも活用できる支援

ここまで見てきたように現状では、非正規職シングル女性を主たる対象とした支援機関は皆無である。しかし、対象となりうる支援はいくつかあるので、確認しておきたい。

まず、ここまであげた様々な機関は、非正規職シングル女性が主たる対象ではないものの、利用対象となりうる。具体的には、40歳未満の就労支援の機関としては、ジョブカフェ、ヤングジョブスポット（ただし、現在東京と大阪の2箇所のみの設置となる）、ハローワークの各種若者支援窓口がある。また、非正規職の中でも、家庭の困難や病気などさまざまな事情を抱え、就労の継続が困難である場合は、若者サポートステーションの利用も検討できるだろう。40歳以上の方には、各都道府県・市町村ごとにシニアの就労支援窓口が設置されている場合はそちらの対象となることが多くなってくるので、確認をしてみると良いだろう。もちろん、ハローワークでは年齢に関わらず、就職の相談に応じている。また、各都道府県・政令市・特別区等が設置する男女共同参画センター等の多くは女性のための就労相談や就労講座事業を行っているので、確認していただければと思う。

また、家庭の困難や病気などさまざまな事由で就労が困難である場合は、生活困窮者自立相談支援窓口を訪れてみるのも1つの手である。現在、生活に困窮していなくても、今後の生活が心配になるような、さまざまな困難について相談に応じてくれる。家族の病気や介護、医療費、ローンの返済等さまざまな問題の相談が可能である。窓口は各市区、町村に住む人は都道府県が設置している。もちろん、既に生活が苦しい場合には、生活保護の活用も家族で検討してみてほしい。生活費や家賃への扶助に加え、医療費や介護費用の問題も解決していく。また借金整理のために法律家に相談をしたい場合も、法テラスを活用することで相談料等の費用の問題もクリアできる。

現在、働く中で社会保険未加入、賃金・残業代不払い、セクシャルハラスメント等、不当な点がある場合には、労働相談も活用できる。労働局や労働基準監督署内等に設置された総合労働相談コーナーに加え、弁護士会や労働組合等も各地で相談を受け付けている。

税金が払えない、支払いのために生活が厳しい、という人は市区町村の納税担当の窓口で相談すると、分割で少しずつ払う方法を検討してもらえる。就労時間が少ない、あるいは現在失業中で国民健康保険・国民年金に加入している人で、保険料の支払いが難しいという人は、保険料の免除や猶予の仕組みがある。国民健康保険の保険料は分納の相談にも応じている。これらの相談は年金事務所や市区町村の健康保険の窓口でできる。

また、一人暮らしの場合、家計を圧迫する支出の１つが家賃である。近年、都市部ではシェアハウスなども増えており、そうした住まいを活用する方法もあるだろう。ただし、生活に困窮する人を狙った「貧困ビジネス」も問題になっているので、信頼できる先かよく確認する必要がある。

5　結びに

このように現状では、十分な支援が用意されているとは言い難い状況である。しかし、現実には、中高年齢の非正規職や単身者の問題は男女問わず問題となってきている。今後、女性にも光があたり、適切な支援が増えていくことが望まれる。また、こうした人たちの増加に対し、社会の意識も変化していくことが求められているだろう。これから、多様な働き方、ライフコースについての一層の啓発が必要である。

【注】

1 厚生労働省は有期雇用労働者等の非正社員を、正規雇用労働者としてキャリアアップさせた場合のキャリアアップ助成金制度を実施するなどしているが、十分に機能しているとは言い難い状況である。

2 産後職場への復帰を前提に育児休業を取得する非正社員女性は22・8％となっており、正社員女性が71・7％育児休業を取得している状況（三菱ＵＦＪリサーチ＆コンサルティング、２０１６）と比べ大きな差がある現状である。

【参考文献】

「増加する中高年フリーター～少子化の隠れた一因に」ＵＦＪ総合研究所、２００５（http://www.murc.jp/thinktank/ economy/archives/investigativereport_past/investigativereport_20050404.pdfで入手可）

「平成27年度 仕事と家庭の両立支援に関する実態把握のための 調査研究事業報告書 企業アンケート調査結果（厚生労働省委託）」三菱ＵＦＪリサーチ＆コンサルティング、２０１６（http://www.mhlw.go.jp/file/06-Seisakujouhou-11900000-Koyoukintoujidoukateikyoku/0000103115.pdfで入手可能）

第4部

調査の概要と結果について

「非正規職シングル女性の社会的支援に向けたニーズ調査」の概要と結果

植野　ルナ

はじめに

第４部では、非正規職シングル女性に着目した経緯と調査概要、調査結果について論じる。

まず、なぜ調査を実施するに至ったのか、その背景について述べる。横浜市男女共同参画センター３館を管理運営する、公益財団法人横浜市男女共同参画推進協会（以下、協会）では設立以来、女性の経済的自立が重要との観点から、女性の就労を支援する事業に力を入れている。協会が、１９８８年の横浜女性フォーラム（現・男女共同参画センター横浜）開館当初から実施してきたのは、結婚や出産を機に退職した女性の再就職支援事業である。その後、働いている女性を対象としたスキルアップやリーダーシップの講座、女子学生のキャリア形成支援、育児休業取得者のための職場復帰準備講座など、女性のキャリア形成や継続就業に資する事業も展開してきた。さらに２００３年からはシングルマザー向けの就労支援事業も開始している。このように、協会では社会経済状況の変化を受けて、就業支援事業の対象層を広げてきた。

一方、2000年以降、若年者の引きこもりや無業、非正規、派遣などが増加すると、国をあげての「若者支援」が始まる。しかし、そこで問題になるのは、将来大黒柱になって家庭を養うことが期待される男性の無業や非正規労働であって、女性の無業や非正規の問題に光が当たることはなかった。そこで、2008年、協会は「若年女性無業者の自立支援に向けた生活状況調査」を実施し、2009年より、働きづらさや生きづらさを抱える若年無業のシングル女性向け就労支援事業(以下、〝ガールズ〟支援事業)を開始した。

しかし、〝ガールズ〟支援事業を開始すると、当初想定していたよりも年齢の高い30代半ばの女性からの受講希望も少なくなかった。典型的なのは、もともとは正社員だったが激務で体を壊し、退職や休職を余儀なくされ、非正規の仕事と無業をいったりきたりしている女性たちである。また、40歳を超えているが受講したいという問い合わせも入ってきていた。しかし、15~39歳という若年者の対象年齢を超えた女性については、〝ガールズ〟支援事業の受入れを見送ってきた。

さらに、再就職支援事業の参加者においても、子育てが一段落した既婚女性ばかりではなく、受講直前まで就労を継続してきた女性や、子のいないシングル女性の参加が増えていた。こうした参加者層の変化と多様化を受け、協会では、就業支援事業の対象層の見直しを行った。図1は、縦軸に「経済状況」、横軸に「就労(可能)状況」をとったマトリックスである。このマトリックスの中で、支援ができていない層として浮かび上がってきたのが、本調査の対象である「非正規で働くシングル女

図１　女性の就業支援事業の対象層

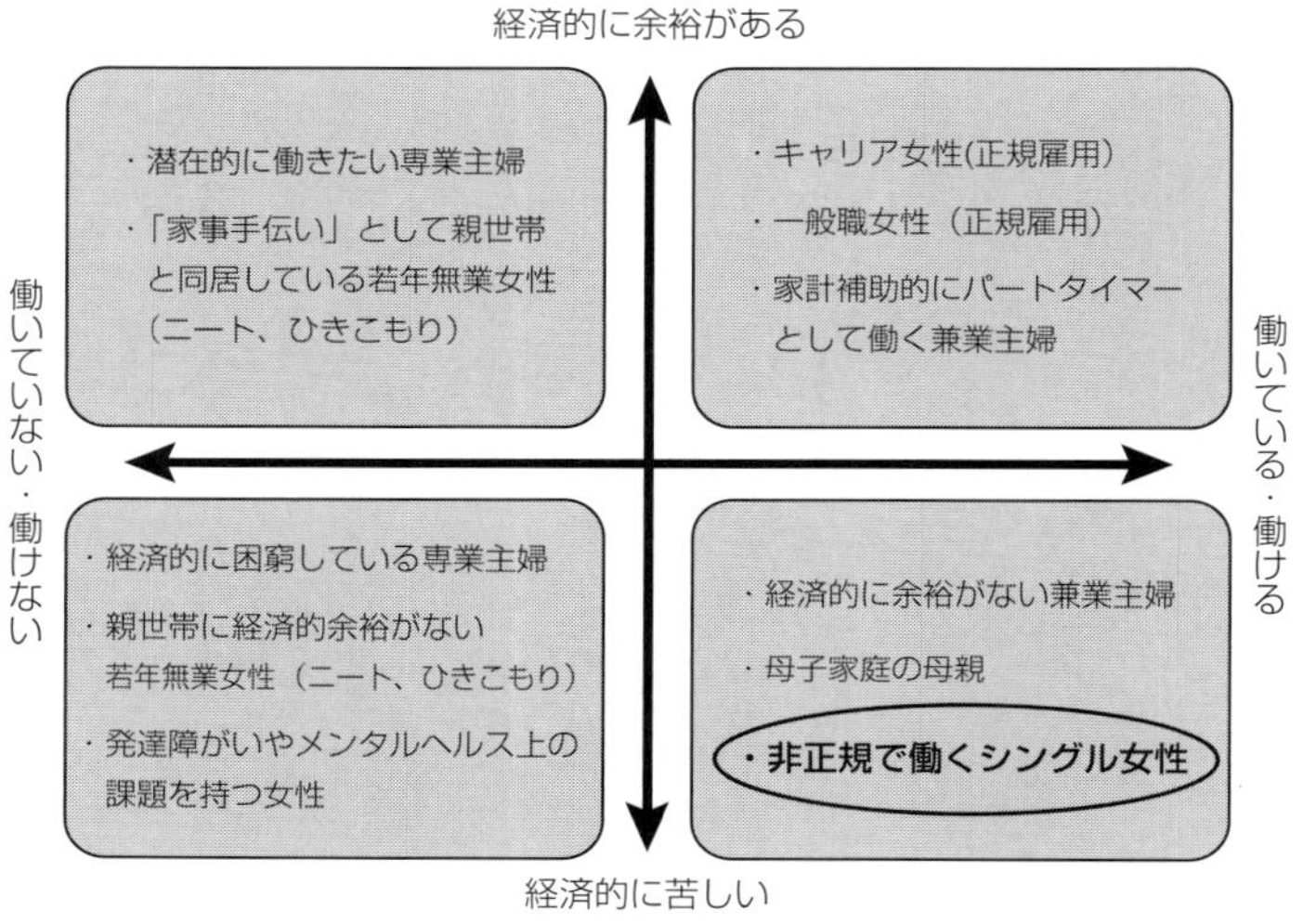

性」（以下、非正規職シングル女性）である。中でも、若年層にあてはまらず、無業でもなく、シングルマザーでもない（子のいない）、壮年期（35～44歳）以降の非正規職シングル女性については、他に支援策がなく、支援ニーズが高いと思われた。

女性の就業を支援する事業は、全国の男女共同参画センター・女性関連施設や、自治体等の労働行政担当部署において、さまざまに行われている。また、２０１３年には、政府の成長戦略として「女性の活躍」が掲げられるようになった。しかし、これらの施策は「待機児童解消」や「子育て女性の再就職支援」「女性管理職の登用」等が主である。こうした支援事業の対象として重きがおかれるのは既婚で子どものいる女性か、正社員で働いている女性であり、非正規職シングル女性の状況は見えづらく、支援の対象として光があたっていない。

1　調査概要

(1) プレ調査（個別ヒアリング調査・2014年度）

非正規職として働く壮年のシングル女性から実際に声を聴き、示唆を得たいと考え、協会は、2014年度に本調査のプレ調査として個別ヒアリング調査を実施した。就職氷河期が始まったとされる1993年以降に就職活動をした世代に着目し、調査対象は「神奈川県内（横浜市およびその周辺）に在住し、非正規で働いている35~44歳のシングル女性（シングルマザーを除く）」と設定、7人から話を聴くことができた。調査結果は、「非正規で働くシングル女性（35~44歳）のニーズ・課題に関するヒアリング調査報告書」（2015年3月）にまとめた。結果の概要は次の通りである。

●ヒアリング調査結果より

・さまざまな雇用形態があり、（肩書きの）名称だけでは待遇が推測できない
・一人暮らしできるほどの収入が得られない、厳しい経済状況
・不本意な選択としての非正規労働
・正規雇用の「経験あり」の者が7人中5人
・しかし、正規雇用も解決にならない（体調を崩し休職・退職に追いやられる経験等）
・多様な社会資源（相談機関等）の利用経験あり

・全員に精神科・心療内科の受診経験あり。年齢とともに健康課題を感じ始めている
・より安定した仕事への希望が強いが、実際には課題も多い
・今後心配なことは、親の介護（と仕事の両立）
・社会の中での孤立、所属がない不安
・ほしい支援は、同じような人と出会える場、課題に対応した講座等

ここでは、調査協力者が、雇用と経済不安や自分の健康問題、親の介護、住まい方、孤立などの課題を抱えていることを把握した。同時に、非正規職シングル女性の生活や仕事の実態の悩みは一人ひとり異なることも確認された。一方、ヒアリングの対象者が７人と少なく、就業形態に派遣社員の者がいなかったこと、一人暮らしの者が７人中２人のみであったこと、全員に精神科・心療内科の受診経験があったことなどから、本調査の結果は必ずしも非正規職シングル女性の全体像を示しているものではないということも推察された。

（2）本調査（ウェブアンケート調査とグループインタビュー・2015年度）

プレ調査の結果を踏まえ、対象者のより具体的な課題および支援策の検討には、より多くのケースから傾向を把握する必要があると考えた。そこで協会は、横浜市と並ぶ大規模な政令指定都市である大阪市と福岡市の調査者の協力を得たいと考え、一般財団法人大阪市男女共同参画のまち創生協会および公立大学法人福岡女子大学教授の野依智子氏に呼びかけ、３者共同で本調査を行うこととした。

また、調査の設計、結果の分析等を目的として、困難を抱える女性の就業支援に携わってきた有識者を外部委員として迎え、「非正規シングル女性支援プログラム開発検討会」を立ち上げた。外部委員は、本書の共編者である鈴木晶子氏（一般社団法人インクルージョンネットかながわ代表理事、臨床心理士）と、錦戸かおり氏（キャリアカウンセラー）である。

２０１５年度の本調査では、プレ調査対象者がさらに年齢を重ねたときの課題を把握するため、年齢幅を10歳拡大し、調査対象を「横浜市、大阪市、福岡市を中心とする地域に在住し、非正規職で働いている35～54歳で子どものいないシングル女性」とした。また、非正規職には、個人事業主や業務請負など、雇用契約以外の人も含めることとした。

ウェブアンケート調査は、協会が利用していたウェブ上のアンケートシステムを活用し、２０１５年10月に約1ヵ月間実施した。調査回答をよびかける活動そのものが問題を伝え、キャンペーンとなることを意図して、広報を行った。具体的には、フェイスブックページおよびツイッターアカウント「非正規職シングル女子のしごとと暮らしの研究」を開設し、ウェブアンケート調査期間中に、中間報告や寄せられた声などを載せて情報を拡散、調査協力を呼びかけた。それと同時に、新聞等の紙媒体、ウェブ媒体にも依頼し、取材や記事掲載を経て、キャンペーンを展開した。

さらに、ウェブアンケート調査回答者のうち希望者を対象に、対面でのグループインタビューを企画・実施した。調査者がウェブアンケート調査の回答者に直接出会い、現在の仕事や暮らしに関する悩みや不安、望むサポートなどに関する生の声を聴くことで、現状と希望をより具体的に把握することが目的である。個別インタビューではなく、グループインタビューというかたちで行うことで、インタビュー対象者同士が出会うことも意図した。

2　調査結果

本調査の報告書は協会のウェブサイト上で公開しているが、ここでは主な調査項目の単純集計と協会の分析結果を記す。

(1) ウェブアンケート調査結果

ウェブアンケート調査の項目はプロフィール、現在の暮らし、仕事、今後に向けて等について33問設定し、仕事と暮らしについて総合的に考察することを試みた。有効回答件数は２６１件であった。

※調査票は２５６頁参照

ア　回答者のプロフィール

◆Q1　回答者の年齢

２６１人中、『35〜39歳』88人（33・7％）、『40〜44歳』79人（30・3％）、『45〜49歳』67人（25・7％）、『50〜54歳』27人（10・3％）と、年齢が低いほど多かった。回答者の平均年齢は42・6歳である。

◆Q2　回答者の居住地

本調査は、横浜市、大阪市、福岡市在住者を主な対象者としたが、実際の回答者の居住地は、「横

Q1　年齢（SA）

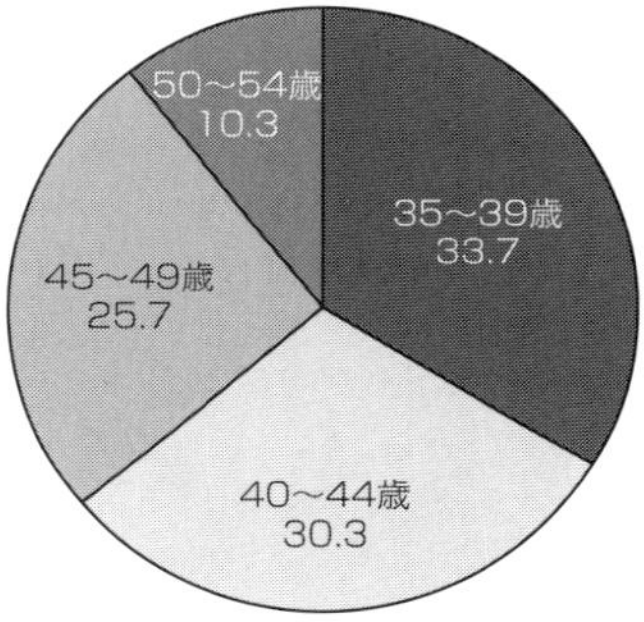

n=261（単位：％）

※50～54歳は少数であったため、クロス集計表では統合して、45～54歳とした。

Q2　居住地（SA）

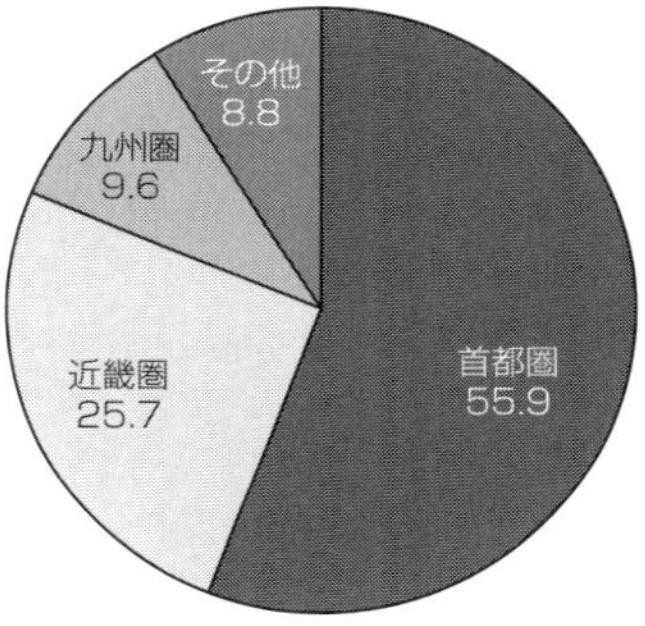

n=261（単位：％）

浜市」39人（14・9％）、「大阪市」22人（8・4％）、「福岡市」16人（6・1％）で、それ以外の地域に在住する人が70・5％と7割を占めた。これを受け、集計にあたっては、居住地を『首都圏』、『近畿圏』、『九州圏』、『その他の地域』に区分している。都市圏ごとの回答者分布は、『首都圏』55・9％、『近畿圏』25・7％、『九州圏』9・6％、『その他の地域』8・8％である。

◆Q3　最終学歴

大きく3つのグループに区分すると『大学・大学院卒』（大学卒業以上）53・3％、『短大・専門学校卒』31・8％、『中卒・高卒・高卒相当』（高校・短大・専門学校・大学中退を含む）14・9％となっている。各校種とも中退が若干名ずつみられるが、中学卒業後進学しなかった人はいなかった。

◆Q4　婚姻歴

「ない」が83・1％で、「ある」と答えた人は16・9％

Q3　最終学歴（SA）

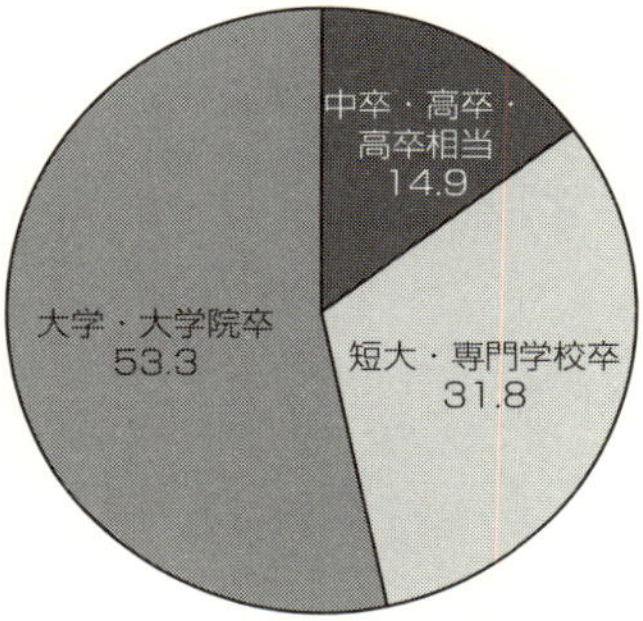

n=261（単位：%）

Q4　婚姻歴（SA）

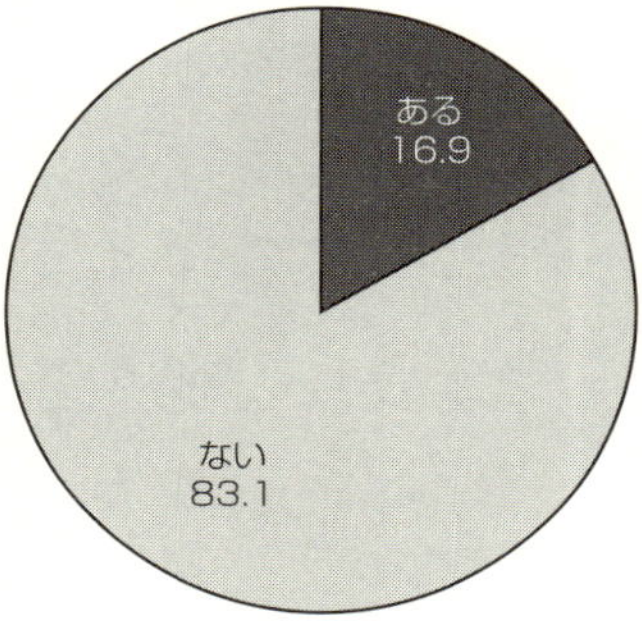

n=261（単位：%）

である。年齢別には『45〜54歳』、最終学歴別には『大学・大学院卒』以外、同居状況では「一人暮らし」、自身の税込年収では『150万円未満』で、婚姻歴がある人が2割を超えていた。なお、記述内容から、婚姻歴はないが、同性パートナーがいるケースも数人含まれていることが把握された。

◆Q7　現在の同居状況

「同居者がいない（一人暮らし）」が47・9％と最も多い。次いで「母」が40・2％、「父」は28・0％で、同居している人の中では「母」との同居が最も多い。「一人暮らし」の割合を属性別にみると、自身の税込年収が高いほど、また、年齢が高いほど高い。就業形態別には「派遣社員」で「一人暮らし」の割合が最も高く、「パート・アルバイト」では最も低くなっている。「その他」には、同性のパートナーや恋人などが4件のほか、義父、元夫などがあげられた。

◆Q9　自身の税込年収

「200〜250万円未満」が26・1％と最も多い。全体

Q.7　現在の同居状況（MA）【値の高い順】

n=261（単位：%）

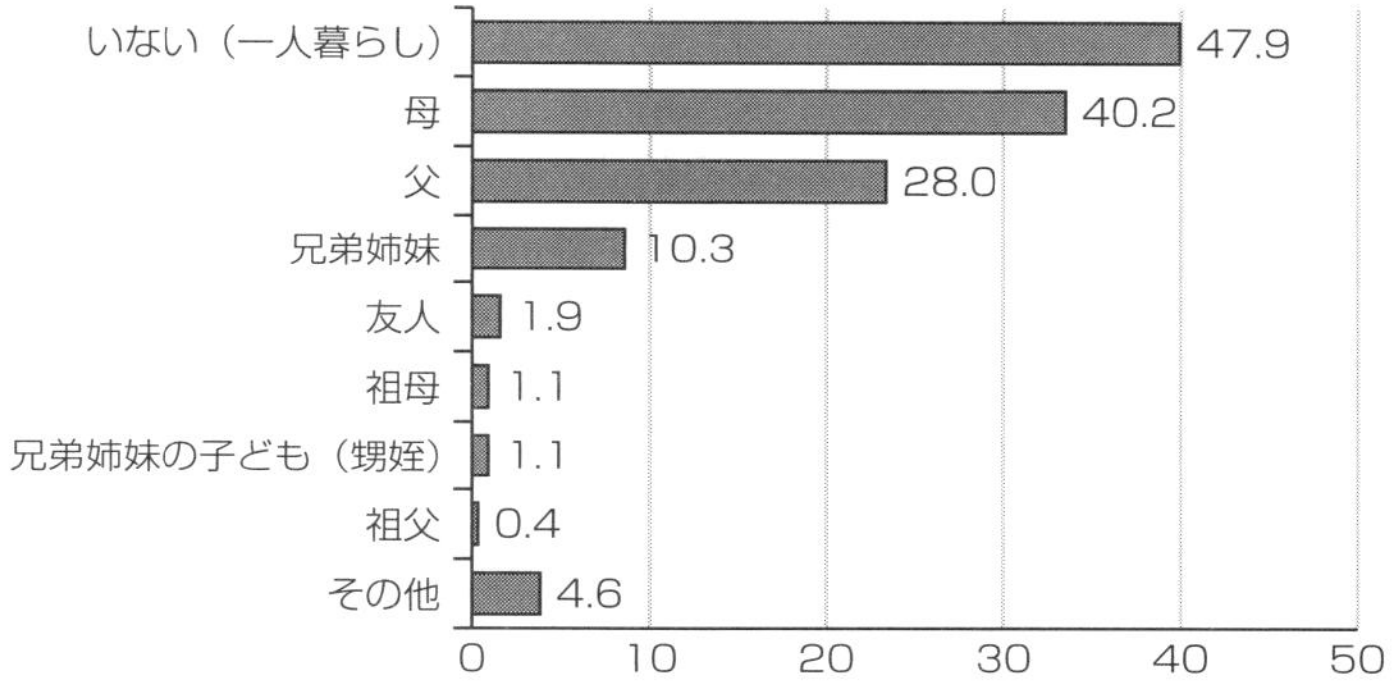

Q.9　自身の税込年収（SA）

n=261（単位：%）

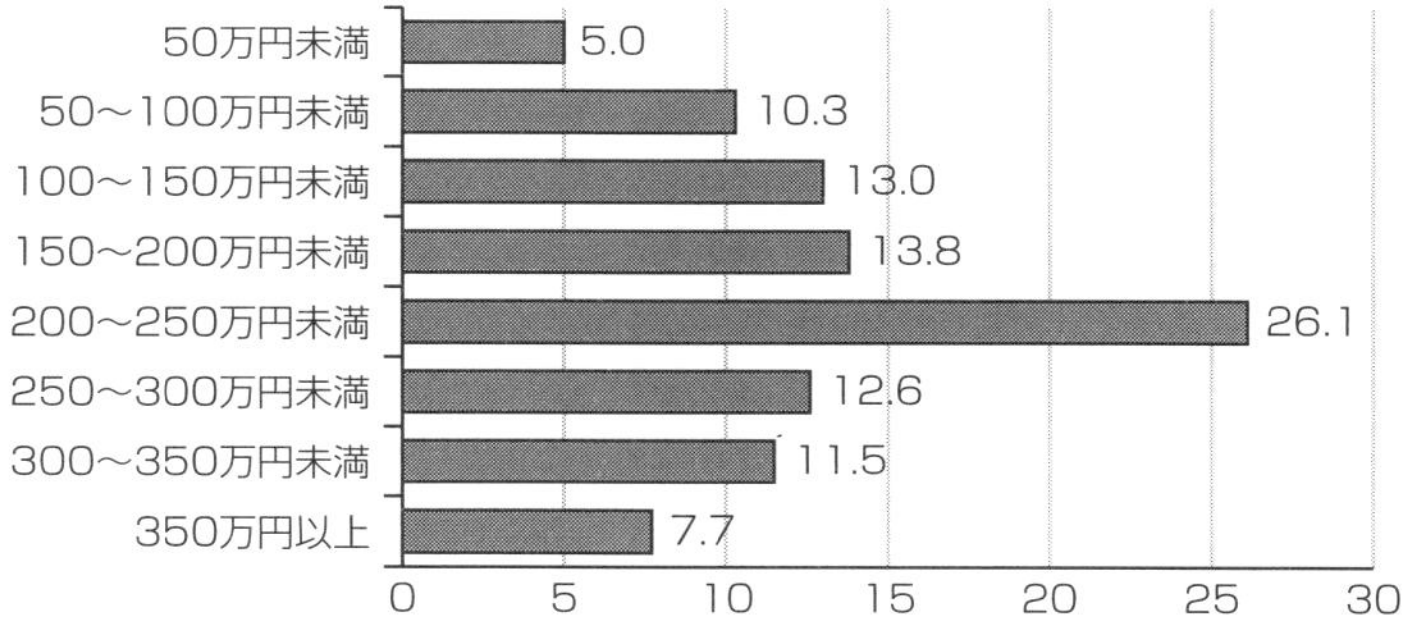

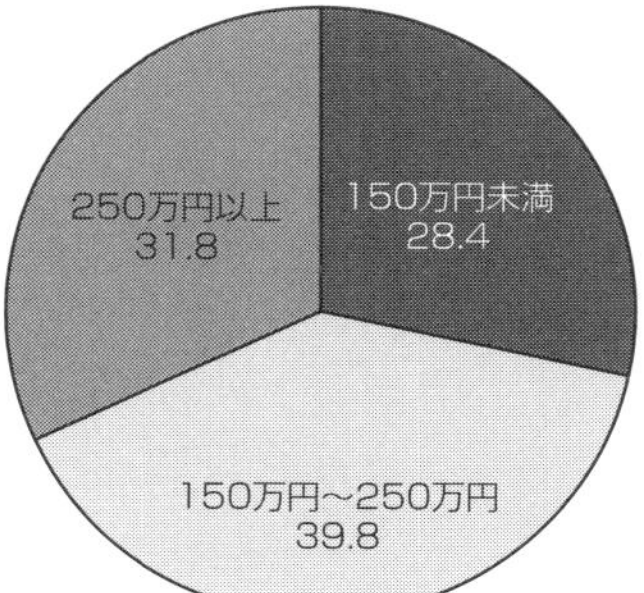

Q.6　住居費負担の状況（SA）　n=261（単位：%）

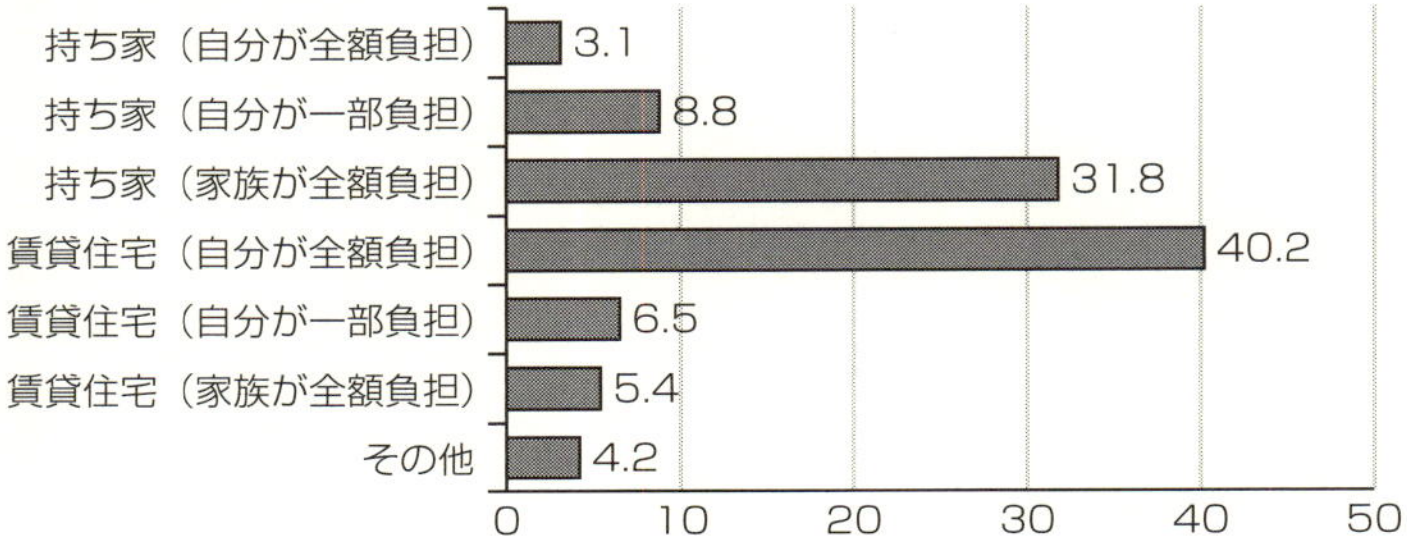

を３区分すると『１５０万円以上２５０万円未満』が約４割、『２５０万円以上』が３割強、『１５０万円未満』が３割弱の分布状況であった。属性別に見ると、学歴が高いほど年収が高い傾向がみられる一方、年齢が高いほど、『１５０万円未満』の比率も高くなっている。就業形態別には、「契約・嘱託」で約５割、「派遣社員」で４割強が『２５０万円以上』となっている。一方、「パート・アルバイト」では『１５０万円未満』が６割を超えていた。

イ　現在の暮らしについて

①暮らし方

◆Q６　住居費の負担の状況

「賃貸住宅（自分が全額負担）」が40・２％と最も多く、「持ち家（家族が全額負担）」が31・８％でこれに次いでいる。所有形態別にみると、「賃貸住宅」が５割を超え、住居費の負担別にみると、「自分が全額負担」が４割強、「家族が全額負担」が４割弱となっている。属性別にみると、「一人暮らし」で「自分が全額負担」が８割を超えている。一方、年収『１５０万円未満』および「パート・アルバイト」では「家族が全額負担」が過半数を占めている。

◆Q８　要援護者の有無

要援護者（回答者が介助・介護しなければならない人）の有無では、「いる」と答えた人は11・１％と、約１割みられる。属性別にみると、年齢では『45～54歳』、年収では『１５０万円未満』で、要援護者のいる人の割合が高くなっている。

◆Q10　世帯の主な家計収入

「自分の勤労収入」を85・４％があげ、次いで「家族の年金」を34・５％があげている。「その他」には、失業保険、傷病手当、障害年金、生活保護、家賃収入などのほか「家にあるものを売っている」との記述もみられた。

Q.8　要援護者の有無（SA）

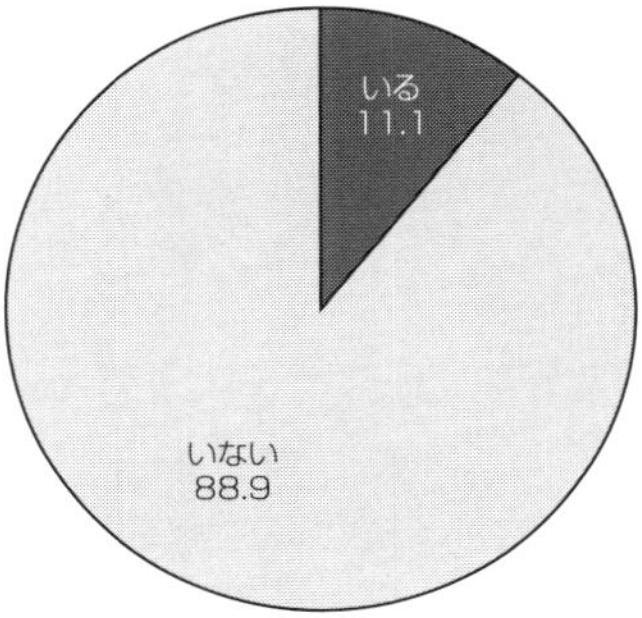

n=261（単位：%）

世帯の家計収入を、自分の勤労収入の有無に着目して類型化してみると、「自分の勤労収入あり・家族の収入（勤労収入または年金）なし」53・６％、「自分の勤労収入あり・家族の収入あり」が33・３％、「自分の勤労収入なし」が13・０％となっている。

②生活実感

◆Q12　現在の生活への満足度

「不満だ」と「やや不満だ」が計68・２％で、「満足してい

Q.10　主な家計収入（MA）【値の高い順】　n=261（単位：%）

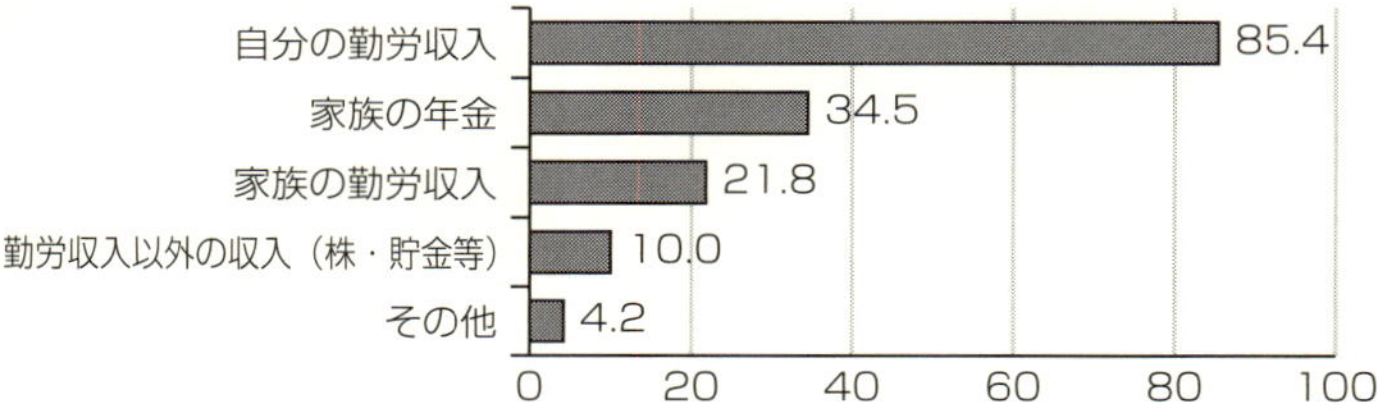

【家計収入の類型（再集計）】

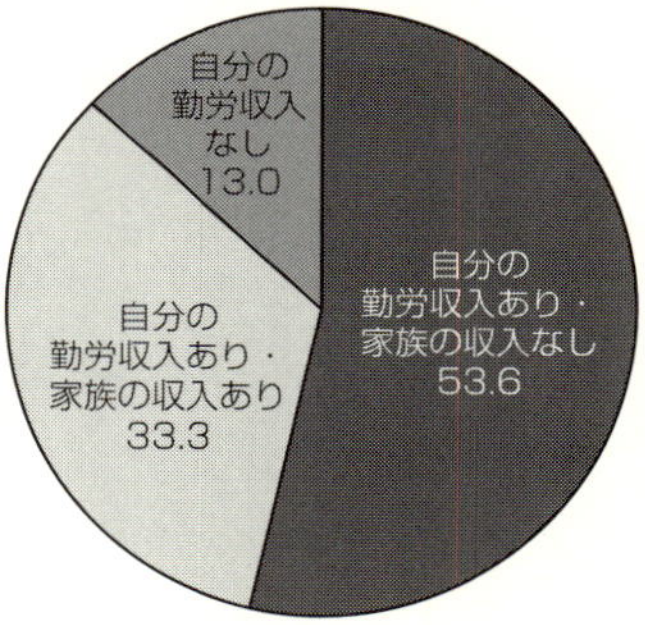

る」と「まあ満足している」は計24・9％、「どちらともいえない」が6・9％となっている。属性別にみると、年齢が高いほど、学歴が低いほど、また、自身の年収が低いほど〝不満〟との回答の比率が高くなっている。

◆Q13　経済的なゆとり感

「あまりゆとりがない」と「まったくゆとりがない」が計80・5％、「ある程度ゆとりがある」は16・5％、「どちらともいえない」が3・1％、「ゆとりがある」は皆無であった。属性別にみると、年収が低いほど、最終学歴が低いほど「ゆとりがない」との回答の比率が高い。就業形態別では「パート・アルバイト」、「非常勤」、「業務請負等」で、「まったくゆとりがない」が4割を超えている。

◆Q14　時間的ゆとり感

「ゆとりがある」と「ある程度ゆとりがある」が計50・9％、「あまりゆ

Q.13　経済的なゆとり感（SA）

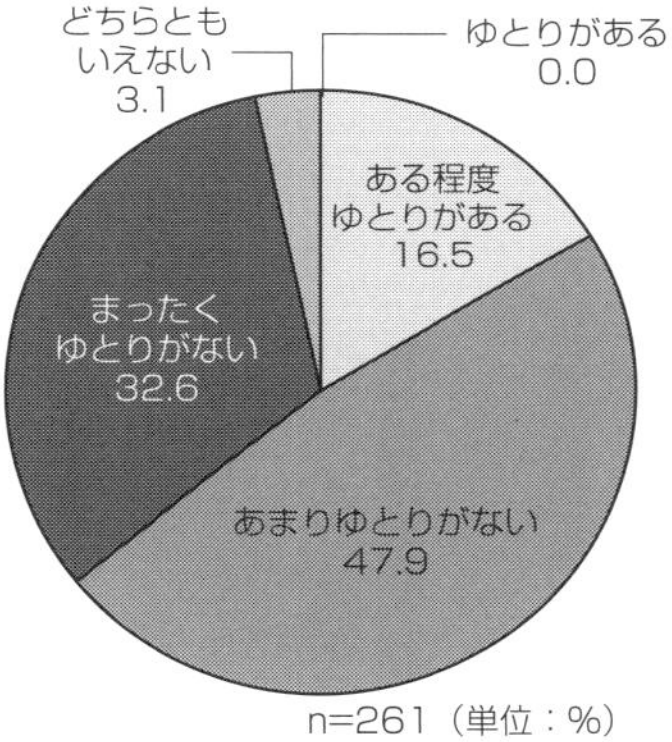

Q.12　生活満足度（SA）

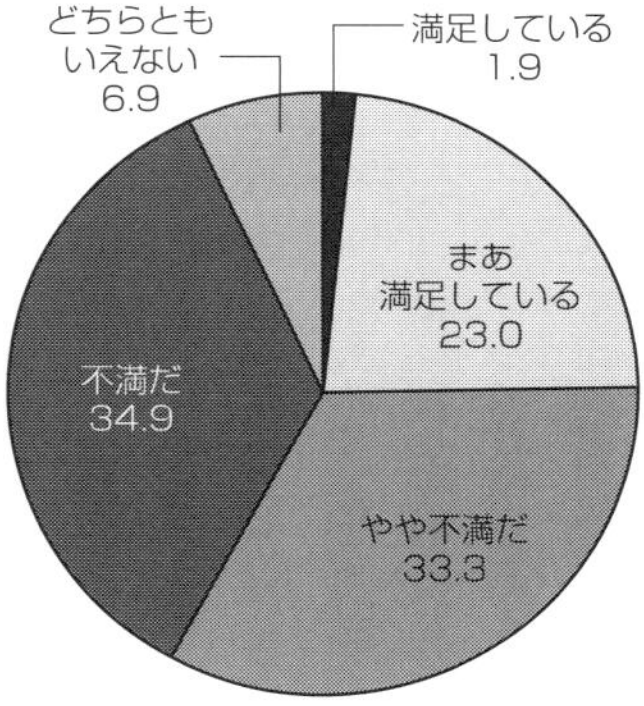

とりがない」と「ほとんどゆとりがない」が計47・1%と、「ゆとりがある」が「ゆとりがない」を若干上回っている。属性別にみると、年齢が高いほど、年収が高いほど、同居状況では「一人暮らし」のほうが、時間的に「ゆとりがない」との回答の比率が高い。就業形態別には、「契約・嘱託」の約6割が、「ゆとりがない」と感じている。

③悩みや不安

◆Q16　現在の悩みや不安

Q.14　時間的なゆとり感（SA）

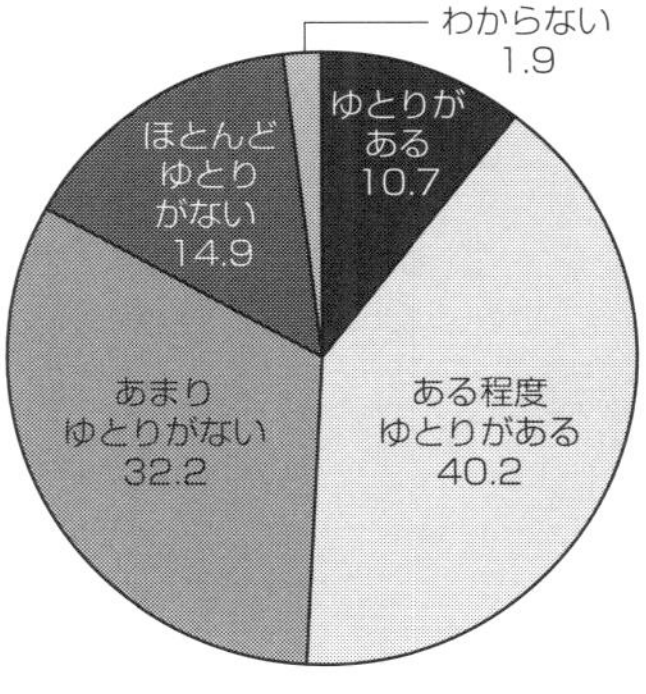

多数の項目があげられた（全回答者の平均選択数4・73項目）。うち、「仕事」「老後の生活」を8割以上が、「健康」を約6割があげ、「家族の世話・介

Q.16　悩みや不安（MA）【値の高い順】　n=261（単位：%）

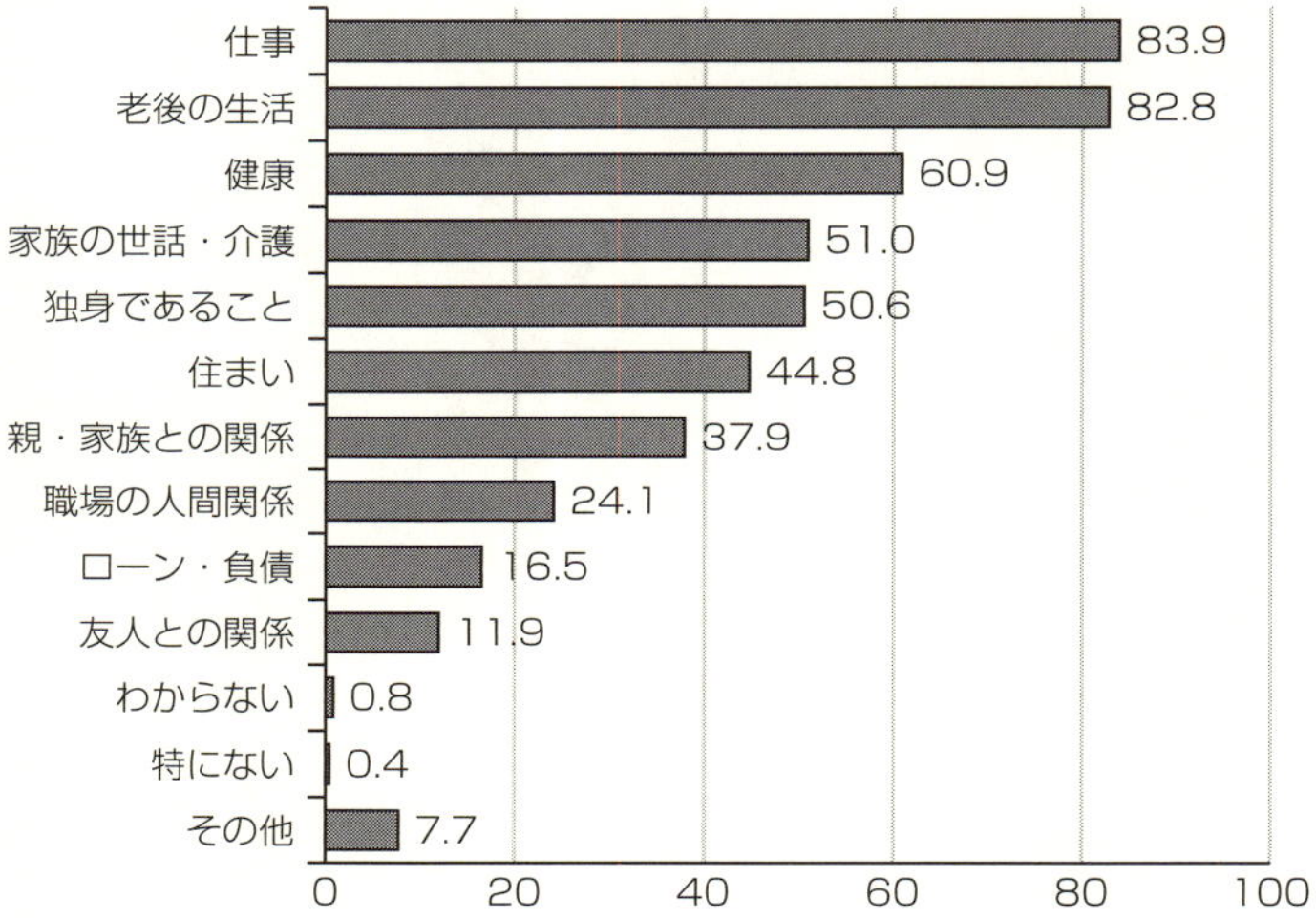

護」「独身であること」を約５割があげた。属性別にみると、「仕事」をあげた人の比率は「派遣社員」「大学・大学院卒」「一人暮らし」でとくに高く、「老後の生活」は、40歳以上でとくに高くなっている。また、年収「１５０万円未満」「パート・アルバイト」では、「健康」をあげた人が各７割前後みられる。「家族の世話・介護」は40歳以上で過半数を超え、一方「35〜39歳」では６割が「独身であること」をあげている。

「その他」には、同性パートナーとの生活の法的保障、同性愛者である生きづらさ、出産ラストチャンス、奨学金の返済、今の政権、などがあげられた。

◆Q17　悩みや不安の内容（自由記述）

２０９人（２６１人中の80・１％）が何らかの内容を記述した。以下は、複数みられた記述を中心に抜粋し、大まかに区分して年齢順に並べたものである。

《現在の仕事や生計の悩み・不安について》

……「雇用不安定」「低賃金」「借金」「医療費出せず」「仕事量多い」など

・職業柄、非正規職の募集ばかりで、雇用の継続性はいつも不安。自分だけでなく同僚も同じ状況なので、せっかく仲良くなってもいつまで一緒に働けるかと不安。（38歳）

・派遣を転々としたり、スポットのバイトをし、借金をして何とか生きている。学歴もないのでまっとうな仕事にもつけず、派遣先で社員より働いても給料は安い。意見も聞いてもらえない。仕事が社員よりできても学歴がない人間は正規雇用されない。そして増えゆく借金。もうどうしたらいいかわからない。（39歳）

・昼間は派遣、夜と週末は在宅の仕事とダブルワーク。派遣法改正で今の仕事は今後3年しか続けることができなくなった。3年後の主収入確保が今から心配。副業があるので原則副業禁止の正社員になるのは難しい。両親に介護が必要になったり、自分が病気になったらとたんに生活が破綻する。（40歳）

・派遣から契約社員になっていたが、2013年の労働契約法改正により5年後に正社員雇用をしたくない会社側から契約満了で切られた。年齢的にまた非正規職か。（40歳）

・派遣雇用で収入が安定せず、貯金をしても税金や家賃、部屋を借りるための前借り金返済等で全くゆとりがない。体調を崩したら医療費も出せず、生活が立ち行かなくなる不安。郊外の安い賃貸に引っ越しても、派遣社員は給与に交通費が含まれるのでプラスマイナスゼロになってしまう。仕方なく都内に暮らしている。（42歳）

・将来への不安を軽減するために資格を取得したいが、正社員と同じ仕事内容で仕事量が多く、日々の生活で手一杯。金銭面の不安があり、一人暮らしもできない。（44歳）

・今後の職探しに役立ちそうな資格の勉強をしたいと思っても、学ぶためのお金がない。結婚歴なしのパートタイマー。同じ会社で15年働き、時給が上がるのは地域の最低賃金が上がったときだけ。最低賃金ぎりぎりの給料で、本業だけでは生活が成り立たず、週1回は（日雇い）派遣の仕事をしているが、現在は派遣法により（主たる業務の収入が）年500万円に満たない場合、仕事が限られている。（48歳）

・障害者雇用でパートで働いている。時給は最低賃金で障害年金もいただいているが、生活は苦しい。薬の副作用があり、疲れやすく、短時間しか働けず。契約更新してもらえるか、毎年不安。親が死んだらどうしようと毎日くよくよ考える。（48歳）

・現在の職場で3年前にしたケガが完治せず、日常生活に支障をきたしている。転職も考えたが、現在のパートをどうにか継続。仕事内容が変化し、販売から営業的なこともさせられ、苦痛。父母の年齢もあり、別のパートを併用するか、仕事自体を変えなければと夜も眠れずとても憂鬱。（50歳）

・親の介護をしていて貯金を使い果たしたため不安。（54歳）

《将来の不安について》

……「親なき後の生計」「親の介護」「体調不良と生活困窮」「孤独」など

・退職金もなくボーナスもない。将来生きていくのであれば生活保護しかないと思う。安楽死施設を開設してほしい。（35歳）
・非正規職のまま、家族がいなくなったら一人で生計を立てていけるのか。しかし、正社員になって、徹夜などの長時間労働や複雑な人間関係に耐えられる自信がない。（36歳）
・親が離婚しているので、からだが弱くて一人暮らしの母親の将来的な介護。（40歳）
・両親のサポートのため東京を離れることになり、派遣を離職。交通費不支給のため、地方からの通勤は無理。自分も婦人科手術のため、しばらく働けず。現在無収入で親の年金と貯金で生活。きょうだいも親戚づきあいもなく、両親が亡くなったら不安のみ。（43歳）
・母子家庭で育ち、現在母との二人暮らし。20代は正社員だったがリストラされ、その後派遣、アルバイト、直近は1年更新の契約社員で現在求職中。ずっと非正規職で貯金もなく、求人も非正規職ばかりで求職活動も厳しい。（44歳）
・老後、介護が必要なからだに（自分が）なったらと考えると不安。年金だけでは施設に入ることも不可能。自分はきっと孤独死するだろう。（44歳）
・健康に不安があるため、仕事を失う→仕事につけない→両親の介護がのしかかってくる→老後の生活不安、という負のスパイラルに陥るのではないかと悩んでいる。（47歳）
・現在両親の介護中で私自身もがんサバイバー。亡き夫の闘病中の負債や分譲マンションのローン等に困窮し、両親の年金、きょうだいの援助で生活している。両親亡き後は即貧困になると覚悟。そ

のときのために今から夜間に在宅仕事をと思うが、そこまでの余裕がない。（49歳）

・長く派遣社員などで働いてきた。30代前半で体調を崩し結婚も子どもも望めない。派遣も満了し、半年職業訓練に通ったが仕事がなかなか見つからず。年金は期間免除。社会保険料や税はとても払えない。母が亡くなれば私も死ぬしかない。（49歳）

・親の死後、孤独になること。公務員だった母の年金収入が途絶えることによる生活の不安。（51歳）

・親が介護施設に入居している。親自身の年金全額でも足らずきょうだいで費用を分担しているが、非正規職のかけもちで収入も少なく、貯金を切り崩しながらの（介護費）負担。唯一独り身の自分の老後を考えると、国民年金だけで生活できるのか不安。（53歳）

《家族・結婚・住まいの悩みや不安について》

……「家族が欲しい」「同性パートナー」「シングル向けの住まいが少ない」など

・結婚できるのか。できたとしても出産できないのでは。（専門職の）仕事が毎年替わっているので、今後も仕事ができるか不安。経験をどう積み上げていくか明確でない。（37歳）

・家族がほしいが、付き合える異性に出会えない。親が死んだらきょうだいもいないので天涯孤独になるのがつらい。性別年齢問わず、家族という共同体がほしい。（39歳）

・病気、ローンをかかえている自分が結婚できるのか。（40歳）

・同性パートナーとの法的保障がないので、老後の生活に不安がある。（41歳）

・ＵＲ賃貸でも独身者が借りられる物件が少なく、差別を感じる。（42歳）

・安アパートなので隣近所に筒抜けでプライバシーが乏しい。引っ越すにも賃貸だと保証人や収入審査が厳しくてなかなかできない。（43歳）
・婚活もしているがなかなかうまくいかず、自分が生きていくことができるのか見通しが立たず、近い将来すら大変不安。未来のことなど恐ろしくて考えられない。（48歳）

《自分の健康や生きづらさなどについて》
……「持病がある」「摂食障害」など

・派遣で働いた工場内で着用義務だった手袋でアレルギーを起こし転職。今は大きな物流倉庫の中を一日中歩き続けるので体力の消耗が激しい。（35歳）
・摂食障害をかかえながら働いており、いつまでもつのか考えるときがある。（35歳）
・一番不安なのは健康問題。一人でいることそのものに不満はほとんどなく、家賃が安いのでどうにかなってきたが、自分が倒れることを考えると不安。（42歳）
・もともと丈夫でなく、更年期の症状なども加わってきて健康状態が不安。健康であれば、稼いだり、親の介護などもできると思えるが、自分が健康でないとその気持ち自体が萎えてしまう。（47歳）
・持病があり、経済困窮。仕事はきつく、休日は寝ていることが多い。職場では人間関係が希薄で能力主義のため、いつも気を張っている。精一杯努力してこんな生活か。（47歳）
・健康を害したが、難病指定もなく、自費なので厳しい。環境に配慮してくれる職場もないので、どうしていいかわからない。（49歳）

・家族と自分の健康が一番気がかり。家族、自分のどちらが倒れても今の生活が成り立たなくなる。非正規職のため、病気になっても休職することができず不安。（50歳）

《その他 社会の対応・視線などについて》

……「独身者への偏見」など

・年齢も上がっているのに独身、子どもなしだと非国民と思われる。国も生まないのが問題という。人として生きる価値なし。うわべだけは世の中は変わったとか、欧米に倣ってと言っても、結局、独身、子どもなし、職歴なしだと変な目で見られる。（37歳）

・体調不良で救急搬送された際、付き添いがないことを理由に受入れを断る病院が多かった。病気になっても頼れる家族がいない。独身女性は病院にも嫌がられる。財力がなく、お金で解決できないのはつらい。（42歳）

◆Q18　悩みや不安の相談先

「友人」が54・４％と多く、「親」が32・２％でこれに次いでいる。「相談相手はいない」も25・７％みられ、とくに「派遣社員」では４割弱がこれをあげている（全回答者の平均選択数１・78項目）。

ウ　仕事について

①初職の就業状況

Q.18　主な相談先（MA）【値の高い順】　n=261（単位：%）

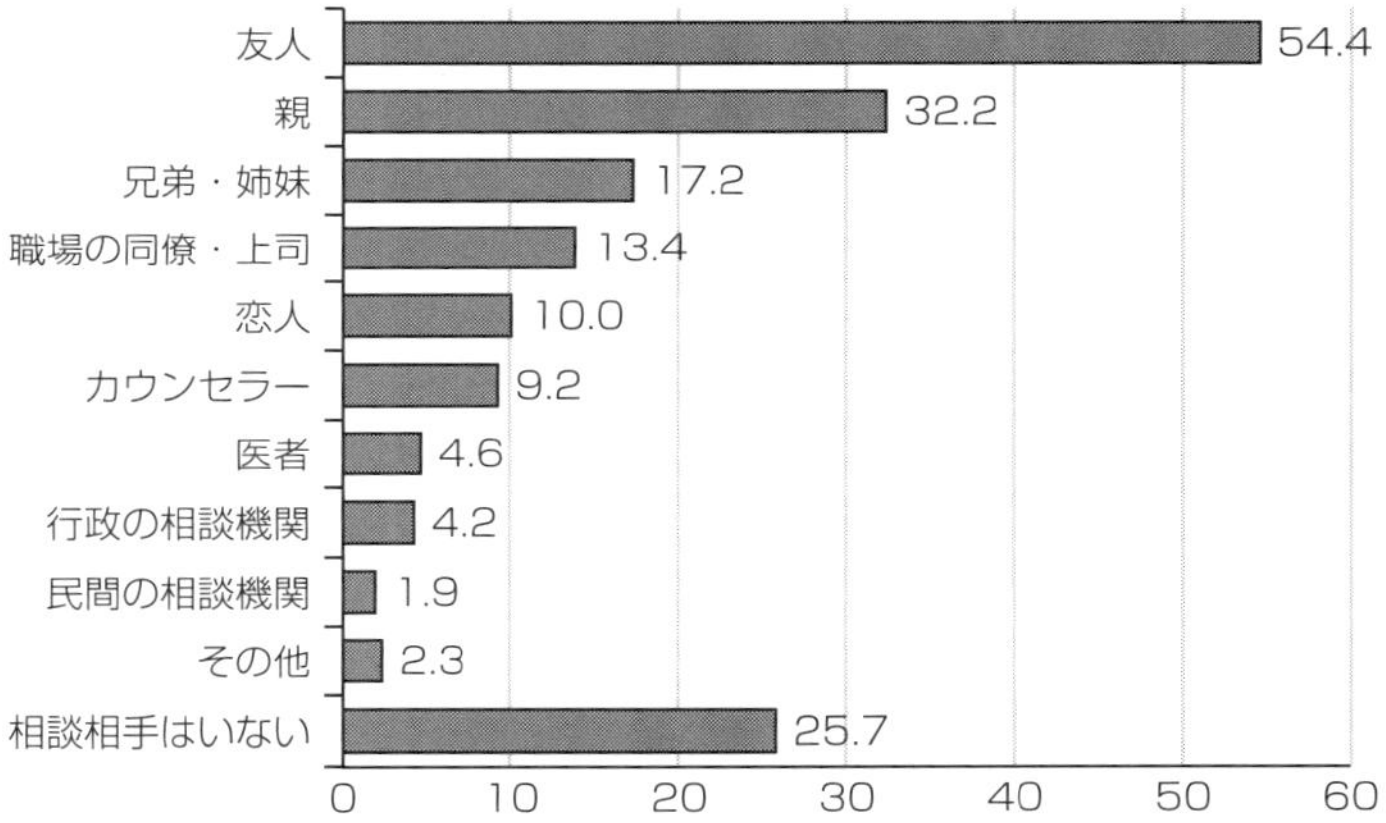

◆Q19　初職の就業形態

学校卒業後についた初職の就業形態は、正規職（正社員・正規職員）が52・1％と半数強みられるものの、非正規職（正社員・正規職員以外の雇用や請負等）も半数近くにのぼっている。とくに、『35〜39歳』は約6割が大学卒業以上であるにもかかわらず、約7割が初職から非正規職についていた。

◆Q20　初職の職種

「事務職」が36・8％と3人に1人以上の比率となっており、「接客・販売」、「専門・技術職」が約2割でこれに次いでいる。

②現在の就業状況

◆Q21　現在の就業形態

「契約・嘱託」28・7％、「派遣社員」23・4％、「パート・アルバイト」20・3％の順で多く、「業務請負等」（個人事業主・業務請負）「非常勤」も約1割ず

Q.19　初職の就業形態（SA）【値の高い順】　n=261（単位：%）

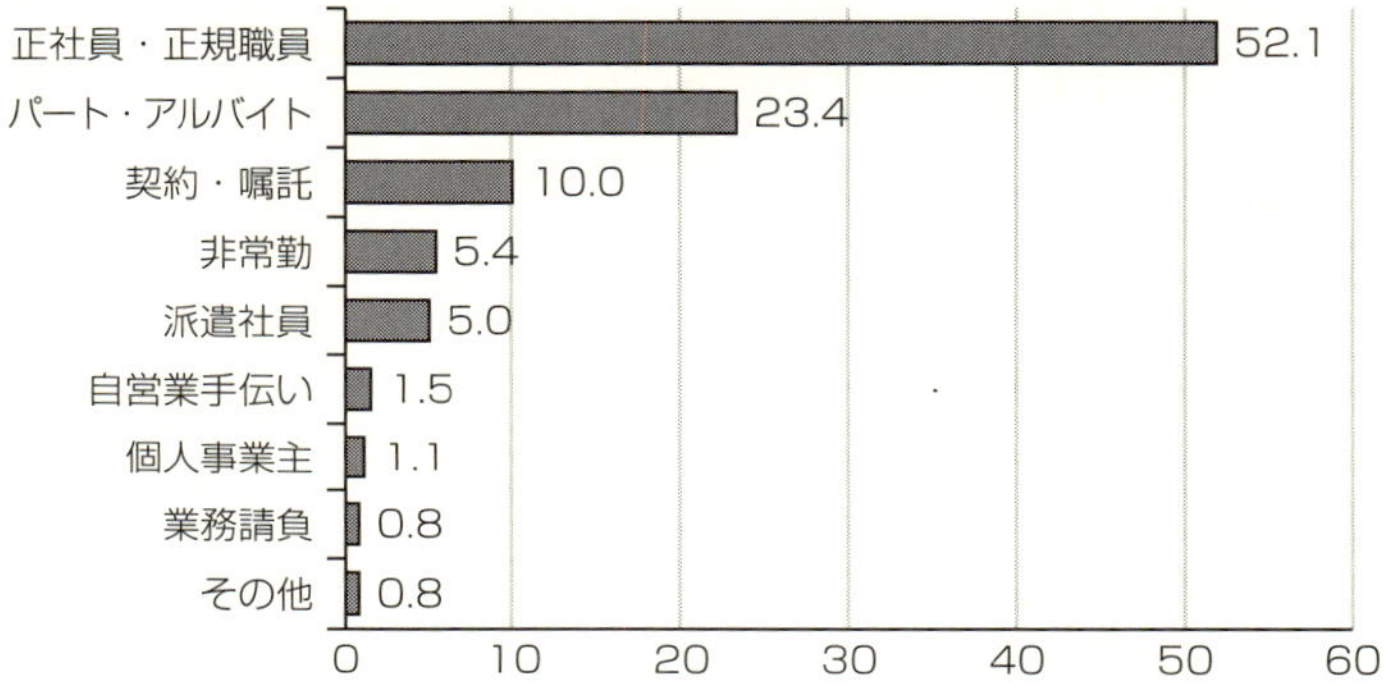

Q.20　初職の職種（SA）【値の高い順】　n=261（単位：%）

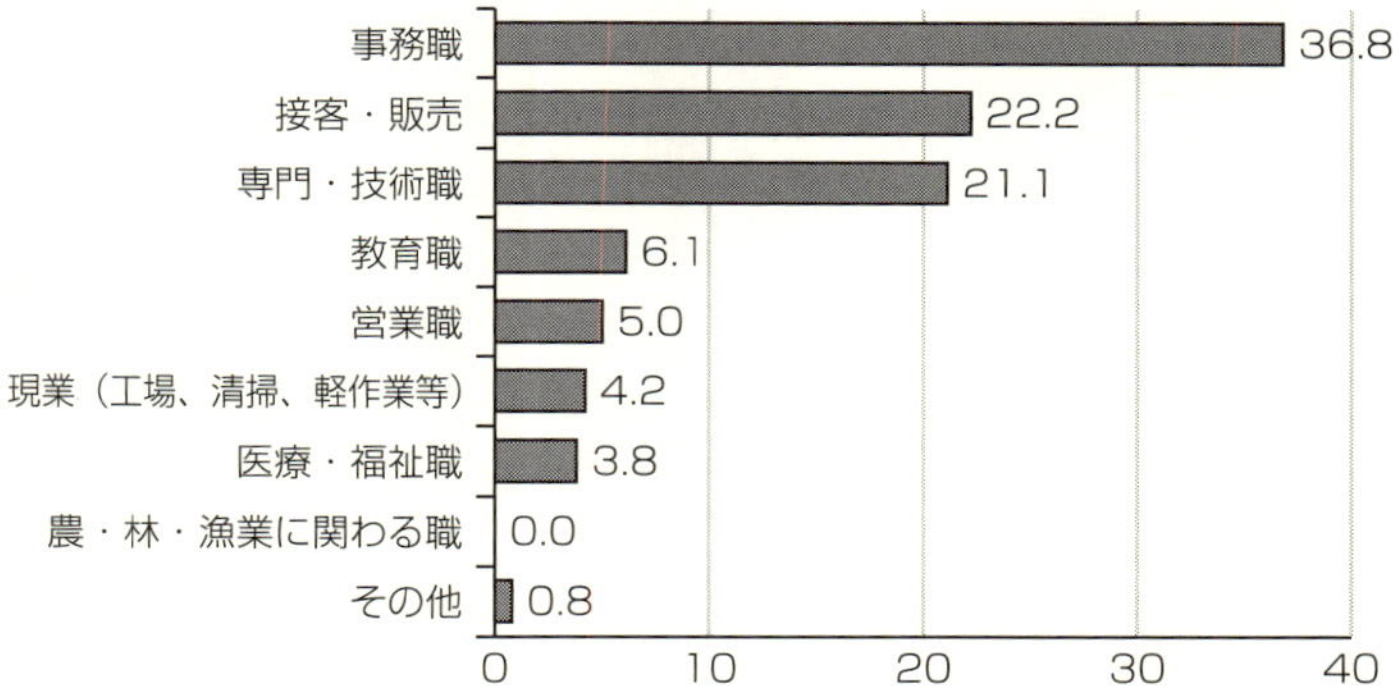

Q.21　現在の就業形態（SA）【値の高い順】　n=261（単位：%）

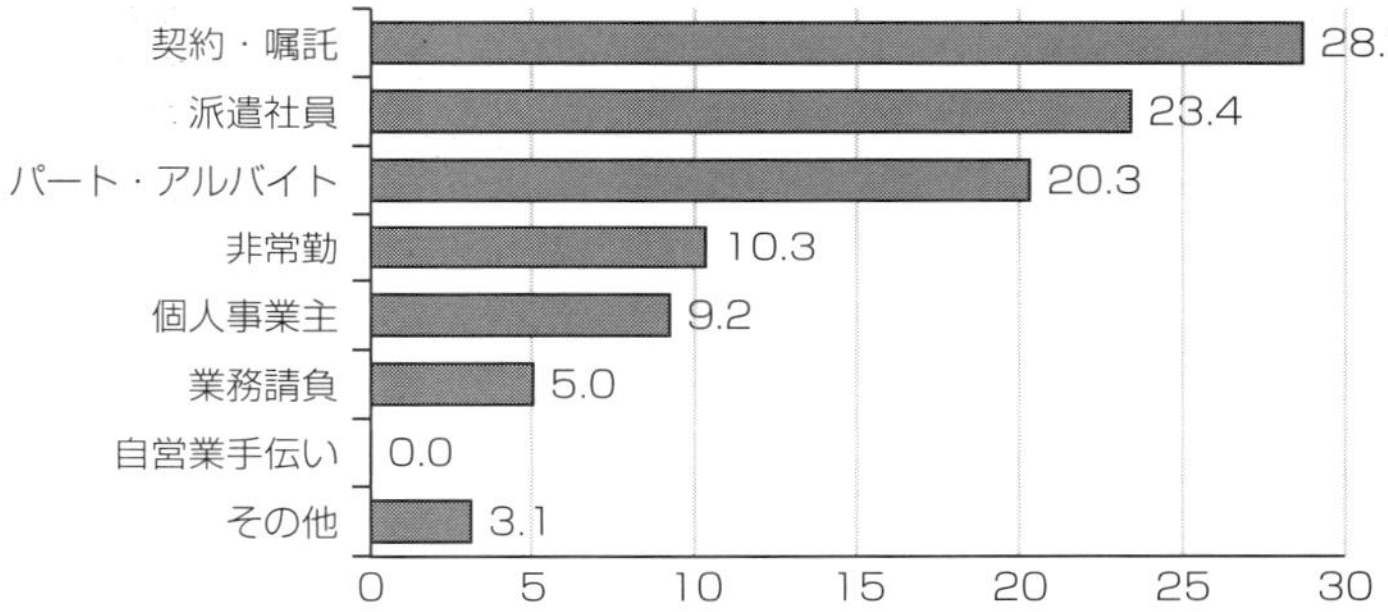

Q.22　現職の契約期間（SA）　n=261（単位：%）

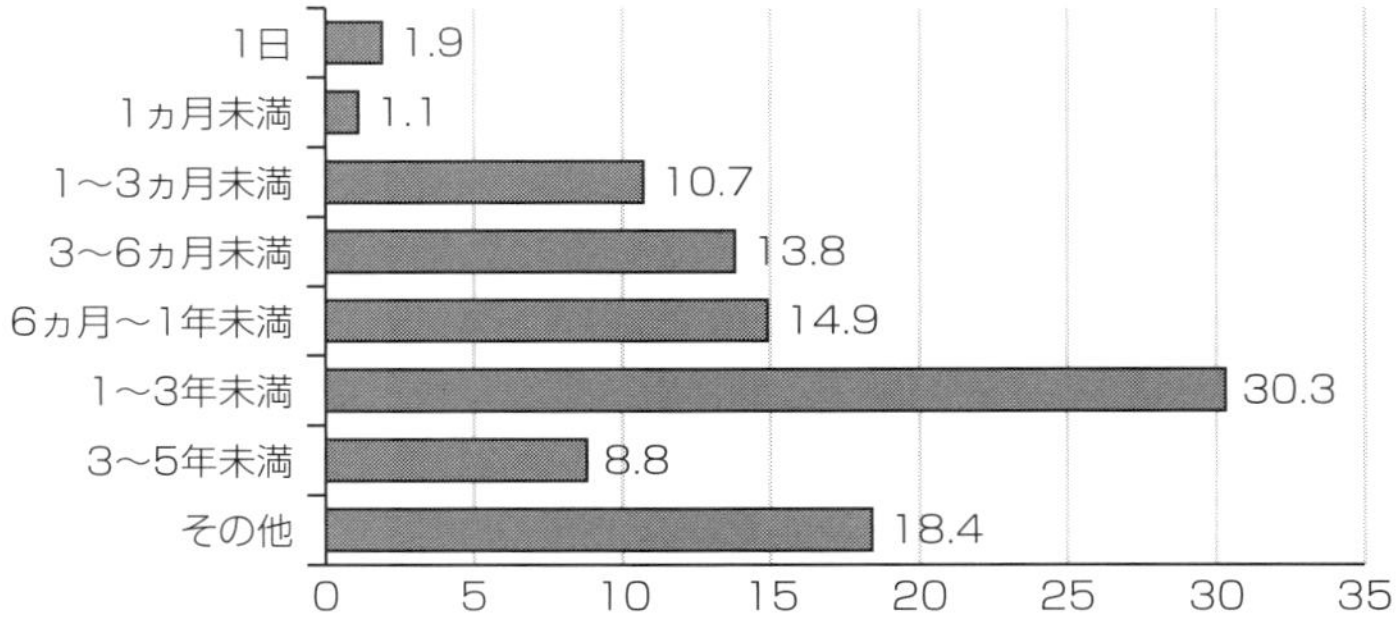

つみられる。

◆Q22　現職の契約期間

1年未満が4割超で、「1～3年未満」が3割、「3～5年未満」が約1割となっている。「その他」（期間が決まっていないなど）も約2割みられる。

◆Q23　現在の職種

「事務職」が44・4％と最も多く、「専門・技術職」が24・1％でこれに次いでいる。属性別にみると、「業務請負等」では約6割が「専門・技術職」、「非常勤」では約5割が「教育職」である。「パー

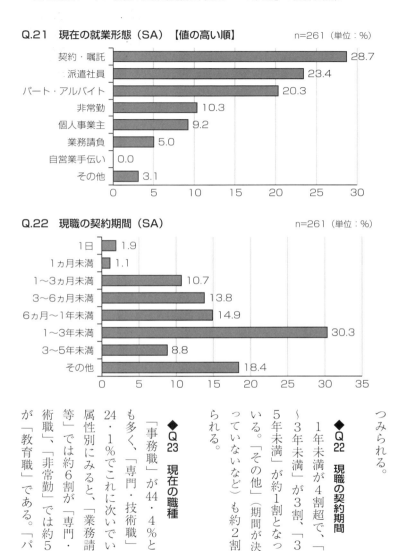

Q.23　現在の職種（SA）【値の高い順】　n=261（単位：%）

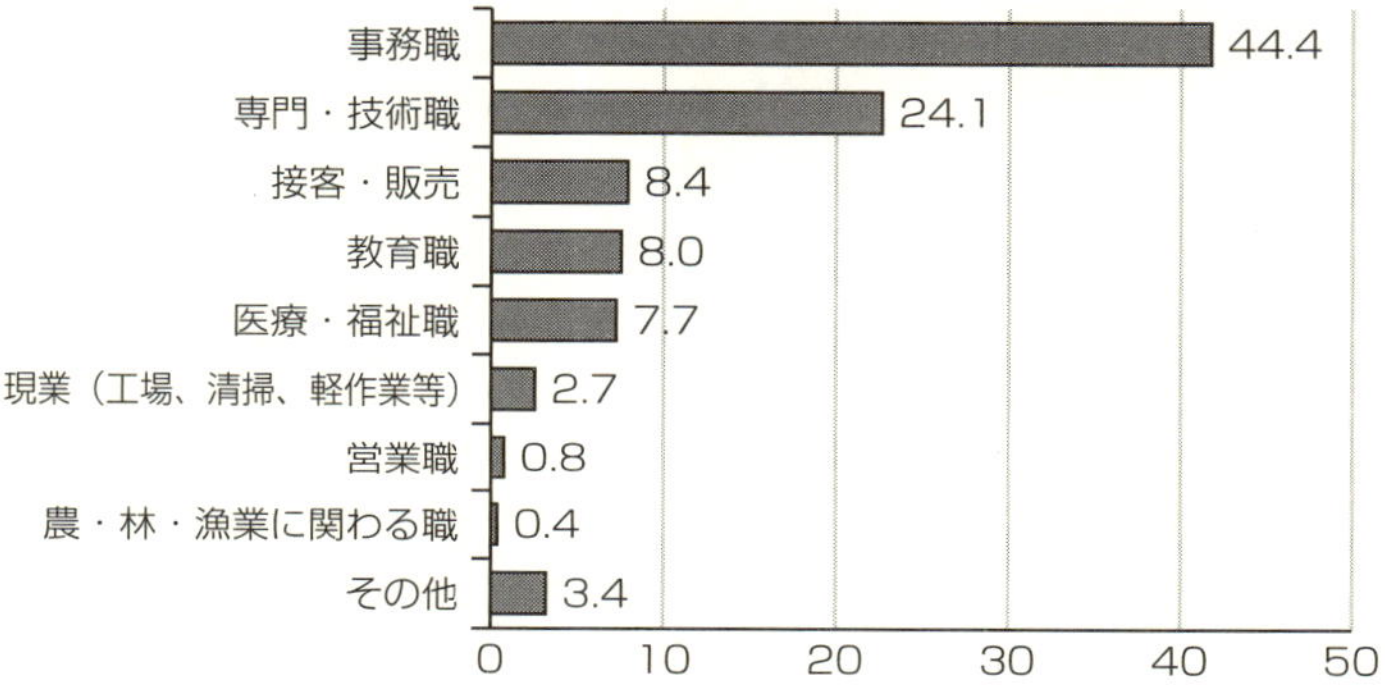

Q.24　仕事のかけもち（SA）

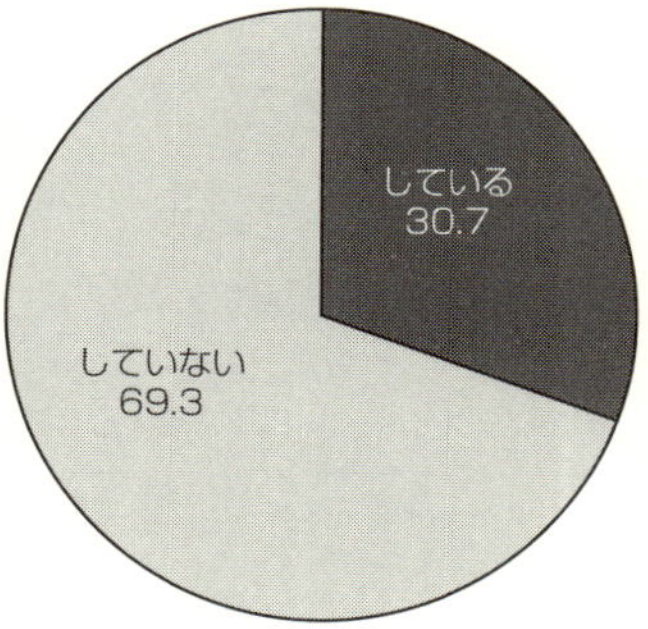

n=261（単位：%）

ト・アルバイト」では「接客・販売」が3割と、他の働き方に比べて多くなっている。

◆Q24　仕事のかけもち

「している」と答えた人は、3割となっている。属性別にみると、年齢が高いほど、自身の年収が高いほど、同居状況別には「一人暮らし」で、かけもちをしている人の比率が高くなっている。就業形態別にみると、「非常勤」の6割、「業務請負等」の4割以上が、仕事のかけもちをしていると答えている。

◆Q25　週当たりの労働時間

「40時間以上」が37・5％、「30〜40時間未満」が35・6％と、7割以上の人が週30時間以上仕事をしている

Q.25　週当たり労働時間（SA）

n=261（単位：%）

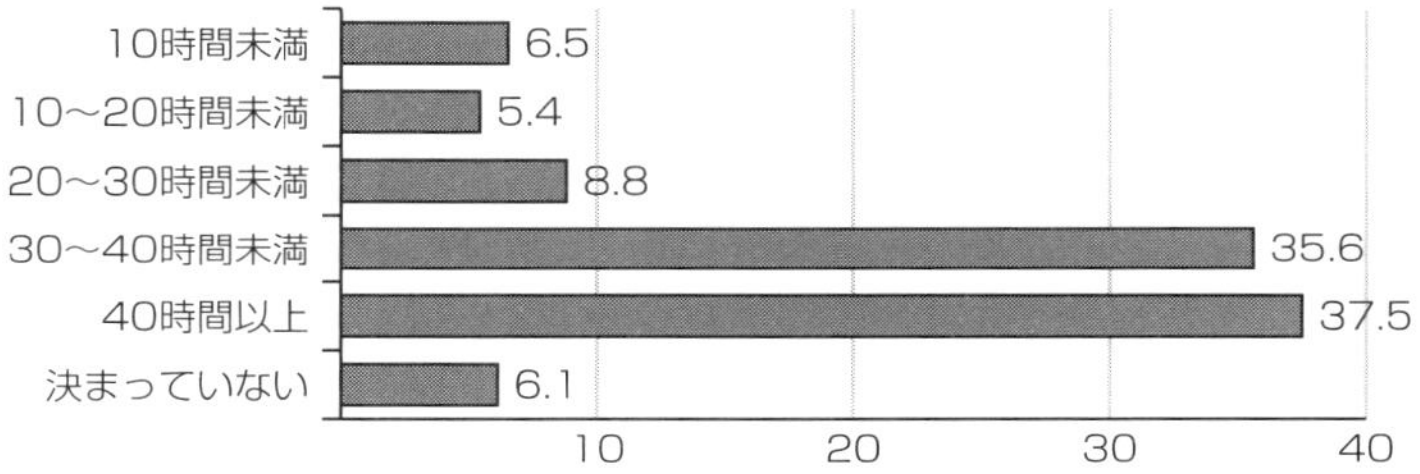

（仕事をかけもちしている場合は合計時間を回答）。属性別にみると、年齢が高いほど、学歴が高いほど、年収が高いほど、また、同居状況別には「一人暮らし」で、「40時間以上」の比率が高くなっている。とくに、年収「250万円以上」および「契約・嘱託」の人の過半数が「40時間以上」仕事をしている。年収「150万円未満」および「パート・アルバイト」では、「30～40時間未満」に次いで「20～30時間未満」の比率が高くなっている。

②仕事の悩みや不安

◆Q26　利用した支援機関

就業に際してこれまでに利用した支援機関としては、62・5%が「ハローワーク」をあげ、その他「職業訓練」、民間団体や行政の講座・相談など多様にみられる（利用したことのある人の平均選択数1・87項目）。一方で、「利用したことがない」人も28・4%と3割近くみられる。属性別にみると、学歴が高いほど、年収が高いほど、また、同居状況別には「一人暮らし」で、「利用したことがない」人の比率が高くなっている。

Q.26　利用した支援機関（MA）【値の高い順】　n=261（単位：%）

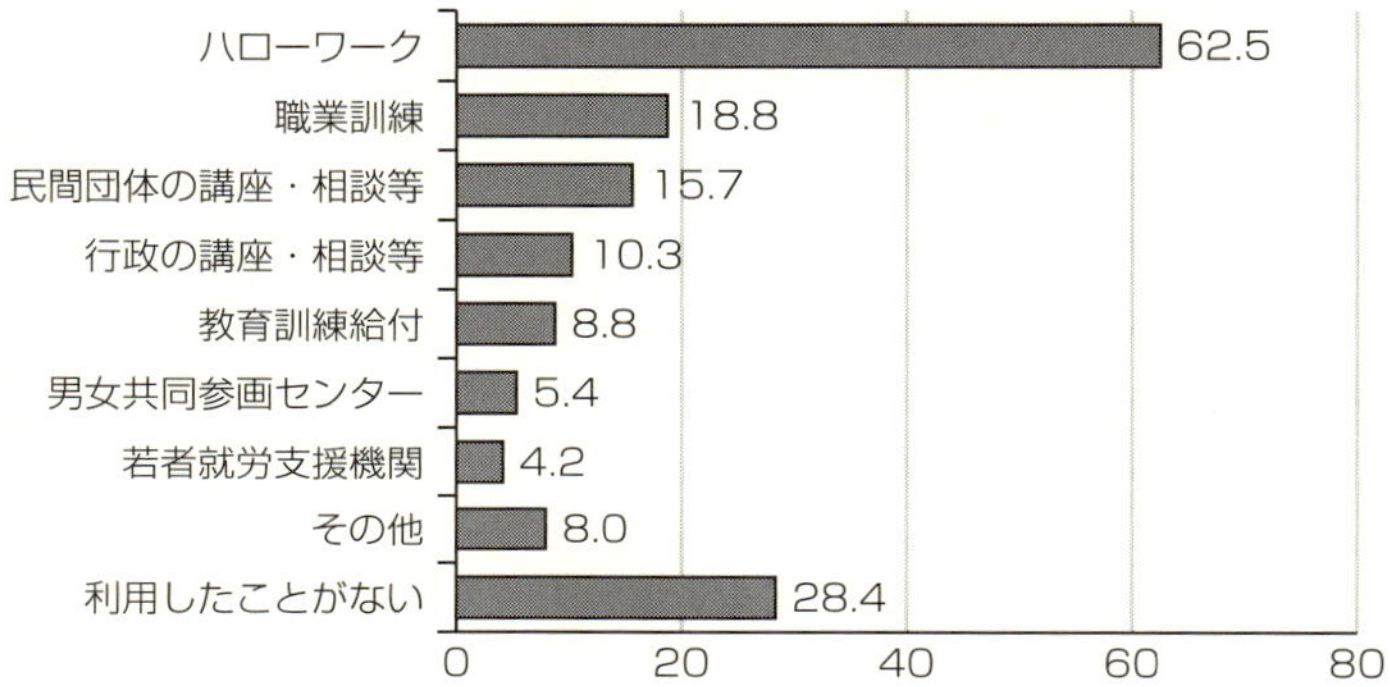

Q.27　非正規職についている理由（MA）【値の高い順】　n=261（単位：%）

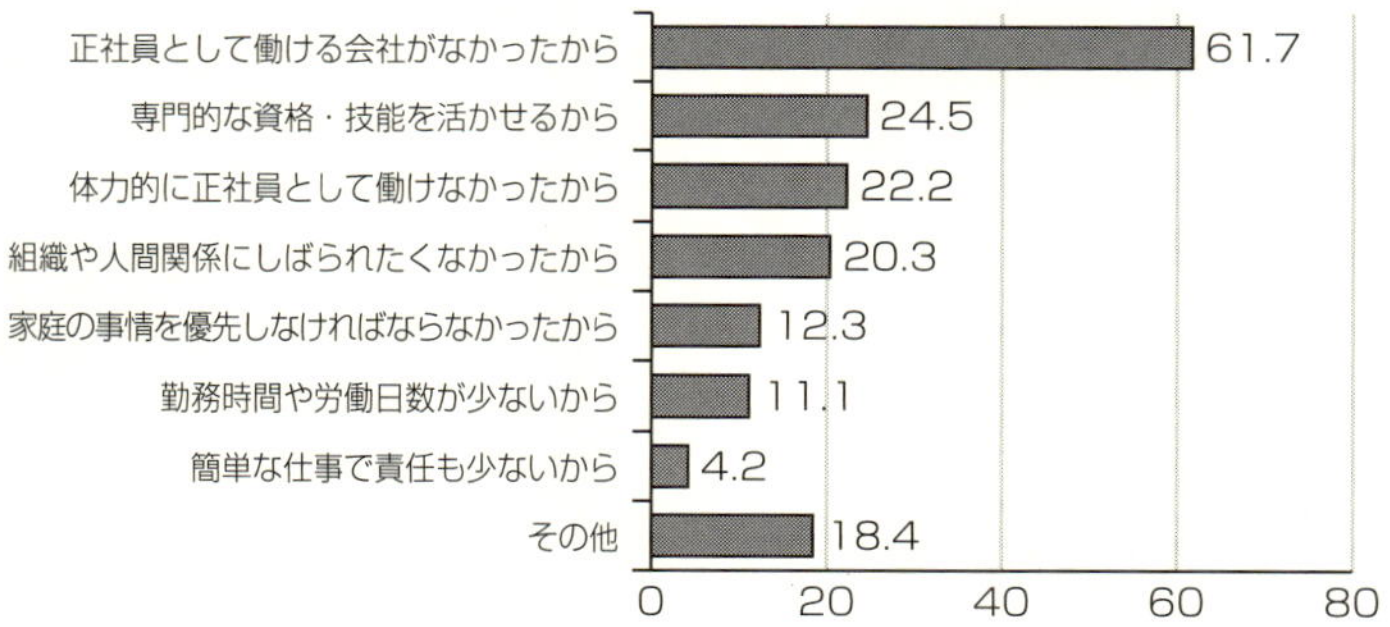

◆Q27　非正規職についている理由

「正社員として働ける会社がなかったから」が61・7％と最も多く、次いで「専門的な資格・技能を活かせるから」24・5％、「体力的に正社員として働けなかったから」22・2％、「組織や人間関係にしばられたくなかったから」20・3％などがみられる（全回答者の平均選択数1・75項目）。「契約・嘱託」「派遣社員」では7割以上が「正社員として働ける会社がなかったから」を、

Q.28　仕事に関する悩みや不安（MA）【値の高い順】　n=261（単位：%）

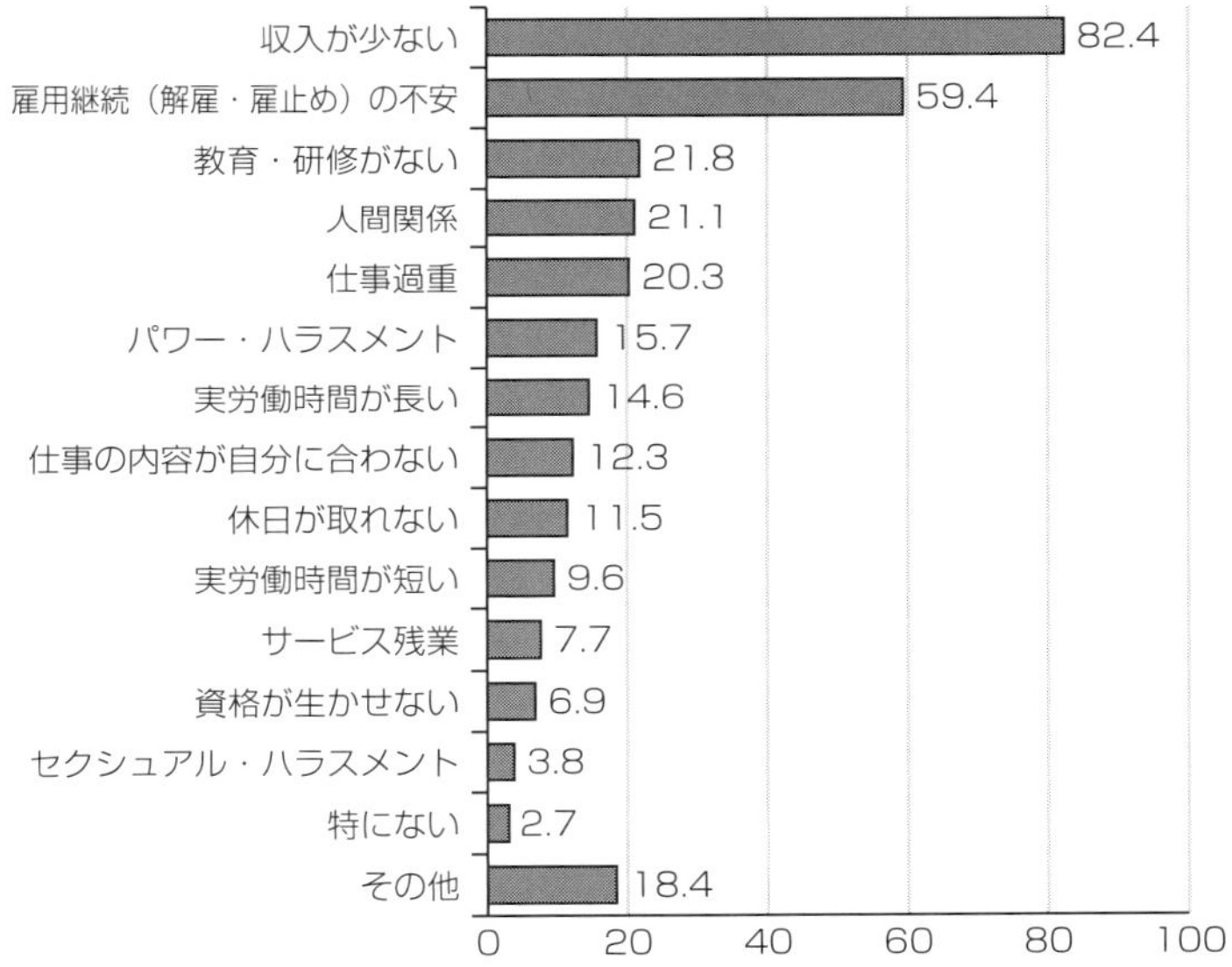

「業務請負等」の5割以上、「非常勤」の4割近くが「専門的な資格・技能を活かせるから」をあげた。「パート・アルバイト」および年収『150万円未満』では、「正社員として働ける会社がなかったから」に次いで、「体力的に正社員として働けなかったから」の比率が高くなっている。

◆Q28　現在の仕事に関する悩みや不安

「収入が少ない」を82・4%と8割以上があげ、「雇用継続（解雇・雇止め）の不安」も59・4%と約6割があげた。この他「教育・研修がない」「人間関係」「仕事過重」など多様な項目があげられている（全回答者の平均選択数3・08項目）。「収入が少ない」は、「パート・アルバイト」および年収「150万円未満」でとくに高率となっている。「雇用継続の不安」は、「派遣社員」で77・０％と、とくに高く、「契約・嘱託」でも69・３％と高くなっている。また、「パート・アルバイト」では「人間関係」、「契約・嘱託」では「仕事過重」をあげた人の比率がやや高くなっていることも注目される。

なお、「その他」の記述内容としては、「立場の割に仕事がきつい」「ノルマがきつい」「福利厚生がない」「退職金がない」「職場が遠い」など、職場の環境・待遇の面で不公平感や負担感が生じているケースが多くみられる。

◆Q29　仕事の悩みや不安の内容（自由記述）

２０９人（２６１人中の80・１％）が何らかの内容を記述した。アンケート回答者数は「契約・嘱託」が最多であるが、この設問への回答件数は「派遣社員」が最も多くなっていることが注目される。ここでは、記述内容を回答者の就業形態別に整理、抜粋した。

《派遣社員》（60件）

……「就業継続の不安」「孤立」「交通費なし」など

・次を探す間は収入がなくて大変。40代以上でも正社員として働ける機会を増やしてほしい。または派遣社員でも、安心して働き続けることができるシステムをつくってほしい。（36歳）

・病気になったら契約を切られ、収入がなくなってしまうのが不安。収入が少ないため、貯蓄もできない。（37歳）

・残業不可なため収入が少ない。かけもちでバイトしているが、マイナンバー提示でできなくなるかと不安。（37歳）
・部署内の歓送迎会など交流の場にこの3年間一度も呼ばれない。雑談がしづらく、日々の悩みを話す場がない。（39歳）
・研修もない、セミナーや会議にも参加できない、出張もないので外の人と接する機会がない。（40歳）
・派遣法改正でこの先どうなるかわからない。（41歳）
・今の派遣期間が終わったら次があるか不安。（42歳）
・そのうち契約社員にと言われた会社で派遣社員をして5年になるが、契約社員にしてもらえない。収入は新卒の頃程度で、実家にいないとやっていけない。転職活動しても、年齢のためか書類も通らない。同時に婚活もしているがうまくいかず。近い将来すら不安で、未来のことは恐ろしくて考えられない。（43歳）
・職場が遠いが、交通費が出ない。（44歳）
・20年近くずっと派遣社員なので、派遣先の社員が受けるような研修を受ける機会がなく、自分でつくらなければならない。先の保証がなく、不安。（46歳）
・技術さえあればと考えて習得に努力してきたが、無駄になったようで悲観している。（47歳）
・（2015年秋の派遣法改正により）専門26業種の派遣に3年の上限ができてしまった。現在の職場を3年後に辞めなければならず、困っている。（49歳）

・ローンや生活費のための借金があり、毎月どう返済するかが悩み。(48歳)
・正規雇用ならある程度会社で負担してくれる部分があるが、非正規雇用だと交通費すら自己負担。リスクをとっているのに、給与にはリスクプレミアムがない。同一労働同一賃金では足りない。リスクに応じたプレミアムが付くべき。(48歳)
・体力をとても使うので、いずれ体力的に無理になるし、足腰を痛めたら仕事ができなくなる。資格がないので、からだを壊したら終わりなのが不安。(50歳)

《契約・嘱託社員》(54件)

……「正社員との格差・低収入」「収入に見合わない責任の重さ」など

・時給が低すぎて、社食の値段が高いので毎日の利用すらできない。(35歳)
・契約更新されるかいつも不安。退職金もなく契約を切られて放り出されると、とたんに生活できなくなる。(36歳)
・結婚=失業の現実。結婚したら非正規女子は辞めるのがあたりまえと思われている。「子ども生むならやめないとね」と上司。(37歳)
・労働時間が長く、自分の時間がない。年収制なので残業代がつかない。深夜や休みの日でも上司から連絡が来る。(39歳)
・責任のあるポジションで労働時間が長く、休養がとれない。慢性的な体調不良、自律神経失調。(39歳)

・遠距離介護のため、休みをかためて取るようにしている。自分の休息のための休みがまったくない。休みたいなぁ～。（42歳）
・外資なので、日本の景気が悪くなればすぐに撤退、部署の削減をしてしまう。（42歳）
・もっと仕事を任されるポジションで働きたい。外資系に転職して年収を倍にしたい。スキルになる仕事は自分から申し出て回してもらっている。（43歳）
・売上が少なかったからと給料が下がった。よいときには上がらず、悪いと下がる。10年働いてやっと2年前に契約社員になれたが、有給休暇、残業代、健康診断などがない。（44歳）
・就業場所により収入が変わるので、年数が長くても異動により収入が減ることもある。資格を取っても収入に反映されないのがつらい。（44歳）
・行政からの委託の仕事。予算の都合で仕事の有無が決まるので年度末は生きた心地がしない。（45歳）
・介護職なので体力がもちそうにない。50歳になったら、今より安い仕事しかないだろうな。（46歳）
・契約だからという理由で昇級も昇格も賞与もない。正社員の半分ぐらいの給料。主たる稼ぎ手が家族にいる人をイメージして給料が決められている。この給料で自立して生活する想定がされていない。生活できるレベルの仕事につきたい。（47歳）
・収入が増えない。生活にゆとりがない。うつになりそう。老後が不安。自殺したくなる気持ちがわかる。同じ仕事をしているのに社員は昇級もあり、福利厚生も充実。こんな差別は海外ではない。（47歳）
・正規雇用と変わらず責任の重い業務を担当しているのに、低賃金で期限付き。高い社会保険料や税金を払っているのに、（子育て支援のようには）何の支援も、評価もない。契約終了後にまた仕事が見つかるかわからない。どうしたらよいのか……。（48歳）

・給料は変わらず、仕事が増えていく。（49歳）

・ＮＰＯで働いている。事務局は自分一人で実務の山。やりがいはあるが組織全体が自転車操業で毎年、来年存続しているのかわからない。（50歳）

・できる前提で採用されるので、入職後にほとんど教育がされない。（51歳）

《パート・アルバイト》（43件）

……「時給が安すぎ、生活できず」「通院費出せず」「くたくた」など

・月に22日出勤しても手取り10万程度。時給がとにかく低すぎる。（35歳）

・人手不足で負担が増えている。（37歳）

・もっと働きたいのに、会社からは、人件費節約のために労働時間を短くするよう言われる。（38歳）

・飲食関係。閉店作業が時間内に終わらず、早く帰れと言われるが食中毒や異物混入などあったらと怖く、サービス残業というより自主的に残って働くかたちでつらい。（39歳）

・更新して雇用継続が最長５年。業務内容は正規職と同じかそれ以上を求められる。休みが取れない。研修の受講も認められず、福利厚生も不十分。（41歳）

・立ち仕事なので疲れる。（41歳）

・通院費用を捻出できず、家族の支援を受けている。（42歳）

・持病があり働けるのは週4日。それも休みがちで収入が低い。（47歳）
・苦手な部署に異動に。薬を服用して続けているが、ストレスによる過食がとまらない。（47歳）
・できるだけ自炊を心がけ、ストレスをためないよう、健康に気をつかっているが、肉体労働でもあり、身体をこわせば働けなくなり収入はなくなる。なにかあっても病院には行けないだろう。（47歳）
・障害者枠で就労。収入面で転職も考えているが、健康に不安があり、踏み出せない。（47歳）
・介護職で時給８５０円では安い。上からの複数の指示の矛盾やパワハラ的な言葉。衛生面の不安もある。（48歳）
・私は障害者。失業すると次の仕事を探すのが大変。（48歳）
・企業の社員食堂でパート。無資格だと研修できる制度がない。夫の収入があるならいいが、親を亡くし、結婚もしていない私は、会社への不満と今後の生活への不安を持って生きている。（48歳）
・介護が始まり、〝後から介護生活に入ってくる人たち〟へ何かを残しておきたいと思うようになった。そういうことを相談できる仲間がほしい。（50歳）
・アンケートは言葉が難しいが、調べる気力がない。別のパートを増やすか仕事を変えなくてはと思うが、くたくたで、休日は眠ってしまい、探す気力が出ない。あと3年ぐらいは生きられるか。（50歳）
・今は母の年金と合わせて生活できているが、年金が途絶えたり、仕事がなくなったときのための蓄えはできていない。（51歳）
・親の自宅介護のために選んだ個人商店（の職場）で、休みをとるのに気をつかう。仕事量が日によ

って時期によって違うため収入が不安定。他のバイトとかけもちでなんとかやっている。（53歳）
《業務請負等》（44件）
……「かけもち」「持ち出し多い」「弱い立場」など
【非常勤講師】

・ケアの必要な身内がいる。自分の専門分野の公募はたまにしかない。運に任せるしかない。（37歳）
・契約期間5年で雇止めの私立大学。２年後には仕事を失う。（40歳）
・来年度仕事があるかどうか。（42歳）
・授業の時間単価は３０００円弱だが、準備や片付け、テスト作成などは無給のため平均時給８００円ぐらい。税金、社会保険、家賃、光熱費を払うとほとんど残らない。貯金を切り崩している。（42歳）
・勉強や研修のための費用がすべて自分持ちで出費がかさむ。（45歳）
・専門知識を活かせる仕事は少なく、複数をかけもちして生活している。（46歳）
・10数年前と比べて給料は変わらず、書類仕事や仕事の管理化が進み、窮屈。10コマはもたないと生活できないといわれるが、からだへの負担を考えて5コマしかもっていない。それでも研究との両立は難しく、研究面での支援もない。（47歳）

【在宅ワーカー・フリーランス等】

……「出来高制」「報酬が増えない」など

・注文を受けてから食品を加工する仕事。自分のペースでできるのはよいが利益が薄く、生産量に限りあるため、このまま続けていいのか不安。（35歳）
・完全出来高制。単価は円でなく銭の世界。収入増をめざすと時間過多になり、無理をしても時給制にはかなわない。（37歳）
・10年以上も報酬は同じ。物価も、自分の技術力も上がっているので値上げしてほしいが言い出せない。（39歳）
・出版業界。仕事が減り、単価が落ちて、30年近く原稿料据え置きの媒体もある。（41歳）
・フリーランスは下請けなので足元を見られる。タイトすぎる案件でも断りにくい。物品費扱いのため、安い賃金から消費税も取られる。（43歳）
・介護中で、納期の責任ある仕事はこなせる状況になく、介護のすきまや夜間などにできる範囲で受注している。（49歳）

《現在無職》（8件）

……「雇止め」「パワハラ」「研修なし」など

・秘書を長くしているが雇止めを受けて心がつらい。自活しなければならず、経済的に不安。（40歳）
・ひどいパワハラを受け、改善するどころか悪化するような状況に追い込まれた。その最中に契約更新があったが、（今回を最後に）次回の更新はないという内容を含む書類で更新させられた。（40歳）

・行政の就労支援事業では職業（職種）についての概念が古く、偏りがあり、実際の市場の動向に疎すぎる。（44歳）

・正職員に応募して二度採用されたが、二度ともろくに研修をしてもらえず、試用期間中の退職となった。（49歳）

エ　今後に向けて

①今後の希望

◆Q30　今後の希望

「収入を増やしたい」が72・０％で、どの就業形態、年代、年収区分においても最多となっている。「正社員になりたい」が37・２％でこれに次ぎ、とくに「非常勤」で55・６％、「契約・嘱託」で49・３％と高率である。逆に「パート・アルバイト」では22・６％と低率であることが目立つ。他にも「やりがいのある仕事をしたい」「今の職場で働き続けたい」「転職したい」など、仕事に関する項目が上位を占めるが、「パート・アルバイト」および年収『１５０万円未満』では、「ゆっくりペースで働きたい」との回答も2割強から3割みられる。自身や家族の健康課題、介護等フルタイム勤務が難しい事情が背景にあると考えられる。「結婚したい」は23・０％、「生きがいをみつけたい」は13・４％、「子どもが欲しい」は10・３％となっている（全回答者の平均選択数2・64項目）。

なお、「その他」の記述内容としては、「健康になりたい」「人脈を広げたい」「生活保護から抜けたい」「自立したい」など、能動的な志向性が多く示されているとともに、「３年切りを撤廃してほし

Q.30　今後の希望（MA）【値の高い順】　n=261（単位：%）

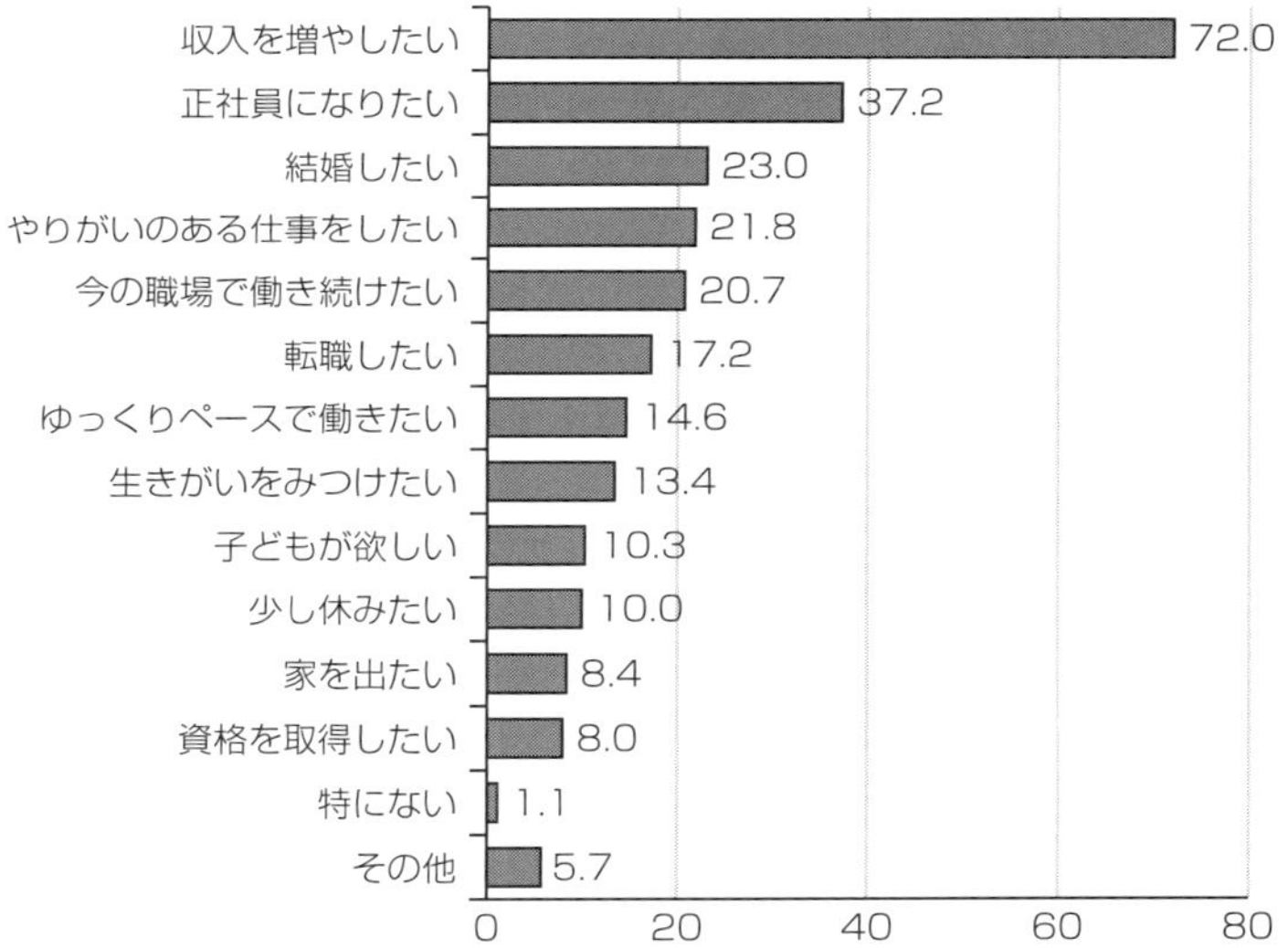

い」、「まともな待遇を得たい」「退職金、住居手当がほしい」など、社会や企業の側の改善を求める声も多数みられた。

②サポートの利用意向

◆Q31　今後利用してみたいサポートや参加してみたい場

「仕事に必要なスキルアップの場」39・1%、「職業訓練・資格取得支援」38・3%、「心身がリフレッシュできる場」36・0%が上位にあげられた。「企業や仕事とのマッチングの場」29・5%、「同じ立場の人たちとの交流の場」28・4%、「住まいの支援」27・6%、「話を聞いてもらえる場」27・2%、「非正規職シングル女性の交流サイト」25・7%などがこれに続き、サポートニーズが多岐にわたっていることがわかる（全回答者の平均選択数3・34項目）。

Q.31　利用したいサポート（MA）【値の高い順】　n=261（単位：%）

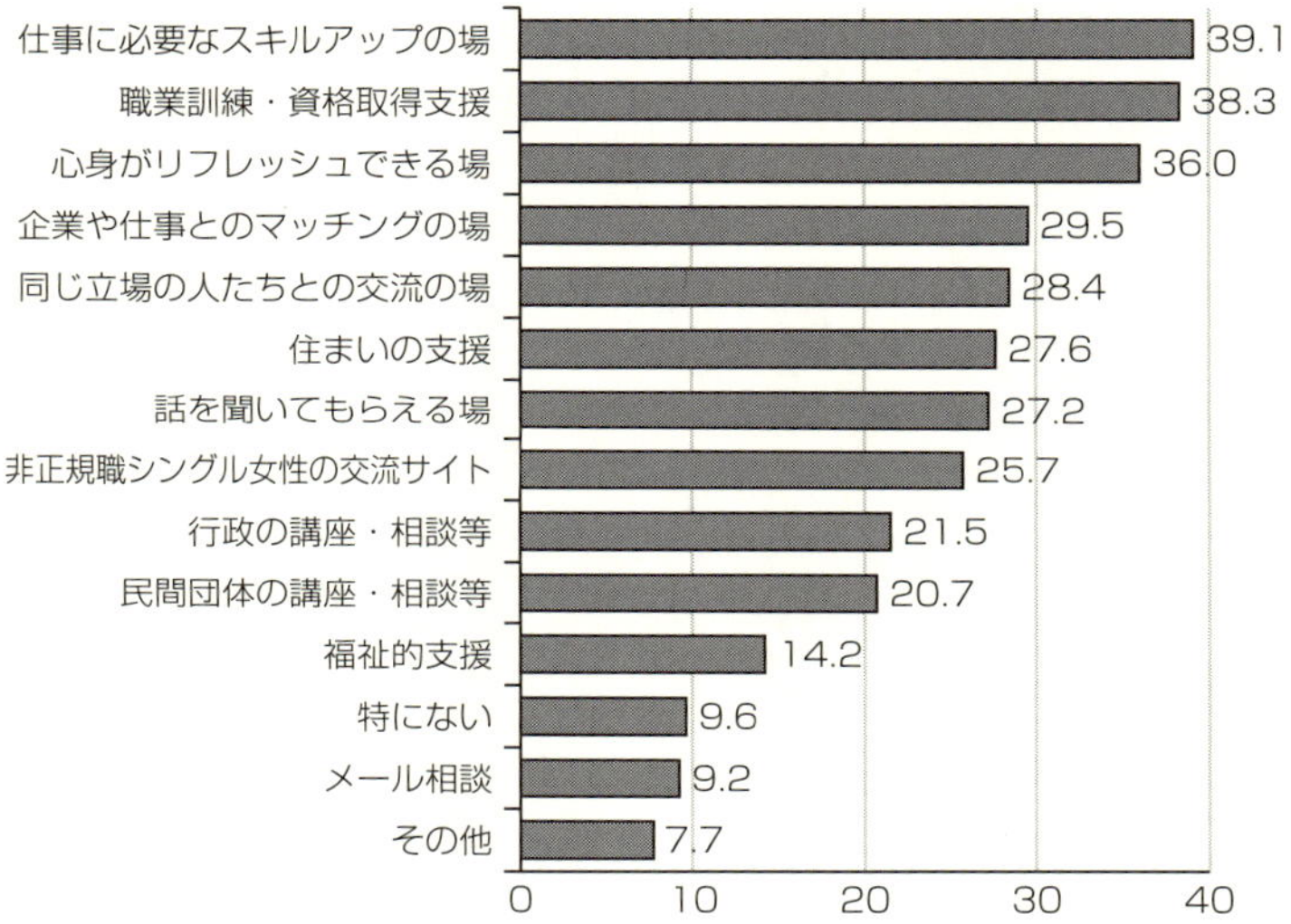

「仕事に必要なスキルアップの場」は、属性の別なく高い。「職業訓練・資格取得支援」へのニーズは、『中卒・高卒・高卒相当』で64・1%と、とくに高く、就業形態別には「パート・アルバイト」で50・9%、「派遣社員」で50・8%、また、年収『150万円未満』で45・9%と高い。研修機会が少なく、経験年数を重ねてもスキルが積み上げられない状況がうかがわれる。

「心身がリフレッシュできる場」は、「パート・アルバイト」で54・7%、年収『150万円未満』で43・2%と高くなっており、いずれも「福祉的支援」を約3割があげている。「企業や仕事とのマッチングの場」へのニーズは、「契約・嘱託」で40・0%、年収『250万円以上』で36・1%となっており、年収上位層で高い。

「福祉的支援」について具体的に尋ねたと

ころ、経済的な支援に関する記述が最も多く、次いで、親の介護に関わる支援があげられている。メンタルケアなど、自身のケアに関わる事項もみられる。

なお、「その他」の記述内容には、相談や交流の場に対するニーズが多くあげられた。

◆Q33 ほしいサポート（自由記述）

131人（261人中の50・2％）が何らかの内容を記述した。その内容は、相談・情報・場等の具体的なサポートについて以前に、税制や社会保障制度、社会のしくみについての意見が多くなっており、抜本的な問題解決が望まれている。

ここでは、記述された意見を「A　社会のしくみについての意見」「B　具体的なサポートについての意見・希望」「C　本アンケート調査や問題の立て方についての意見」に3区分した。その上で、AとBはテーマごとに要約し、類似の意見はまとめた。

《A　社会のしくみについての意見》

【仕事・雇用・賃金等】

・最低賃金を上げてほしい。

・派遣会社に派遣社員の交通費を支給させる施策を。

・給料が安くてもせめて福利厚生、休暇、賞与等で正社員に近づきたい。

・同一労働・同一賃金を促進してほしい。給与の差は働く時間による差などであってほしい。

・40代以上の女性でも正社員の機会を。年齢がいくと主婦のパート職しかない。シングルであることは想定されていない。
・正規職との不公正な条件格差に対して実態調査をし、是正勧告してくれる機関がほしい。
・不調で休職した人も再出発しやすい、年齢制限のない教育訓練等のしくみを。
・フルタイムで働く人と時短で働く人が職場で補い合えるしくみ。ワークシェアリングを。
・仕事以外なにもできないような長時間労働の解消を。

【生活・生き方等】
・子どもの保育園から大学までの無償化あるいは低価格化。
・病気になったとき、独りではできないことに遭遇したときに「ちょっと手を貸してくれる」サービスがほしい。
・財産や人脈がなくても老後孤独を感じずに過ごし、安らかに永眠できる場所がほしい。
・性別年齢にかかわらず気の合う人たちと家族になれるシステム。
・同性婚等の（認知がなされた）制度がほしい。

【社会保障・税制等】
・社会保険料・税金の免除や減額の範囲を広げてほしい。税金等で主婦パートとの差がありすぎる。
・配偶者控除や第三号被保険者制度をなくし、シングル単位の税制に。女性が貧困であり続けるのはカップル優遇の各種制度のため。
・収入によりレンタカー割引や公共交通料金割引や公共料金割引などを。
・病気などで休職中の場合の補償を法的に義務づけ。
・非正規労働者共済年金制度や退職金制度。
・保証人制度を公的なものにすること。
・非正規労働者の産休・育休取得の義務づけ。
・不妊治療（公的助成）の年齢制限は悲しい。
・親の施設入所にかかる費用は収入から控除に。
・ベーシックインカムがあれば。

【社会のあり方】
・新聞やテレビなどメディアでももっと現状把握して取り上げてほしい。女性といえば子どもを生んで、仕事もして、社会も支援しているというきれいごとばかりでなく。
・既婚者や子育て世帯にはいろいろな支援や控除があるが、独身者にはなく、厳しい。結婚や子どもの有無は個人の自由であり、そのことで生きづらくなるのはおかしい。生涯独身の人もこれから増えるのでは。社会や政治にそうした視点を。
・シングルの人にもっとやさしい社会であってほしい。
・正社員にしないため、３年や５年で非正規職を切る職場がほとんど。この実態とそこで働く人の声がもっと知られてほしい。経営側の意見が強すぎる。
・派遣で不当な差別を受けたときに訴えられる、調査権限も持つ独立した機関がほしい。
・非正規職の人を正規職として雇用した際の企業への補助金や雇用促進を行う機関が必要。

《B　具体的なサポートについての意見・希望》

【仕事・就活等】

・生涯働けるスキル習得の支援と充実。支援基金。語学やパソコンなどの研修、海外研修。夜間の講座。無料か受講費補助のあるかたちで。
・面接突破のため、面接時の服装や履歴書写真のアドバイスを。
・適性やこれまでの経験を見て相談を受け、仕事を紹介してくれるしくみ。転職サイトでは仕事が見つからなくなってきた。契約が切れるのが怖い。
・シングル女性に特化したハローワークを。
・偏見なく正規雇用してくれる企業とのマッチングや交流機会。30代では正社員に応募さえできない。
・資格を取っても経験がないと採用されないので実務を経験する場。
・メンタルトレーニング。
・低料金で、土日や夜間に開いている就職・生活等の相談窓口。行政の無料の就職相談は現場を知らない相談員で役に立たないことも多かった。
・自営や小さな個人事業主のための相談。

・税金・健康・キャリアアップの相談窓口や講座が夜間や早朝、土日に開いていること。不安な気持ちを話せる、困ったときの総合的窓口。

【住まい・介護・健康・食事・結婚・終活など】

・低家賃の住まいの優先的な提供。公営住宅の単身者、友人同士への開放、家賃補助（10件以上のコメントあり）。
・低収入の女性でも安心して住めるアパートなどの支援。ひきこもりや障害のある人に宿泊や住居支援があるように。
・初期費用や保証人の要らない低家賃の空き家活用やルームシェア、住まい・住人マッチングの支援。
・（同居か否かを問わず）親の介助・介護のための相談や情報提供。介護が必要になったら仕事を減らすか、やめざるをえない。親が亡くなっても仕事復帰できる望みもないため。
・無料で（曜日や頻度など）利用しやすい健康相談・健康診断・健康関連情報の充実。
・ネット予約できる家事援助窓口。
・非正規職の人向けの低価格婚活サービス。
・生むこと（で貧困になるリスク）をためらわずにすむ社会環境の整備。子どもと過ごせる時間が持てる時給の設定や食事補助など。妊娠したら失業するのでは子育てできない。
・元気なうちにお願いできる終活の支援。親の家や多少の遺産の相続や寄付先などの情報も。
・住まいや仕事がなくなったときの避難場所を作ってほしい。

・食事の提供が格安で受けられる場所。

【交流や相談の場】

・同じ立場の女性が交流できる場。コミュニティ創設へのサポート。
・いろいろな年代や仕事の人と出会える場所。知識やモノがシェアできる場。
・結婚してもしなくても安心して生きていけるシングル女子のライフモデルを考えるワークショップや交流会。仕事・生活・介護などの情報や思いをわかちあいたい。
・40代～50代の女性が利用しやすいコミュニティセンターがあれば。区役所は遠い。
・同世代で話せる場。
・ただ話を聴いてくれる窓口がほしい。宗教ではなく。
・友人の相談を受けられる、無料か格安の雨風をしのげる場所。
・ネット上の交流の場。
・サポートメニューに簡単にアクセスできるポータルサイト。
・精神疾患を持っていても働ける、結婚できるというような、当事者主体の交流の場。
・単身独身女性をテーマとした冊子や書籍等の刊行や、講演会、シンポジウムなど。それにより、社会の関心が集まるとよい。
・事情があり、フルタイムで働けない人もいる。土日は仕事があったり、シフト制のため毎週決まった曜日に休めない人も多い。個々の事情に合ったきめ細かいサポートが受けられるとよい。

・非正規労働者の権利主張や地位向上を目的に活動できる場所がほしい。

また、本アンケート調査や、問題の立て方についても、「一時的・部分的なサポートでは困難な状況を生み出す現状を変えることはできない」「このアンケートも集計・分析にとどまらず、施策にまで踏み込んでほしい」といった意見が出された。

(2) グループインタビューの結果

横浜、大阪、福岡の3都市で、2015年11月から2016年1月にかけ、計5回のグループインタビューを実施し、全体で22人の参加を得た。横浜（首都圏）は協会が、大阪（近畿圏）は一般財団法人大阪市男女共同参画のまち創生協会が、福岡（九州圏）は公立大学法人福岡女子大学の野依智子教授が実施した。

インタビューは各回とも同じ流れで行い、①現在の仕事や生活の状況、②悩みや不安、③望むサポート、の3点について聴き取った。

聴き取った内容は、以下の表にまとめたとおりである。

ア　からみあう課題とジェンダー規範

調査者は、グループインタビューに参加した女性たちから、当事者一人ひとりのライフヒストリーの一端やリアルな悩みを聴き取った。さらに、社会的支援に向けた考えやサポートへのアイデアをつ

40代前半 嘱託職員	○正社員で証券会社に入ったが、退職して留学。留学前はお金を貯めながらいろんな業界を見てみたいと思い非正規職で働いたが、その後正社員をめざしたときには仕事がなかった。 ○雇用を切られる不安から、体調が悪くても休みづらい。救急車を呼ぶにもシングルだと嫌がられる。 ○事業所に対して雇用差別はダメ、とペナルティーをつけてほしい。
40代後半 契約社員	○ベンチャー企業の正社員だったが、会社がつぶれ、困って契約職員に。５年で雇止めの後、社会保険労務士の資格を取得。それを活かして正社員になるも、事業主側に立つ社風と合わずに退職。現在は契約社員。 ○あと20年は働きたいのに年齢制限が……。「主たる稼ぎ手がいる」と思いこまれているが、自立できる収入がほしい。妹も非正規職。「女性管理職を増やす」というが、私たちは対象外。いろいろな理由で非正規職になることはだれにでも起こりうることなのに。
40代後半 フリーランス	○初職は広告代理店の正社員。仲間と会社を設立したが、バブル後に倒産し、その後は経験を活かしてフリーで働いた。５年前に夫と死別。学校に通い、ライターとして働いている。 ○健康診断も費用検討して選ばざるを得ない。健康が不安。 ○ぎらぎらしたものでない異業種交流会やマッチングの場があれば。その人の光るものを見つけて、自信を持たせてほしい。
40代後半 個人事業主	○医療系の元公務員。現在はその道の国家試験対策講師。場所を選ばなければ65歳超えても食べていけると思い、非正規職を選択。時給は高めだが、契約は半年ごとの更新。 ○組織にしばられず、教える仕事は気に入っているが半年更新。失業保険がなく、つらい。 ○スキルアップできる機会や勉強会の後に交流できる場があれば。
50代前半 時給の 契約社員	○派遣スタッフのお世話係を、自分も派遣社員として行っていた。社員への登用制度を使いたかったが、制度がなくなった。その後取った資格を活かして転職したら、行政の下請業務で時給の契約社員に。賞与なし。 ○交際・趣味などに使うお金もない。親の老後も自分の老後も不安。「正社員がハッピー」とも思わない。 ○仕事の成果で給料をもらいたい。正規職との差をうめてほしい。陽が当たらない。支援策がほしい。仕事場でないところで自由におしゃべりできる場がほしい。
50代前半 契約社員	○元プログラマー。泊まりもあり不規則で、いつ休めるかわからなかった。子ども時代の性被害の影響か、人と接しない仕事を求めてきた。過食・拒食からの糖尿病をかかえて１日６時間働く。 ○飼っているペット（家族同様）の温度調節が難しく、長時間家を空けられない。正規職で６時間でもいいと言われたら働きたい。

※12人のうち3人が、キャリアコンサルタント、社会保険労務士、看護師の資格を活かして働いていた。また、5人が一人暮らしであった。

横浜（首都圏）

30代後半 派遣社員	○契約社員だったが、仕事を干され、雇止めにあった。希望の業界があり、経験がなかったので派遣で入った。3年たったので正社員の打診をしたら「今のまま続けて」と言われた。 ○直近の時給1400円は経験ではいいほうだった。次も、100円でも高いところ、と。 ○今日のような場で他の人の話もいろいろと聞けたら。どんなサポートが必要かも、話すとよく考えられる。
30代後半 派遣社員	○2002年の就活のころ不景気で、100社近く面接を受けたが内定をもらえず、派遣社員になる。途中で正社員も経験。派遣会社はこれまで3社で働いた。 ○友人の祝い事の出費がつらく、情けなくなる。親が要介護になったら地元に戻るか。地元に仕事はあるのか不安。 ○同じ立場の人と交流したい。求人を見るとハードルが高いかと思うが、企業ニーズとその人の売りをマッチングしてくれる相談があれば。
30代後半 派遣社員	○学生時代からやりたい仕事があり、働きながら専門学校に通った。内定ももらったが通学のために派遣の働き方を選んだ。今も派遣で働きながら週末に別の仕事をしている。正社員だと兼業できない。 ○貯金したいが生活するので手一杯。実家を出たい。子どももほしい。が、経済的に不安。 ○働きながらスキルアップできる機会を安く。職探しでネガティブなことを言われつづけたとき、雇用差別などの意見を吸い上げてほしいときに利用できる相談があれば。
40代前半 契約社員	○初職は正社員だったが、異動、部署の統廃合などでリストラにあい、派遣やアルバイトで働かざるを得なくなった。 ○正社員が出産やうつで休職しても人員補充がなく、負担が重くなるばかり。通院する時間もなくて、私の払う保険料はだれに使われているのかなと思う。 ○子育てと両立して働く女性だけでなく、陰で地道に努力し会社をまわしている女性も評価してほしい。交流サイトがあるとよい。
40代前半 アルバイト	○正社員だったが残業代は出ず、あまりにも長時間労働だった。やりたいことをする時間を確保しようと転職し、アルバイトに。 ○今は雰囲気や人間関係のいい職場。給料がこんなに安くなければと思う。 ○家賃が高いので、住まいのサポートがほしい。
40代前半 時給の 契約社員	○正社員だったが、業績悪化で退社。その後の留学経験が買われ、派遣会社で外資系に派遣される。名前は契約社員だが時給で、1～2ヵ月の契約を繰り返している。 ○病気の父母のために、私が毎晩仕事の帰りに食事を作りに行っている。私の人生は介護で終わるのかな。睡眠も削られる。母の通院付き添いで休んだら契約期間が短くなった。 ○空家や団地など安く提供してくれないか。高齢者が多ければできることはやろうと思うが。

福岡（九州圏）

30代後半 パート	○大卒後から非正規職。もともと体が弱く、20代前半から精神的に不調。フルタイムだと自律神経不調、頭痛などで１ヵ月続かない。最近、パートで保険に加入。親の援助もいつまで受けられるか。 ○ハローワークでは心身の不調で働けないことを理解してもらえない。１年先もわからず、老後など考えられない。親との葛藤も。 ○時給を上げてほしい。資格を取り、海外で働きたいが。
40代前半 嘱託職員	○大卒後、バブル崩壊直後の超氷河期で正規職にはつけなかった。コールセンターなどで働き、１年契約の３年任期や５年任期の仕事をしている。 ○「女性活用」は既婚者のことか。私たちを活用して。 ○仕事のマッチング機関があれば。サポートや社会資源の情報がほしい。年金の７～８万円で暮らせる国に行きたい。
40代後半 嘱託社員	○社長秘書をしていたが、パワハラで不調になり辞職。残業代不払いで訴え。正社員にならないと、とあせり、さらに不調に。治療は10年以上に。40歳過ぎて正社員希望は捨て、また働きだした。 ○賃貸で親と同居。親亡きあと、住まいが心配。また不調になったら働けなくなると不安。 ○悩みをシェアできる場がほしい。
40代後半 契約社員	○高卒後、大学進学を断念し、大学校を出て保育士となるも、３年で辞職。その後図書館で働きながら通信教育で大卒と司書資格を取得。正規の司書にはなれず、嘱託・契約職でつなぎ20年、将来への展望がまったく持てない。 ○やりすぎて病気の出費にならない程度に節約。雇止め後、仕事をどう続けられるか。死んだほうがいいと思うときも。 ○家賃が高いので、補助か非正規割引がほしい。
50代前半 パート	○父親が倒れ、介護のため仕事を辞めた。両親が不仲で、母親が父親の面倒をみなかった。現在、父親は入院。１人では生活できない母親と二人暮らし。１日５時間のパート。 ○経済的にきびしい。もう一つ仕事を増やすか、仕事を変えるか……。
50代前半 契約社員	○大卒後、正社員で働いたが膨大な業務に体を壊し、辞職した。その後、派遣等を経て社会福祉関係の契約社員になったが、いつ契約を切られるか不安。結婚して子がいて当然と暗黙の差別がある。同居の親との衝突も。 ○５年勤続で専門員の資格が取れるが、契約が続くか。マザーズハローワークは行きづらい。 ○労働者をだいじにする企業の可視化を望む。

大阪（近畿圏）

40代前半 業務委託	○編集者の仕事をしたくて、ずっと派遣。正社員登用を匂わせられた派遣先で雇止めに。食べていくのがつらくても、派遣という働き方にはもう戻らないと決め、現在はフリーランスに。 ○フリーでは社会保険もない。社会の目にも年齢差別を感じて生きづらい。闘えるのは余裕がある人だと思う。 ○情報提供とジョブマッチングをしてくれるとよい。
40代前半 アルバイト	○大学卒業後、就職。ずっと営業職で頑張ってきたが、離職。前は声をあげたりしていたが、あげても仕方ないのかなという感じが強くあり、今はちょっと疲れてしまっている。 ○就活の時に「結婚も出産もしないから雇って」と話したが、まったく本気にされなかった。
40代前半 常勤嘱託職員	○ヘルパー２級・看護助手のときに労災認定されず退職勧奨。苦労して働きながら国家資格を取得。ソーシャルワーカーとして働くが、行政は非正規化が進み、正規職には年齢制限が！ ○専門性は求められるが低賃金すぎる。ケアワーカーへの暴力は「耐えるべき」とされ、認定も報道もされない。 ○学歴差別・年齢差別をやめてほしい。正規職転換のための支援や運転免許の費用援助、公営住宅に優先枠、病院や施設に入るときの保証人制度があれば。生活保護に対するスティグマをなくす。仲間と出会い、つながって、貧困解消のためのソーシャルアクションをしたい。
50代前半 パート	○母の介護をするためにいろいろと準備をしていたときに、勤怠が悪いといって契約を切られた。ユニオンに駆け込んで先方と交渉。今はそのユニオンで会計事務をしている。 ○親の介護では、自分が生活弱者だと感じる。母入院時の費用が不安。 ○まず声をあげること。そうでないと、私たちはいないことにされてしまうから。

ぶさに聴くことができた。

その中でもとくに、ウェブアンケートではなく、対面で生の声を聴けたからこそわかったことは、主に以下の点であった。いずれも数値化されづらい事象であり、からみあう生活課題・社会課題等である。

【ジェンダー規範により、女性のみにかかる負担】

・「独身で末っ子（娘）だと介護を担わされる」

・「男兄弟が2人いるが仕事をしているので、自分が仕事を辞めて親の介護をすることになるだろう」

【女性と年齢差別】

・「40代女性の仕事は家計補助と思われているのか、まずフルタイムの募集が少ない」

・「年齢的にも結婚して子どもがいて当然という暗黙の差別がある。マザーズハローワークは行きづらい」

【負のスパイラル】

・「健康、仕事、住まいの心配はつながっている。自分の老後も親の老後も不安」

・「経験値が積み上がらず、求人への応募もできない。3年契約で、雇用を切られてしまう不安から体調が悪くても休みづらい」

・「民間の保険に入れないので、重病になったら治療費が支払えない。住まいは、家賃が値上げされたら払えない。転居するにも親が高齢で保証人になれるのか？　次の仕事があるのか？　今後親の介護が始まったら自分が戻って介護すべきなのか？　介護しながら収入を得られるのか？　実家に帰って、結婚した方がいいと言われたが、地元に仕事があるのか？」

これらからわかるのは、ジェンダー規範によって女性であるがゆえの差別を受けている状況である。さらに、生活課題や社会課題がからみあってより重層化し、負担を余儀なくされていることも明らかになった。

イ　課題解決のために「つながる」「声をあげる」必要

このような困難な状況にありながらも、解決のためには「つながる」「声をあげる」必要があることが、とくに大阪のグループインタビューでは強く語られた。「同じ経験をしている非正規職シングル女性の組織化に男女共同参画センターが役割を担ってほしい」「声をあげるために、仲間と出会うしくみと、客観的に自分を見つめる機会が必要。この実情が普通ではない、とまず気づかないといけない」「非正規職シングル女性の貧困を解消するためのソーシャルアクションがしたい」等々の声は、示唆的であった。

一方で、ウェブアンケート調査の回答者に一定の割合でみられた体調がすぐれず、休み休み働いている女性たちの多くはグループインタビューに参加する時間やエネルギーを持ち合わせていなかったのではないかと思われる。そうした女性たちの声を直接聴くことは困難であったことも付け加えておきたい。

3　調査結果のまとめ

(1) 調査結果の考察

ウェブアンケート、グループインタビューの結果から、主に次のことが明らかになった。

ア　6割が〝不本意非正規〟

本調査において、回答者が非正規職についている理由は「正社員として働ける会社がなかったから」が61・7%であった。これは、「労働力調査（詳細集計）」（2014年）における女性の〝不本意非正規〟（13・6%）の5倍近い。同調査は単数回答、本調査は複数回答と単純比較はできないものの、女性の非正規労働者は、積極的に非正規労働を選択しているという他調査にみられる解釈とは相反する結果となった。〝不本意非正規〟が6割と高いのは、本調査が調査対象者をシングル女性に限定したためと考えられる。

イ　「35~39歳」の7割が〝初職から非正規〟

初職が非正規職であった者の割合は、年代が下がるほど高かった。『35~39歳』では初職から非正規職が70・5%と高く、『45~54歳』の30・9%と割合が逆転し、世代間格差が顕著であった。1990年代初めのバブル崩壊とそれに続く就職氷河期の影響が大きいと思われる。『35~39歳』の初職

図２　年齢別にみた「初職の就業形態」

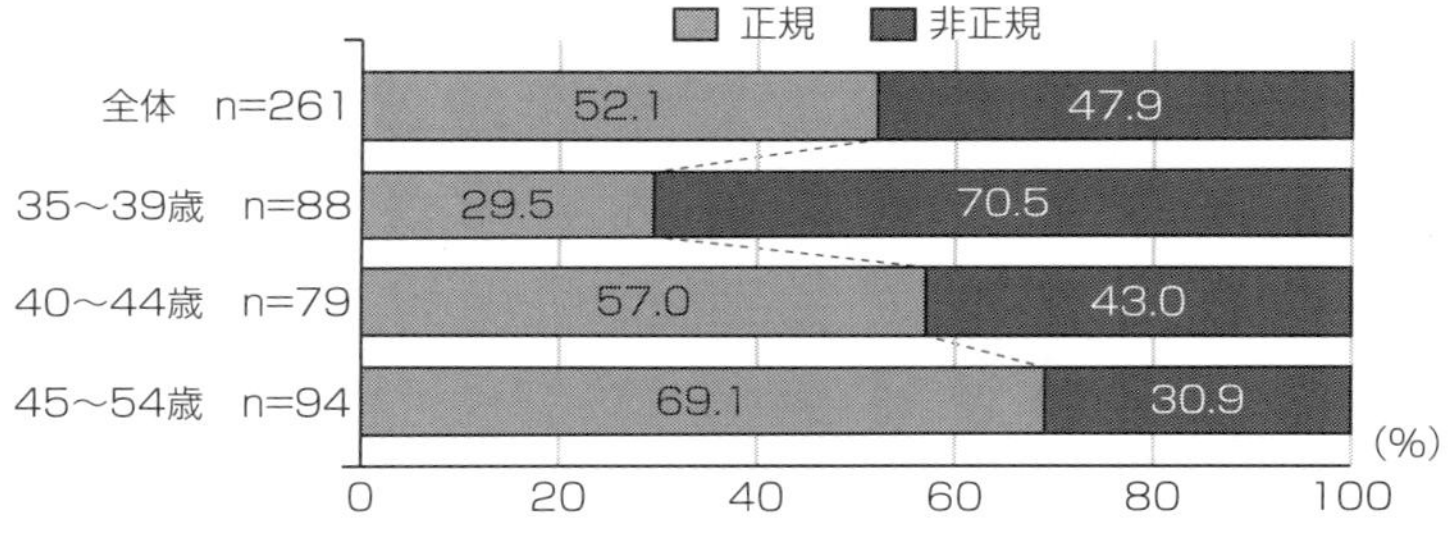

※非正規職は、項目を統合している

の就業形態は「パート・アルバイト」が30・７%で最も多く、「正社員・正規職員」の29・５%を上回っている。

また、『45～54歳』で初職が非正規職の場合は、就業形態は「契約・嘱託」か「パート・アルバイト」に二分化されているのに対して、『35～39歳』では「パート・アルバイト」のほかに、「契約・嘱託」「派遣社員」「非常勤」がそれぞれ約１割ずつと、上の世代と比べて、初職の就業形態が多様化していることも特徴である。企業の中には非正規職への教育・訓練が行われない場合もあり、初職から非正規職の割合が高い『35～39歳』では、教育・訓練を受ける機会が少なかったことが推測される。

ウ　７割が年収２５０万円未満、年代が上がるほど年収は低下し、労働時間は増加

回答者の７割が年収２５０万円未満であった。また、全体の３割（28・３%）が年収１５０万円未満であるが、年代が上がるほど年収は下がり、『35～39歳』では４人に１人（25%）が、『45～54歳』では、３人に１人（34%）が『１５０万円未満』

図3　世代別にみた「自身の税込年収」の分布

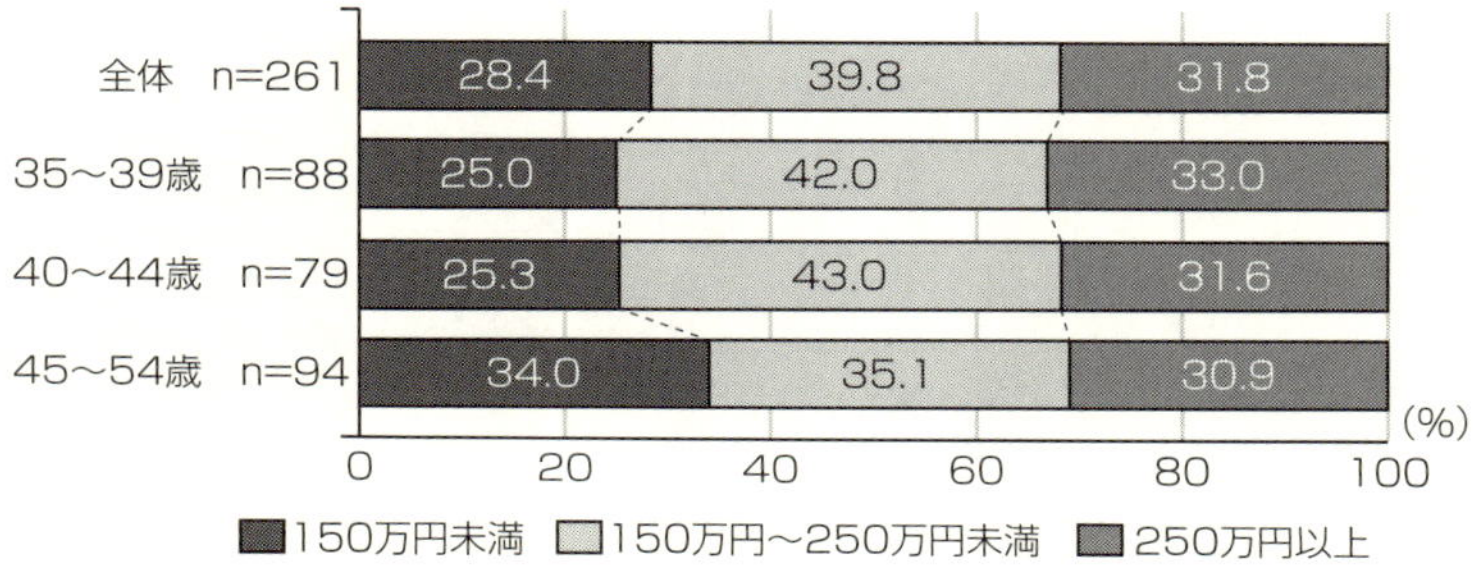

図4　世代別にみた「週当たり労働時間」の分布

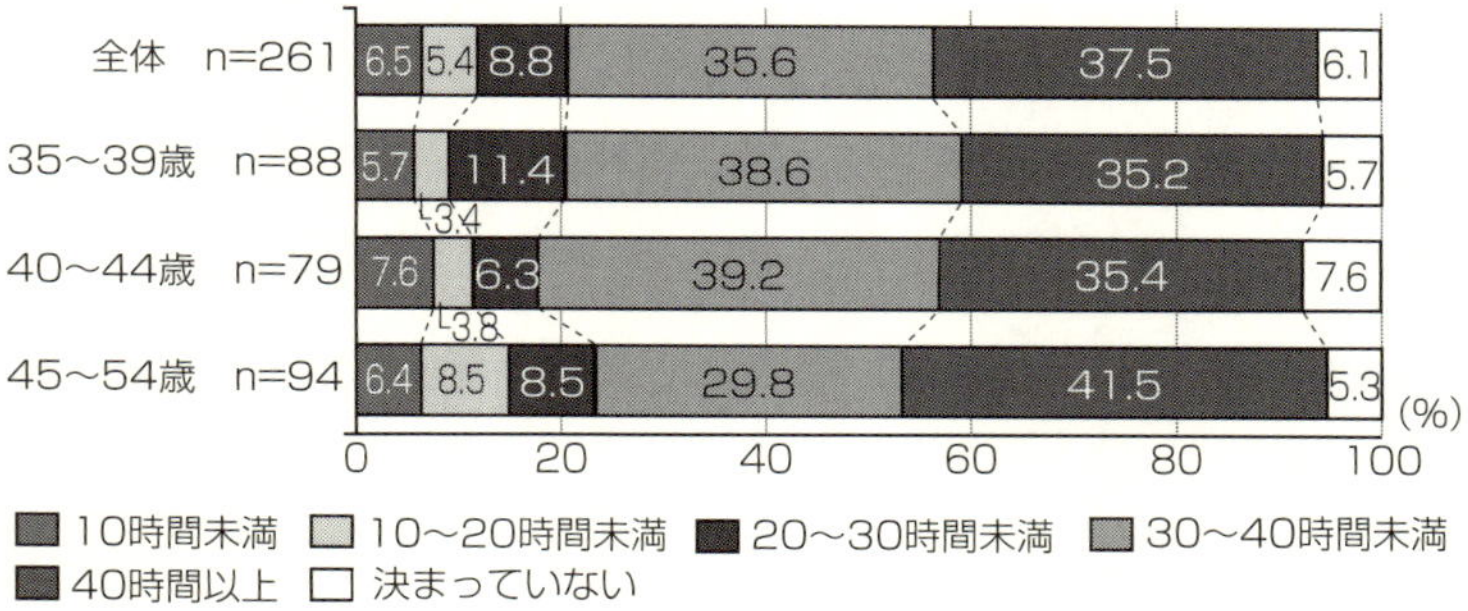

であった。一方、週当たりの労働時間をみると、『45〜54歳』では「40時間以上」が41・5％と最多で、『35〜39歳』、『40〜44歳』よりも長時間働いている。

エ　就業形態と職種により年収に大きな差

就業形態別に年収を見ると、「契約・嘱託」で『250万円以上』が半数（49・3％）と最も多いが、「派遣社員」「非常勤」では『150万円以上250万円未満』がそれぞれ5割を超えて最多である（順に、52・5％、51・9％）。「業務請負・個人事業主」では『150万円以上250万円未満』が37・8

図５　現在の就業形態別にみた「自身の税込年収」の分布

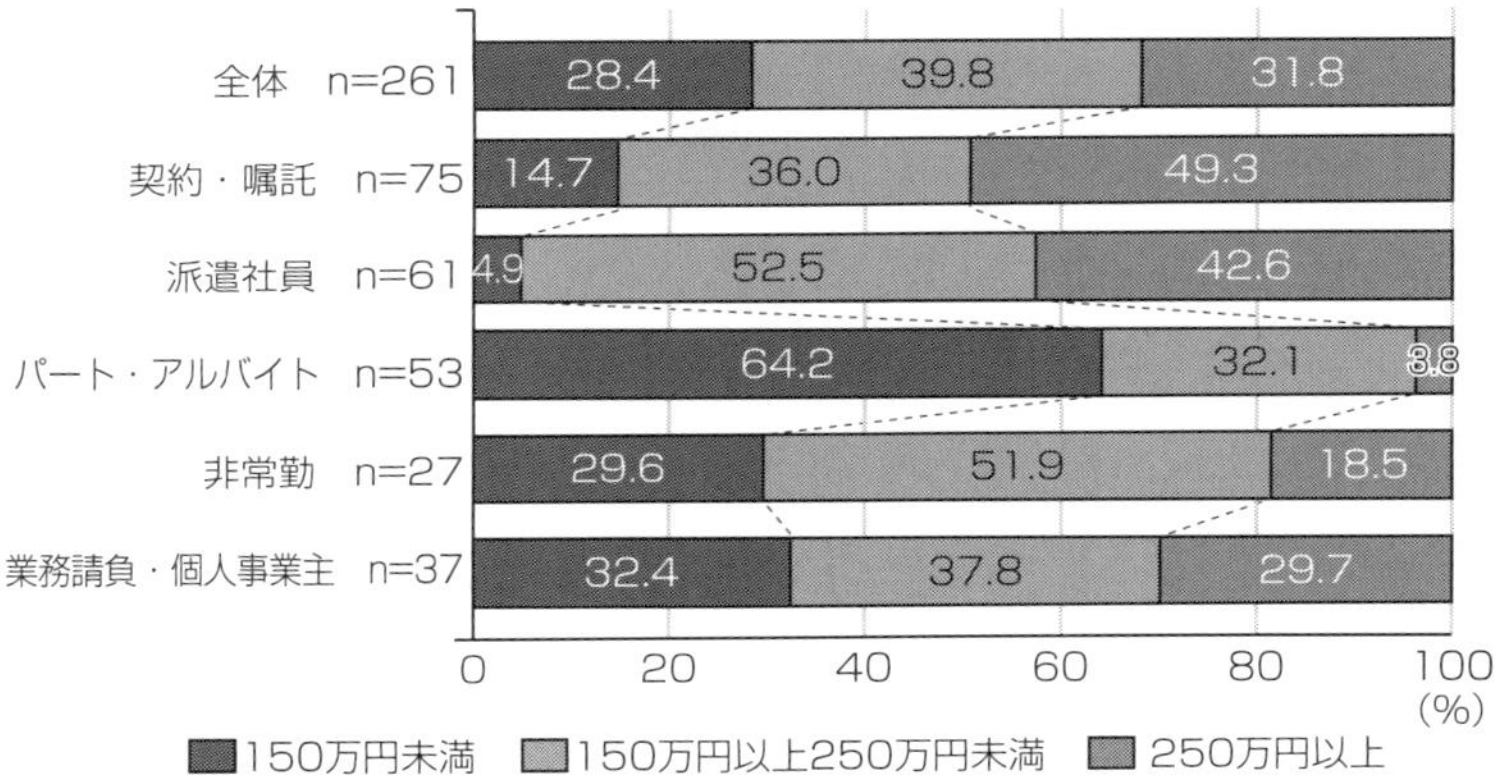

％と最も多く、「パート・アルバイト」では「１５０万円未満」が６割以上（64・２％）を占める。

職種は「事務職」が最多で、全体の４割以上（44・４％）を占め、次いで「専門・技術職」（24・１％）が多い。この二つの職種で年収「２５０万円以上」の約９割（86・７％）を占める。就業形態との関係では、「事務職」は「派遣社員」（68・９％）、「契約・嘱託」（58・７％）に多く、「専門・技術職」は「業務請負・個人事業主」（59・５％）に多い。

オ　二大困難は〝低収入〟と〝雇用継続の不安〟

仕事に対する悩みや不安で最も多かったのは「収入が少ない」82・４％、二番目は「雇用継続（解雇・雇止め）の不安」59・４％であった。週当たりの労働時間は30時間以上が７割を超え、「40時間以上」も４割弱あった。「フルタイムで働き、責任や業務負担が大きくても、給料は正社員の半分以下」、「昇給も賞与も退職金もなく、貯金ができない」などの記述が多かった。将来の生計の見通しの暗さから、「死んだほうがいい」といった記述も複数あった。医療にかかる時間と費用は、社会保険料を払っていても捻出しづらく、仕事を休むと収入が減り雇用継続できない可能性が高まるため、いっそう医療にかかりづらいとの声が聞かれた。

また、「教育・研修がない」との回答が全体で2割あり、中でも「派遣社員」「パート・アルバイト」で3割を超える。収入アップや雇用継続のために資格取得を検討するも、職場外での費用と時間の捻出の難しさ、職業訓練制度等のハードルの高さを訴える声が複数あった。

カ　非正規職シングル女性がかかえる困難の多様さ

〝低収入〟と〝雇用継続の不安〟の二大困難は、全体の中での共通事項であるものの、本調査では、同じ非正規職シングル女性の中でも、世代や就業形態、収入によってかかえている困難はさまざまであり、悩みや不安も違うことが明らかになった。

世代に着目すると、若い世代ほど、初職から非正規職についている割合が高いこと、また、年代が上がるにつれ、年収が下がる傾向にあることの2点が、大きな特徴である。『35～39歳』の若い世代では、悩みや不安に「独身であること」と回答した者が6割あった。

また、就業形態に着目すると、低収入の「アルバイト・パート」、雇用契約期間の短さゆえに、雇用継続への不安感と孤立化が際立つ「派遣社員」、正社員並みの仕事量や責任に見合わない給与の「契約・嘱託」、仕事のかけもち率の高い「非常勤」、業務により休日がとりにくく、労働時間が比較的長い「業務請負・個人事業主」の状況がうかがい知れた。

図6　仕事に関する悩みや不安【就業形態別】（MA）
※ただし「その他」「特にない」を除く

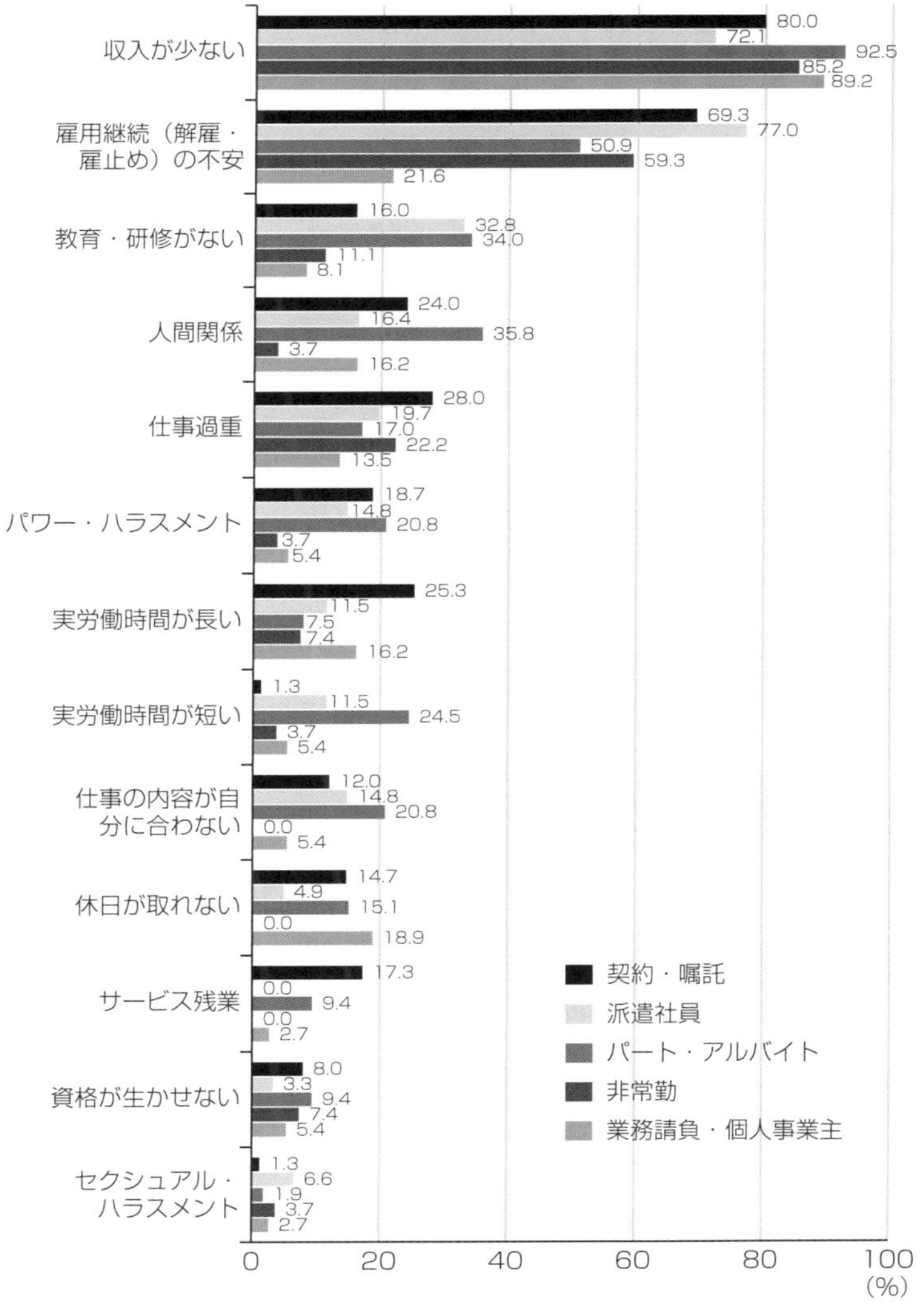

ほかにも、悩みや不安として「健康」をあげた者は約6割にのぼり、これを属性別にみると、年収『150万円未満』、「パート・アルバイト」が7割前後と高く、健康課題が示唆される。また、全体の8割以上が悩みや不安として「老後の生活」をあげている。本調査の回答者の3割は、年収『150万円未満』で、家族の勤労収入や年金収入を家計収入に繰り入れて暮らしている。自身の雇用の不安定さに加え、将来的に両親等、家族を失うことによる家計の減収や蓄えのなさから、老後への不安感は非常に高い。

このように、非正規職シングル女性の状況は千差万別であり、サポートニーズも多岐にわたっている。現在、〝女性の活躍推進〟という政策の下、子を生み、働いて管理職になるような女性が脚光を浴びているが、非正規職で働き続けているシングル女性たちの存在はみえづらく、低所得であっても利用できる控除制度や住まいなどへの支援策はない。

キ　ジェンダー規範と女性に降りかかるケア役割

アンケートの自由記述やグループインタビューなどからは、経済的な困難だけでなく、女性でシングルであることによって目に見えない心理的な圧迫を受けている人が少なくないことがわかった。年齢を重ねれば「結婚して子どもがいることが当然」とみなされ、非正規職として働いていることに対しては「自己責任、努力が足りなかったのでは」と言われるなど、精神的に傷ついた経験をもつ状況も浮かび上がった。

また、要援護者がいる割合は1割と高くないものの、娘として、また養育する子のいない〝シングル女性〟として、きょうだいや親自身から介護役割を期待されている。自由記述からは、介護のために職を失いがちな状況もみられた。

（2）当事者が望む3つのこと

本調査の結果から、根本的に制度の改革が不可欠であり、その上で現在はまだない、一人ひとりの多様なニーズと生活時間、体調によりそう、きめ細かなサポートが求められていることがわかった。そしてそれらのサービスは当事者の力を活かすかたちでつくることが望まれていた。当事者の望むことは、大きく分けて次の３点であった。

①社会の風潮や制度の改革

「一時的・部分的なサポートでは困難な状況を生み出す現状を変えることはできない。行政には構造の問題を広く知らしめることで、根源的な解決につなげる政治への橋渡し役を期待したい」という回答に象徴されるように、「サポートプログラム」以前にまず、障壁となっている「社会の風潮や制度の改革」を推進してほしいという声が顕著であった。

（例）

・最低賃金を上げる、求人の年齢差別をなくす、非正規職の待遇改善、主婦との税金・社会保険料の格差をなくす、生活保護等福祉サービス利用への偏見をなくす、結婚や出産を体験しない女性への偏見をなくす、女性への家事・介護負担の偏りをなくす

②具体的なサポートプログラム

今後の希望では、７割が「収入を増やしたい」をあげた。そのための具体的なサポートとして、スキルアップの場や職業訓練・資格取得支援が望まれている。そのほかにも、交流の場や相談など、多岐にわたるニーズがあがった。それらは年齢層・年収・就業形態等の属性により異なっていた。相談は縦割りではなく総合的な窓口であること、すべてのプログラムは休日や夜間などにも利用できること、低料金であることが望まれている。さらに「上から目線や、現実を知らない相談員でなく」という声も複数あった。

(例)

・活動：職業訓練・資格取得、スキルアップ、企業とのマッチングの場、心身がリフレッシュできる場
・住まい：低家賃の住まい・家賃補助、公営住宅の優先入居、ルームシェアや住人マッチング
・相談：不安な気持ちをただ聴いてくれるサービス、非正規職・シングル・女性のためのキャリア・カウンセリング、シングル女性に特化したハローワーク、税金・健康・キャリアアップ等の総合相談窓口、親の介護と仕事の相談、健康相談・健康診断、個人事業主のための相談

③同じ立場の人のつながり

つながりをつくるための場づくりへのニーズは高く、受け身ではなく主体的に場をつくっていきたいという声も少なくなかった。集まりに参加する時間的ゆとりがないことから、「ネット上の交流」、

「交流・サポート情報サイト」へのニーズも高かった。

（例）

・同じ経験をしている仲間と出会い、わかちあうしくみ、おしゃべり会、交流サイト、ネットワークづくり、それらを自分たちが主役となって行うこと

おわりに

本調査は「非正規職・シングル・女性」というこれまで可視化されなかった対象層に光をあて、その社会的支援に向けたニーズを探ることを目的に実施した。その結果からわかったことは、非正規職シングル女性がどのような生活・就労状況にあるか、またどのような支援を必要としているかということだけではない。ジェンダー規範に基づく税・社会保障制度や雇用のあり方といった、社会構造のゆがみがより顕著にみえてきたのである。すなわち「男性稼ぎ主モデル」を前提とした社会構造の下で、子のいないシングル女性が何の社会的支援も受けられず、自立した生活を送ることができるだけの「まともな」仕事からも排除されているということである。

日本で非正規労働問題が議論の俎上に載ってこなかったのは、その多くがいわゆる主婦パートで、夫に扶養される既婚女性だったからである。しかし、２００４年に製造業における派遣労働が解禁されたことで、女性のみならず男性の非正規雇用が増加し、２００７年には男性労働者の約２割が非正

規雇用となった。２００８年の「派遣切り」問題では、男性の非正規雇用化が社会問題となった。男性の間にも賃金格差が生じており、婚姻率は男女ともに低下している。もはや夫の収入が家計を支え、妻の労働力が家計補助として活用される「男性稼ぎ主モデル」は成り立たない。にもかかわらず、女性の労働は家計補助的労働という賃金体系とそれを強化する性別役割分業の規範が、女性を非正規職のまま〝活用〟し続ける現状につながっている。それでは、夫や親に扶養されないシングル女性は、自立した生活を送るだけの収入を得ることができない。また、たとえ夫に扶養される女性であっても、離婚や死別の結果シングル（マザー）になったとき、就労による経済的自立は容易なことではない。「男性稼ぎ主モデル」をスタンダードとする社会では、女性が働いても食べていくことができず、女性が貧困に陥るリスクが高い社会といえるだろう。

したがって、非正規職シングル女性の社会的支援を考えるならば、まずは社会構造の把握と改革が必要である。旧来の日本の社会構造を変えずに、何らかの支援プログラムを実施しただけでは、根本的な課題解決にはつながらない。当事者の切迫する現実を踏まえ、改革に向けた提言や発信を行っていかなければならない。これは非正規職シングル女性だけを支援するべきということではない。就労率が高いにもかかわらず貧困率の高いシングルマザーにとっても問題の根は同じである。

そして同時に、非正規職シングル女性の声と力を活かして、役に立つ具体的なサポートの場やプログラムをつくっていくことが必要である。男女共同参画センターがさまざまな社会資源とつながり、サポートの場やプログラムをつくっていくことは、当事者の社会的孤立や貧困を防ぐのみならず、地域の新たなセーフティーネットとなり得るだろう。

したい／やりがいのある仕事をしたい／ゆっくりペースで働きたい／少し休みたい／生きがいをみつけたい／結婚したい／子どもが欲しい／家を出たい／資格を取得したい／とくにない／その他 [　　　　]

※「資格を取得したい」場合→どんな資格を取得したいですか。

[　　　　　　　　]

Q.31 今後、利用してみたいサポートや参加してみたい場は、ありますか。いくつでもお答えください。

職業訓練・資格取得支援／行政の講座・相談等／民間団体の講座・相談等／福祉的支援／同じ立場の人たちとの交流の場／企業や仕事とのマッチングの場／仕事に必要なスキルアップの場／心身がリフレッシュできる場／話を聞いてもらえる場／非正規職シングル女性の交流サイト／メール相談／住まいの支援／とくにない／その他 [　　　　]

※「福祉的支援」を選んだ場合→どのような福祉的支援を利用してみたいですか。さしつかえなければお書きください。

[　　　　　　　　　　　　　　　　]

Q.32 利用したいサポートや交流の場などがあったとして、あなたが参加できそうな曜日や時間帯は、いつですか。
あてはまるものを、いくつでもお答えください。

平日の午前／平日の午後／平日の夜間／土日祝日の午前／土日祝日の午後／土日祝日の夜間／わからない

Q.33 社会の中でこんなサポートがあったらうれしい、というようなご意見やご要望がありましたら、自由にお書きください。(600字以内)

[　　　　　　　　　　　　　　　　]

※最後に、横浜市、大阪市、福岡市でこれから実施するグループインタビューにご協力いただける方は、メールアドレスをお書きください。11月以降にご連絡いたします。[　　　　　　　　]

公益財団法人横浜市男女共同参画推進協会

Q.24　あなたは現在、複数の仕事をかけもちしていますか。
している／していない

Q.25　あなたの1週間あたりの実労働時間は、どれくらいですか。複数の仕事をしている人は、合計した時間をお答えください。
10時間未満／10 ～ 20時間未満／20 ～ 30時間未満／30 ～ 40時間未満／40時間以上／決まっていない

Q.26　就業に際して、これまでに利用した支援機関はなんですか。いくつでもお答えください。
職業訓練／教育訓練給付／行政の講座・相談等／民間団体の講座・相談等／ハローワーク／男女共同参画センター／若者就労支援機関／利用したことがない／その他［　　　］

Q.27　あなたが非正規職についている理由はなんですか。あてはまるものを、いくつでもお答えください。
正社員として働ける会社がなかったから／家庭の事情を優先しなければならなかったから／体力的に正社員として働けなかったから／組織や人間関係にしばられたくなかったから／専門的な資格・技能を活かせるから／勤務時間や労働日数が少ないから／簡単な仕事で責任も少ないから／その他［　　　］

Q.28　あなたが現在感じている、仕事に関する悩みや不安はなんですか。あてはまるものを、いくつでもお答えください。
雇用継続（解雇・雇止め）の不安／収入が少ない／人間関係／セクシュアル・ハラスメント／パワー・ハラスメント／実労働時間が長い／実労働時間が短い／休日が取れない／サービス残業／仕事過重／教育・研修がない／資格が生かせない／仕事の内容が自分に合わない／とくにない／その他［　　　］

Q.29　Q.28 の中で、とくに悩んだり、不安に感じていることはどのようなことですか。よろしければ具体的にお書きください。（400字以内）
［　　　　　　　　　　　　］

（4）今後に向けて

Q.30　あなたが今、望んでいることやめざしたいことはなんですか。あてはまるものを、3つまでお答えください。
今の職場で働き続けたい／転職したい／正社員になりたい／収入を増や

Q.17 Q.16でチェックを入れた中で、もっとも悩んだり、不安に感じていることはどのようなことですか。よろしければ具体的にお書きください。（400字以内）

Q.18 あなたは悩みや不安があるとき、主に誰に相談していますか。3つまでお答えください。
親／兄弟・姉妹／親族／恋人／友人／職場の同僚・上司／カウンセラー／医者／民間の相談機関／行政の相談機関／相談相手はいない／
その他

（3）仕事について

Q.19 学校を卒業（中退）したあと、最初についた仕事の就業形態は、どれにあてはまりますか。
正社員・正規職員／契約・嘱託／派遣社員／パート・アルバイト／非常勤／自営業手伝い／業務請負／個人事業主／その他

Q.20 学校を卒業（中退）したあと、最初についた仕事の職種はどれにあてはまりますか。
事務職／営業職／専門・技術職／医療・福祉職／教育職／接客・販売／現業（工場、清掃、軽作業等）／農・林・漁業に関わる職／
その他

Q.21 現在のあなたの仕事の就業形態は、以下のどれにあてはまりますか。複数の仕事をしている人は、メインの仕事についてお答えください。
契約・嘱託／派遣社員／パート・アルバイト／非常勤／自営業手伝い／業務請負／個人事業主／その他

Q.22 現在のあなたの仕事の、雇用契約の期間は、以下のどれにあてはまりますか。複数の仕事をしている人は、メインの仕事についてお答えください。
1日／1ヵ月未満／1～3ヵ月未満／3～6ヵ月未満／6ヵ月～1年未満／1～3年未満／3～5年未満／その他

Q.23 現在のあなたの仕事の職種は、以下のどれにあてはまりますか。複数の仕事をしている人は、メインの仕事についてお答えください。
事務職／営業職／専門・技術職／医療・福祉職／教育職／接客・販売／現業（工場、清掃、軽作業等）／農・林・漁業に関わる職／
その他

Q.10 あなたの世帯の主な家計収入は何ですか。主なものを3つまでお答えください。
自分の勤労収入／勤労収入以外の収入（株・貯金等）／家族の勤労収入／家族の年金／その他 [　　　]

Q.11 あなたは日ごろ、どのような手段で情報を知ったり、集めたりしていますか。あてはまるものをいくつでもお答えください。
インターネット／テレビ／ラジオ／新聞／その他 [　　　]
※「インターネット」と回答した場合→インターネットでどのように情報を知ったり、集めたりしていますか。
あてはまるものをいくつでもお答えください。

情報を検索する／関心のあるサイトを直接見る／ facebookをする／twitterをする／ニュースサイト（アプリ）を見る／動画サイトを見る／その他 [　　　]

Q.12 あなたは、全体として、現在の生活にどの程度満足していますか。
満足している／まあ満足している／やや不満だ／不満だ／どちらともいえない

Q.13 あなたは現在、経済的にゆとりがありますか。
ゆとりがある／ある程度ゆとりがある／あまりゆとりがない／ほとんどゆとりがない／どちらともいえない

Q.14 あなたは、日ごろの生活の中で、休んだり、好きなことをしたりする時間のゆとりがありますか。それとも、仕事や家事、学業などに精一杯で、時間のゆとりがありませんか。
ゆとりがある／ある程度ゆとりがある／あまりゆとりがない／ほとんどゆとりがない／わからない

Q.15 日ごろの生活の中で、充実感を感じるのは、主にどのようなときですか。以下からあてはまるものを、いくつでもお答えください。
仕事にうちこんでいるとき／勉強や教養などに身を入れているとき／趣味やスポーツに熱中しているとき／ゆったりと休養しているとき／家族団らんのとき／友人や知人と会合、雑談しているとき／社会奉仕や社会活動をしているとき／わからない／その他 [　　　]

Q.16 現在、あなたが感じている悩みや不安はどのようなことについてですか。いくつでもあげてください。
健康／住まい／仕事／独身であること／老後の生活／親・家族との関係／職場の人間関係／友人との関係／家族の世話・介護／ローン・負債／とくにない／わからない／その他 [　　　]

※チェック数の指定がない場合の選択数は1つ

（1）あなた自身について

Q.1　あなたの年齢をお答えください。
［　　　］歳

Q.2　あなたの居住地をお答えください。
横浜市／大阪市／福岡市／その他（都道府県・市町村名）［　　　］

Q.3　あなたの最終学歴をお答えください。
中学卒業／高校卒業／高校中退／専門学校卒業／専門学校中退／短大卒業／短大中退／大学卒業／大学中退／大学院修了／大学院中退

Q.4　あなたは、これまでに結婚（事実婚を含む）をしたことがありますか。
ある／ない

Q.5　15歳（中学卒業）時点で、同居していた方はどなたですか。あてはまる人をすべてお答えください。
父／母／祖父／祖母／兄弟姉妹／友人／いなかった（一人暮らし）／その他［　　　］

（2）現在の暮らしについて

Q.6　あなたの住居費は以下のうち、どれですか。
持ち家（自分が全額負担）／持ち家（自分が一部負担）／持ち家（家族が全額負担）／賃貸住宅（自分が全額負担）／賃貸住宅（自分が一部負担）／賃貸住宅（家族が全額負担）／その他［　　　］

Q.7　現在、あなたが同居している方はどなたですか。あてはまる人をすべてお答えください。
父／母／祖父／祖母／兄弟姉妹／兄弟姉妹の子ども（甥姪）／友人／いない（一人暮らし）／その他［　　　］

Q.8　現在、あなたが介助・介護しなければならない人はいますか。
いる／いない　※「いる」場合→それはどなたですか。（例：祖母、姉の子ども）［　　　］

Q.9　あなたの年収（税込）は、おおよそどれくらいですか。仕事から得られる収入のみでお答えください。
50万円未満／50～100万円未満／100～150万円未満／150～200万円未満／200～250万円未満／250～300万円未満／300～350万円未満／350万円以上

ウェブアンケート調査票

非正規職シングル女性の社会的支援に向けたニーズ調査

現在、働く女性のうち非正規雇用者の割合は6割に上り、なかでも、非正規職で働く35歳以上のシングル女性が増加しています。年齢的に正規雇用への登用もされづらく、生活の不安や親の介護、自身の病気・体力の低下などの課題に直面される声も聞こえてくるようになりました。

そこで、このたび非正規職シングル女性のしごとや暮らしの状況、困難や希望などを明らかにし、社会的支援を考えるため、アンケート調査を行います。

【対象者】

35歳～54歳（2015年10月3日現在）の非正規職シングル女性で、横浜市・大阪市・福岡市と、その周辺に住む方。婚姻歴は不問です。

※非正規職とはアルバイト、パート、派遣社員、契約社員等の方。個人事業主や業務請負など、雇用契約ではない方も含めます。現在失業中の方でも、直近1年間で、非正規で半年以上働いている方は含めます。

※シングルマザーについては各種調査データがすでに存在するため、今回は含めません。

【調査結果の報告】

・2016年1月に結果概要版をウェブ上で公開し、同年3月末には報告書を発行します。

・報告書の記載については、自由記述等により個人が特定されることはありません。

なお、調査目的や趣旨についての詳細はこちらをごらんください。（リンク先省略）

【執筆者紹介】

池田　心豪（いけだ　しんごう）
独立行政法人労働政策研究・研修機構主任研究員。東京工業大学大学院社会理工学研究科博士課程単位取得退学。職業社会学専攻。主な著作に『シナジー社会論——他者とともに生きる』（共著、東京大学出版会、2014年）、『ダイバーシティ経営と人材活用——多様な生き方を支援する企業の取り組み』（共著、東京大学出版会、2017年）など。

高橋　美保（たかはし　みほ）
東京大学大学院教育学研究科臨床心理学コース教授。専門は臨床心理士、博士（教育学）。失業者や働く人への心理的援助を中心に、人生をしなやかに生き抜くためのライフキャリア・レジリエンスを高めるための研究、臨床、教育に従事。主要著書に『中高年の失業体験と心理的援助——失業者を社会につなぐために（シリーズ・臨床心理学研究の最前線）』（下山晴彦（監修）、高橋美保（著）、ミネルヴァ書房、2010）、『チームワークの心理学:エビデンスに基づいた実践へのヒント』（マイケル・A. ウェスト（著）、下山晴彦（監修）、高橋美保（翻訳）、東京大学出版会、2014）など。

朝比奈　ミカ（あさひな　みか）
中核地域生活支援センターがじゅまる　センター長、市川市生活サポートセンターそら（so-ra）主任相談支援員。社会福祉士。立教大学文学部卒業後、社会福祉法人東京都社会福祉協議会の勤務を経て現職。著書に『ここで差がつく生活困窮者の相談支援——経験を学びに変える「５つの問いかけ」』（共著、中央法規出版、2016）など。

【編著者紹介】

小杉 礼子（こすぎ　れいこ）

独立行政法人労働政策研究・研修機構特任フェロー。「学校から職業への移行」「若年者のキャリア形成・職業能力開発」などをテーマに、社会学的視点からの実証研究に携わる。著書に『若者と初期キャリア――「非典型」からの出発のために』（勁草書房、2010、第33回労働関係図書優秀賞）、『二極化する若者と自立支援――「若者問題」への接近』（共編著、明石書店、2011）など。

鈴木 晶子（すずき　あきこ）

一般社団法人インクルージョンネットかながわ理事、NPO法人パノラマ理事。臨床心理士。大学院在学中よりひきこもり支援に関わり、若年無業者支援、生活困窮者支援などの現場を経験。生活に困難を抱える女性、若者、子どもの支援を中心に活動している。現在、在アメリカ合衆国。著書に『大学生のためのメンタルヘルスガイド――悩む人、助けたい人、知りたい人へ』（共著、大月書店、2016）など。

野依 智子（のより　ともこ）

公立大学法人福岡女子大学国際文理学部教授。専攻は、女性労働史、ジェンダー、社会教育学。主要著作に『近代筑豊炭鉱における女性労働と家族―「家族賃金」観念と「家庭イデオロギー」の形成過程』（単著、明石書店、2010）、『現代の貧困と社会教育』（共著、国土社、2009）、「『家族賃金』観念の形成と歴史的意義」『大原社会問題研究所雑誌』2017年1月号など。

公益財団法人 横浜市男女共同参画推進協会

1987年に財団法人横浜市女性協会として発足。女性の就業支援を柱の事業の1つとして展開してきた。横浜市男女共同参画センター3館を、指定管理者として管理・運営。本書の執筆・編集には小園弥生（第1部ほか）、植野ルナ（第4部）が携わった。

協会ウェブサイト　http://www.women.city.yokohama.jp/

サイト「非正規職シングル女子のしごとと暮らし」

https://hiseiki-singlewomen.info/

シングル女性の貧困
——非正規職女性の仕事・暮らしと社会的支援

2017年9月30日　初版第1刷発行
2018年1月25日　初版第2刷発行

編著者　小杉礼子
鈴木晶子
野依智子
(公財)横浜市男女共同参画推進協会

発行者　大江道雅
発行所　株式会社 明石書店

〒101-0021 東京都千代田区外神田6-9-5
電話　03（5818）1171
FAX　03（5818）1174
振替　00100-7-24505
http://www.akashi.co.jp

組版　朝日メディアインターナショナル株式会社
装幀　明石書店デザイン室
印刷／製本　モリモト印刷株式会社

（定価はカバーに表示してあります）　ISBN978-4-7503-4565-9

Q&A 生活保護手帳の読み方・使い方
よくわかる生活保護ガイドブック①
全国公的扶助研究会監修 吉永 純編著 ◉1300円

Q&A 生活保護ケースワーク 支援の基本
よくわかる生活保護ガイドブック②
全国公的扶助研究会監修 吉永 純、衛藤 晃編著 ◉1300円

Q&A 生活保護利用ガイド 健康で文化的に生き抜くために
山田壮志郎編著 ◉1600円

生活保護「改革」と生存権の保障 基準引下げ、法改正、生活困窮者自立支援法
吉永 純 ◉2800円

居住の貧困と「賃貸世代」 国際比較でみる住宅政策
小玉 徹 ◉3000円

無料低額宿泊所の研究 貧困ビジネスから社会福祉事業へ
山田壮志郎 ◉4600円

最低生活保障と社会扶助基準 先進8ケ国における決定方式と参照目標
山田篤裕、布川日佐史、『貧困研究』編集委員会編 ◉3600円

生活困窮者への伴走型支援 経済的困窮と社会的孤立に対応するトータルサポート
奥田知志、稲月 正、垣田裕介、堤 圭史郎 ◉2800円

子ども食堂をつくろう! 人がつながる地域の居場所づくり
豊島子どもWAKUWAKUネットワーク編著 ◉1400円

子どもの貧困と公教育 義務教育無償化・教育機会の平等に向けて
中村文夫 ◉2800円

子どもの貧困と教育の無償化 学校現場の実態と財源問題
中村文夫 ◉2700円

子どもの貧困対策と教育支援 より良い政策・連携・協働のために
末冨 芳編著 ◉2600円

子どもの貧困と教育機会の不平等 就学援助・学校給食・母子家庭をめぐって
鳫 咲子 ◉1800円

二極化する若者と自立支援 「若者問題」への接近
宮本みち子、小杉礼子編著 ◉1800円

入門 貧困論 ささえあう/たすけあう社会をつくるために
金子 充 ◉2500円

新貧乏物語 しのび寄る貧困の現場から
中日新聞社会部 ◉1600円

〈価格は本体価格です〉